苦離寿叶富

« Naturellement vous aimez la Provence. Mais quelle Provence ? Il y en a plusieurs…
Il y a des morceaux de Provence gras, herbus, baignés de source, de petites Provences
italiennes, même espagnoles ; une Provence — peut-être est-elle ma préférée — mari-
time, pays de calanques d'un bleu qui n'est point suave mais féroce, de petits ports hui-
leux qu'on ne déchiffre qu'à travers une grille de mâts et de cordages… Une Provence
forestière resserre, sous la longue ombre des pins parallèles, les parfums de la résine, et
sous les chênes-lièges crépus, écorchés vifs, erre un assez septentrional arôme de fougère,
de lichen ras, une fallacieuse annonce de truffe… »

Colette,

Prisons et Paradis, « Le poisson au coup de pied ».

ROBERT CARRIER

PROMENADES GOURMANDES en PROVENCE

traduit de l'anglais par Suzanne Robichon

ALBIN MICHEL

« Il y a la première fois où l'on part à l'étranger, et il y a la première fois où l'on ouvre les yeux sur la Provence. Pour moi les deux coïncidèrent pratiquement, et il serait difficile d'exprimer ce que je ressentis ce soir-là, dans le jardin surplombant le palais des Papes. Les grenouilles coassaient, en dessous de moi coulait le Rhône argenté, et le printemps méditerranéen avançait.

Je suis retourné si souvent, par une sorte de rite printanier, à ce palais, au restaurant Hiély avec ses fenêtres en verre étiré, au Théâtre antique d'Arles, aux collines des Baux, aux ruines de Saint-Rémy-de-Provence, au Rhône avec ses tourbillons, ses îles et ses haies de cyprès où les cigales chargent les batteries de l'été — je suis retourné si souvent dans tous ces endroits que je ne peux plus me souvenir de l'impression qu'ils me firent lorsque je les vis pour la première fois. Je sais seulement que ce sont des lieux sacrés. »

 Cyril Connolly,

Ce qu'il faut faire pour ne plus être écrivain,

Éditions Fayard.

Pour Pelote et France qui m'ont fait découvrir la chaleur, l'amour et l'amabilité à la française ; pour Raymond qui m'ouvrit les portes de la pensée, de l'écriture et du théâtre français… et finalement pour Fifine qui, dans sa petite cuisine de Saint-Tropez, été après été, m'a initié à l'essence de son art.

Sommaire

Chacun a *sa* Provence. La mienne est à la fois littéraire, romantique, mystérieuse et mythique. C'est un pays dont l'image s'est peu à peu dessinée au gré de mes séjours, de mes promenades et de la lecture des écrivains que j'admire : Jean Giono, Colette, Lawrence Durrell, Marcel Pagnol, Cyril Connolly ou Ford Madox Ford.

Les limites de la Provence ont bougé au cours des siècles, bousculées par les guerres, les invasions, les migrations et c'est ainsi que, aujourd'hui, la cuisine — comme la culture — provençale témoigne de l'histoire de la région et avoue des influences ligure, grecque, romaine, arabe, italienne…

En été, dans *ma* Provence, le soleil inonde d'un éclat inoubliable les tendres collines où poussent les herbes qui font toute la magie de la cuisine provençale : thym, laurier, romarin, sarriette… La chaleur dévore le paysage, et l'ombre des pins parasols, des amandiers et des oliviers est accueillante et fraîche comme une source.

Tout au long de la Côte, les petits ports de pêche, les plages, les restaurants et les cafés regorgent de visiteurs venus là pour goûter à ces plaisirs simples. Quand ils remontent vers le nord, ils emportent avec eux le souvenir émerveillé de la lumière, de la chaleur et du paysage, mais aussi celui, plus modeste, d'un délicieux repas provençal, un verre de vin rosé bien frais accompagné d'un bol d'olives de Nice ou de Nyons, une ratatouille couronnée d'un œuf poché, ou peut-être une éblouissante bouillabaisse ou une bourride.

Ma saison préférée est sans aucun doute la fin de l'été quand l'atmosphère dorée laisse présager la venue de l'automne. Le ciel s'adoucit, le bleu devient caressant. C'est le moment rêvé pour visiter les petits villages de l'arrière-pays,

haut perchés sur leurs falaises. Ils ont alors retrouvé leur rythme de vie, l'auberge de campagne respire, les routes s'étirent sans bruit. À nouveau, la Provence apparaît comme une terre d'ombre et de lumière, secrète et austère.

Pendant un temps, j'ai eu *ma* maison dans *ma* Provence. La cuisine en était le cœur. Nous n'y préparions pas des mets gastronomiques mais des repas simples, rustiques, superbes. Chaque matin, sur le marché voisin, se posait à nous l'embar-

ras du choix : poissons sortis de la mer quelques heures plus tôt, l'œil brillant, les branchies rouge corail ; légumes venus tout droit du potager et sentant encore la bonne terre ; fruits frais cueillis. Une bouillabaisse pour ce soir ? Bars, rascasses grises et rouges, congres et baudroies nous attendaient. Comme vous attendent, dans les pages qui suivent, quelques plats magnifiques.

1 Les grands

HERBES, ÉPICES, SAUCES ET BEURRES DE PROVENCE

L'arrière-pays provençal est riche de senteurs inoublia-bles : à perte de vue, les champs de lavande resplendis-sent entre les collines embaumant le thym sauvage, le romarin aux minuscules fleurs bleues et la sarriette esti-vale. Et à Saint-Tropez même, s'il vous prend l'envie de faire une promenade à la Citadelle, un matin d'été, juste à l'instant où la rosée s'évapore, l'odeur si péné-trante des herbes vous fera rêver d'un petit gigot d'agneau rôti aux aromates et garni d'un plat de légu-mes typiquement méditerranéen.

Sauvages ou cultivées, fraîches ou sèches, les tra-ditionnelles herbes de Provence sont innombrables. Selon les connaisseurs, plus la saison est sèche, plus l'arôme des herbes sera fort. Et, ici, le soleil est capable de briller trois cents jours par an. Mais les herbes aromatiques ne se contentent pas de parfumer l'air — et la cuisine —, elles font aussi vivre une industrie locale qui produit, entre autres choses, ces miels incomparables — au thym, à la lavande, à l'acacia — que l'on trouve sur tous les marchés de village ou dans ces petites boutiques pleines de trésors qui parlent à l'imagination gourmande. Les apiculteurs, ici, n'ajoutent au miel aucune essence

classiques

d'herbes ou de fleurs, ils ne « traitent » pas non plus les abeilles. Tout simplement, quand la saison est venue, ils mettent les ruches dans les champs et les abeilles font le reste. C'est ainsi qu'on obtient le fameux miel d'amande, en plaçant les ruches sous les arbres en fleur.

Herbes fraîches de Provence

En Provence, les herbes servent autant à parfumer la cuisine qu'à confectionner quelques bons vieux remèdes. Et j'ai toujours plaisir, en « touillant » mes casseroles, à penser que je travaille à la fois pour le palais de mes hôtes… et pour leur santé : la sauge est bonne contre la fatigue, l'asthme et les problèmes de foie, elle est merveilleuse avec le porc, les conserves de viandes, le gibier, les légumes (voir *le thon de lapin* page 209) et excellente avec le poisson. Les cuisiniers provençaux utilisent aussi la sauge pour l'*aïgo boulido* (parfois connu sous le nom de *soupe à la sauge*). Mais une fois sèche, sa saveur est si forte et puissante qu'il faut l'utiliser avec parcimonie — surtout dans les farces pour les raviolis, le poulet, le canard ou l'oie, sinon elle « écrase » les autres parfums plus subtils.

Le romarin, la seconde herbe provençale, a au moment de la cueillette un parfum de pin frais et doux. J'aime l'utiliser pour ajouter une fragrance particulière aux sauces, aux fricassées et aux soupes crémeuses ; une simple pincée relève la saveur d'un jeune agneau, d'un chevreau ou de légumes sautés. Mélangez des brins de romarin frais à de minces tranches d'ail et à des filets d'anchois, et vous ferez ressortir l'arôme des rôtis d'agneau et des grillades de poissons de mer. Hachez très finement des feuilles de romarin et assaisonnez ainsi des steaks de bœuf ou des côtes de veau. Vous serez surpris du résultat.

À la fin du repas, du romarin encore, dans une infusion délicieuse, est excellent pour la digestion et le foie. Les herboristes provençaux prétendent que, en outre, l'infusion de romarin éclaircit le teint…

Les graines, les bulbes séchés et les tiges de fenouil sont très présents dans la cuisine méditerranéenne. Cette herbe vert pâle, qui ressemble à l'aneth, est excellente dans les sauces qui accompagnent le poisson ou la salade. Les graines de fenouil — que l'anisette a rendues célèbres — ajoutent un parfum subtil et une texture particulière aux pains et aux pâtisseries, mais je les utilise surtout pour donner une note exotique aux sauces à base de safran et de tomates, destinées aux volailles et aux poissons. À vrai dire, la sauce provençale qui convient le mieux au poisson grillé ou poché se prépare en mélangeant à parts égales du beurre fondu et du jus de citron ; on y ajoute

de l'estragon frais haché et deux ou trois graines de fenouil.

En Provence, les bulbes de fenouil se servent avec le *loup de mer flambé* et parfument la bouillabaisse et la soupe de poissons.

La sarriette est elle aussi une herbe indispensable dans une cuisine de Provence. Elle accompagne à merveille le fromage de chèvre par sa senteur légèrement poivrée, comme le suggère son ancien nom provençal : *lou pebre* ou *pebre d'aïl*. Séchée, elle est aussi utilisée avec le thym, le romarin, le fenouil et les fleurs de lavande pour aromatiser les grillades de viandes, de poissons et de volailles, et pour les marinades. C'est ce mélange que l'on trouve dans de petits pots sous le nom d'herbes de Provence séchées, mais je vous recommande de goûter ce même mélange frais, il est délicieux.

Voici mon propre bouquet d'herbes de Provence : romarin, thym, fenouil, aneth, sauge, sarriette, laurier et fleurs de lavande, l'essence même de la Provence dans un panier.

Assaisonnements de Provence

Au dix-neuvième siècle, la cuisine provençale traditionnelle utilisait des mélanges aromatiques pour enrichir daubes, ragoûts de viandes, volailles, salmis de gibier, sauces de poissons et même *brouillades* et omelettes. Ces mélanges se composaient en quantités égales de romarin et de thym séchés, de feuilles de laurier écrasées, de poivre mignonnette concassé et de noix de muscade grossièrement râpée avec un peu de poivre de Cayenne, selon le goût de chacun, et on ajoutait du sel de mer à ce mélange avant de le piler au mortier. Ce sel d'assaisonnement était finement tamisé et conservé dans la cuisine, dans un pot de verre bien fermé, pour être utilisé dans la préparation des plats merveilleusement parfumés de la vieille Provence.

Les herbes de Provence

Mélange traditionnel d'herbes sèches

Le meilleur mélange d'herbes est, à mon avis, fait en parts égales d'herbes sèches, d'épices et de fleurs de lavande sèches, avec un zeste d'orange qui lui donne son goût particulier. Il est très facile à préparer : écrasez le mélange au mortier, tamisez-le avec soin et conservez-le dans des petits pots de verre hermétiques.

15 g de thym de jardin	15 g de romarin
15 g de thym sauvage	15 g de clous de girofle écrasés
15 g de sarriette	
15 g de lavande	15 g de zeste d'orange sec
15 g de feuilles de laurier écrasées	15 g de noix de muscade râpée

Faites sécher les herbes fraîches dans le bas de votre four. Ajoutez les herbes sèches et les épices et réduisez-les au mortier en une fine poudre. Tamisez. Conservez dans un pot de verre bien fermé.

17

Le sel épicé du cuisinier Durand

Au dix-neuvième siècle, Charles Durand, cuisinier provençal renommé et dont le livre, *Le Cuisinier Durand*, publié en 1830, est le premier consacré à la cuisine méditerranéenne, inventa un sel délicieux pour donner à ses plats une saveur très personnelle. Selon Durand, chaque grain d'épice doit être tamisé, et cette recette est le « fruit de milliers d'essais culinaires et de cinquante années d'expérience ».

225 g de gros sel	15 g de cannelle
50 g de grains de poivre noir	15 g de basilic séché
25 g de clous de girofle moulus	15 g de fleurs de muscade pulvérisées
25 g de noix de muscade râpée	15 g de grains de coriandre
	3 feuilles de laurier

Dans un grand mortier, écrasez finement le sel et les épices (ou utilisez un mixeur). Tamisez à l'étamine fine. Conservez dans des pots de verre hermétiques.

Le sel d'assaisonnement provençal

J'ai toujours dans ma cuisine un petit pot de sel provençal — sel de mer relevé d'un mélange en quantités égales de thym, romarin, poivre concassé, poivre de Cayenne et feuilles de lauriers écrasées finement — pour relever le goût des grillades de volaille, de veau, de porc et d'agneau, ou encore des pommes de terre grillées au four.

1/4 de cuillerée à café de thym séché	1/4 de cuillerée à café de poivre concassé
2 feuilles de laurier, finement écrasées	1/4 de cuillerée à café de poivre de Cayenne
1/4 de cuillerée à café de romarin séché	4 cuillerées à soupe de sel de mer

Écrasez dans un mortier tous les ingrédients, à l'exception du sel de mer. Passez le mélange au tamis fin. Ajoutez le sel de mer, et tamisez à nouveau. Conservez dans un pot de verre hermétique.

La poudre aromatique et la poudre friande de J.-B. Reboul

Dans son charmant livre *La Cuisinière provençale*, publié en 1895 et toujours disponible en librairie, un autre cuisinier célèbre, J.-B. Reboul, donne deux recettes d'assaisonnement : la *poudre aromatique* et la *poudre friande*, cette dernière se composant d'un mélange de champignons, morilles, mousserons et truffes noires, séchés au soleil et au four. Ces recettes extraordinaires nous donnent une idée de l'esprit d'invention et de l'audace des cuisiniers provençaux du siècle dernier.

POUDRE AROMATIQUE

15 g de piment rouge écrasé	15 g de fleur de muscade
15 g de feuilles de laurier écrasées	15 g de cannelle
15 g de marjolaine séchée	15 g de noix de muscade râpée
15 g de basilic séché	15 g de clous de girofle moulus
15 g de sauge séchée	
15 g de sarriette séchée	

Réduisez les herbes séchées et les épices en fine poudre au mortier, puis tamisez à l'étamine très fine. Conservez dans un pot de verre hermétique.

POUDRE FRIANDE

25 g de champignons de Paris	25 g de mousserons
25 g de morilles	25 g de truffes noires de Provence

Nettoyez bien les champignons et les truffes en prenant soin d'enlever tout le sable. Coupez-les en tranches fines et laissez-les sécher deux ou trois heures au soleil sur une tuile plate. Puis mettez-les, selon la recette originale, « dans un four de boulanger complètement tombé », c'est-à-dire qu'on a laissé s'éteindre.

Quand les champignons sont assez secs pour être écrasés, réduisez-les en poudre dans un mortier. Tamisez la poudre à l'étamine fine et conservez dans un pot hermétique.

La mayonnaise et ses variantes

La mayonnaise, sauce à émulsion froide, est une des sauces les plus intéressantes, que je connaisse. La cuisine provençale l'utilise souvent pour accommoder les salades de tomates, ou pour lier les salades de riz au safran et aux poivrons rouges et verts coupés en dés, au céleri en cubes et aux petites olives noires de Nice dénoyautées. Une petite mayonnaise épicée avec la gelée au safran froide de la bouillabaisse de la veille accompagne bien les morceaux de poissons mis de côté de la même bouillabaisse, surtout si l'on en farcit des tomates bien rouges évidées ou des demi-poivrons coupés en deux. Essayez une mayonnaise délicatement parfumée à l'ail haché fin (ce n'est pas le vrai *aïoli*, mais c'est délicieux) avec une tranche froide de gigot d'agneau ; ajoutez-la en part égale à une purée de cresson pour agrémenter une tranche de rôti froid, ou mélangez une quantité égale de mayonnaise épaisse et de purée d'olives noires (vous pouvez en trouver dans tous les supermarchés) pour relever une entrée froide de poisson poché.

La mayonnaise est très facile à faire. Je me souviens de ma première mayonnaise faite avec un seul œuf, quand j'étais gamin, dans une de ces assiettes à soupe en poterie jaune safran qu'on trouve partout en Provence. Le secret, comme on sait, consiste à mélanger un peu de moutarde et une pincée de sel au jaune d'œuf, à ajouter ensuite l'huile d'olive, goutte à goutte, en fouettant le mélange d'œuf et de moutarde avec autant d'énergie que si votre sort en dépendait. Puis, quand l'émulsion commence à prendre et qu'on sent la sauce monter, on ajoute l'huile d'olive en filets épais, en battant sans cesse à la fourchette jusqu'à ce qu'une émulsion crémeuse et dorée commence à prendre forme. Avec ma première mayonnaise, j'ai compris que la cuisine tient souvent de la magie. Et peut-on penser autre chose quand avec un plat, une fourchette et un jaune d'œuf on réalise une des meilleures sauces du monde ? Aujourd'hui, j'utilise paresseusement deux jaunes d'œufs, un grand bol de porcelaine et un batteur. La sauce est délicieuse, mais la magie n'y est plus.

Les ingrédients traditionnels de Provence — tomates en purée, ail haché fin, feuilles de basilic coupées en petits morceaux, safran en poudre, olives noires hachées et une goutte de pastis au parfum d'anis — jouent leur rôle dans la mayonnaise comme dans presque tous les plats de cette cuisine de soleil. Une mayonnaise parfumée à la tomate et au basilic sera sublime avec un poisson poché froid ou grillé ; assaisonnez une salade de courgettes pochées et refroidies avec une mayonnaise au pastis ; proposez les arômes rustiques d'une mayonnaise catalane épicée (purée de tomates, paprika et Cayenne) avec la blancheur ferme d'un calmar poché ou d'un congre ; accompagnez une salade de moules de Bouzigues d'une mayonnaise relevée d'un oignon haché fin et d'un beau pistil de safran. Une sauce niçoise froide (mayonnaise parfumée à la purée de tomates, safran, poivre de Cayenne et olives noires hachées) colorera et parfumera un plat de petits rougets ou de légumes variés. Vraiment, vous n'avez que l'embarras du choix.

Sauce mayonnaise

2 jaunes d'œufs
sel et poivre noir
   moulu
1/2 cuillerée à café de
   moutarde de Dijon
jus de citron
30 cl d'huile d'olive

Mettez les jaunes d'œufs (veillez à bien enlever tout le blanc), le sel, le poivre fraîchement moulu et la moutarde dans un bol. Entourez le haut du bol d'un torchon trempé dans l'eau très froide et bien essoré. Prenez un fouet, une fourchette ou une cuillère en bois, battez les jaunes jusqu'à obtention d'un mélange lisse. Ajoutez un peu de jus de citron (l'acide favorise l'émulsion) et ajoutez le quart d'huile goutte à goutte en fouettant continuellement.

En ajoutant de l'ail ou du basilic, vous donnerez une touche provençale à votre mayonnaise.

Ajoutez un peu plus de jus de citron au mélange, puis versez l'huile un peu plus rapidement sans cesser de battre. Incorporez l'huile sans cesser de battre jusqu'à ce que la sauce ait une consistance bien épaisse. Si nécessaire, rectifiez l'assaisonnement. Si vous préparez une mayonnaise la veille, ajoutez une cuillerée à soupe d'eau bouillante quand elle a atteint la consistance désirée. Cela l'empêchera de « tourner ».

Si la mayonnaise commence à tourner, mettez un autre jaune d'œuf dans un bol propre et incorporez peu à peu la sauce défaillante. La mayonnaise prendra immédiatement.

Si vous utilisez la mayonnaise dans une salade, vous pouvez la désépaissir avec du vin blanc sec, du vinaigre ou du jus de citron. Pour napper de la viande, une volaille ou du poisson, ajoutez un peu de gelée pour l'étoffer.

Pour conserver la sauce plusieurs heures, couvrez le bol d'un torchon trempé dans l'eau froide et bien essoré ; on évite ainsi que se forme une pellicule sur le dessus de la sauce.

Variations provençales

SAUCE TOMATE FROIDE AU BASILIC

Ajoutez 2 cuillerées à soupe de concentré de tomates, 1/2 gousse d'ail hachée fin et 8 feuilles de basilic finement émincées à un bol de mayonnaise.

SAUCE FROIDE À L'ANIS

Ajoutez la moitié d'un bol de crème fouettée très ferme parfumée avec 1 ou 2 cuillerées à soupe de pastis et 2 cuillerées à soupe de fenouil frais haché ou d'aneth à un bol de mayonnaise.

SAUCE CATALANE FROIDE

Ajoutez 1 cuillerée à soupe de concentré de tomates, 1 quart de cuillerée à café de paprika et un peu de poivre de Cayenne à un bol de mayonnaise.

SAUCE NIÇOISE FROIDE

Ajoutez 1 cuillerée à soupe de concentré de tomates, une pincée de safran en poudre, un pincée de poivre de Cayenne et 2 cuillerées à soupe d'olives noires hachées à un bol de mayonnaise.

Les sauces vertes provençales

Les sauces et les beurres verts de Provence sont célèbres dans le monde entier. Dans leur préparation entrent diverses herbes fraîches hachées — cerfeuil, persil plat, civette et estragon, avec quelques jeunes feuilles d'épinards pour donner de la couleur. J'ai choisi une sauce verte de Martigues et un beurre vert de Montpellier. La sauce verte est excellente avec du poisson grillé ou poché ; l'une et l'autre accompagnent avec raffinement les viandes blanches grillées et sautées : veau, agneau, porc. Essayez aussi le beurre de Montpellier avec des steaks grillés, de l'agneau et des rognons de veau.

J'aime la lumière chaleureuse et luxuriante de la Méditerranée, ses marchés, ses rues encombrées et baignées de soleil. À chacune de mes visites, je tombe amoureux des superbes fruits et légumes du marché.

Sauce verte de Martigues

1 bonne poignée de cerfeuil, persil plat, civette et estragon grossièrement hachés

6-8 feuilles de jeunes épinards grossièrement hachés

2 cuillerées à soupe de câpres

3 cuillerées à soupe de cornichons hachés

10 filets d'anchois à l'huile, égouttés et coupés en morceaux

100 g de beurre, deux jaunes d'œufs durs, écrasés et passés au tamis

12 à 14 cl d'huile d'olive vierge

sel et poivre noir du moulin

jus de citron (facultatif)

PRÉPARATION DES HERBES

Lavez, séchez et hachez les herbes et les feuilles d'épinards. Mettez-les dans une petite casserole, couvrez avec de l'eau froide, amenez à ébullition à feu doux. Enlevez du feu ; égouttez soigneusement.

PRÉPARATION DE LA SAUCE

Réduisez les herbes préparées en pâte lisse dans un mortier, ajoutez les câpres, les cornichons hachés et les anchois. Pilez de nouveau. Puis ajoutez le beurre, les jaunes d'œufs passés au tamis ; pilez jusqu'à consistance lisse.

Incorporez l'huile d'olive goutte à goutte, puis en épais filet, comme pour une mayonnaise, jusqu'à ce que la sauce épaississe. Ajoutez sel, poivre noir du moulin et du jus de citron si vous le désirez.

Beurre de Montpellier

6 PERSONNES

225 g de beurre ramolli	6 brins de cresson
2 œufs durs écrasés et tamisés	6 brins de persil plat
	2 échalotes hachées
1-2 gousses d'ail écrasées	2 cuillerées à soupe de câpres
12 feuilles de jeunes épinards	
	1/2 cuillerée à café de moutarde de Dijon
6 feuilles de laitues bien vertes, débarrassées de leurs côtes	jus de citron
	sel et poivre noir du moulin

Mettez le beurre ramolli, les œufs durs écrasés, l'huile d'olive et l'ail écrasé dans le bol d'un mixeur électrique et travaillez jusqu'à consistance crémeuse. Ajoutez davantage d'huile si le mélange semble trop sec.

Faites blanchir les feuilles d'épinards équeutées, la laitue, le cresson, le persil et les échalotes hachées. Essorez bien en pressant. Hachez finement les herbes et ajoutez le mélange au beurre avec les câpres et la moutarde, mixez de nouveau. Quand le mélange est homogène ajoutez le jus de citron, le sel, le poivre moulu.

Posez le beurre vert sur un morceau de papier d'aluminium ou un film transparent et roulez pour obtenir un cylindre de 2,5 à 3 cm d'épaisseur. Mettez au froid avant de servir.

Moutarde à la provençale

4 PERSONNES

La « moutarde » provençale n'a rien à voir avec la vraie moutarde, c'est une sauce au fumet de poissons, un peu acide et épaissie avec de la chapelure. Elle accompagne le poisson bouilli.

2 gousses d'ail coupées en morceaux	4 cuillerées à soupe de chapelure fraîche
sel	bouillon de poisson bien parfumé
2 jaunes d'œufs	
13-15 cl d'huile d'olive extra-vierge	jus de citron ou vinaigre de vin

Dans un mortier, pilez les gousses d'ail avec un peu de sel pour obtenir un mélange lisse. Incorporez les jaunes d'œufs et versez en fouettant l'huile d'olive, goutte à goutte puis en filet épais, comme pour une mayonnaise, jusqu'à ce que la sauce épaississe et soit homogène.

Mouillez la chapelure fraîche avec 2 à 3 cuillerées à soupe de bouillon de poisson bien relevé. Égouttez et ajoutez à la sauce. Mélangez bien. Ajoutez quelques gouttes de jus de citron ou de vinaigre de vin, et mélangez bien.

Au moment de servir, mouillez la sauce avec le bouillon de poisson chaud, en le versant goutte à goutte, pour obtenir une consistance lisse et crémeuse.

Sauce aux anchois pour viandes

On peut donner une saveur provençale à n'importe quel plat d'agneau grillé, sauté ou rôti, de bœuf ou de porc en l'accompagnant d'une sauce parfumée à l'anchois.

6-10 filets d'anchois, hachés fin	eau ou vin blanc sec
	jus de citron
2 cuillerées à soupe de persil haché fin	poivre noir du moulin

Faites rôtir la viande comme d'habitude ; sortez le rôti du four et placez-le dans le plat de service chauffé. Gardez au chaud.

Dégraissez le jus de cuisson et incorporez-y les filets d'anchois hachés et le persil. Ajoutez un peu d'eau ou du vin blanc sec au jus de cuisson sans oublier de détacher avec une cuillère en bois les petits morceaux croustillants du fond du plat. Assaisonnez de jus de citron et de poivre moulu. Faites mijoter à chaleur moyenne 2 à 3 minutes. Versez dans un bol chaud en accompagnement du rôti.

Glace de viande à l'ancienne

La glace de viande (jus foncé de viande, de volaille ou de légumes obtenu en laissant réduire peu à peu le bouillon) devient une gelée épaisse et rouge quand on la laisse refroidir. Au dix-neuvième siècle, on mettait cette gelée dans un boyau à saucisse conservé au garde-manger frais et on l'utilisait au fur et à mesure (le cuisinier le découpait par tranches) pour relever une sauce préparée à partir du jus de cuisson des viandes ou des volailles rôties ou grillées.

Aujourd'hui, les chefs cuisiniers conservent la glace de viande dans de petits pots au réfrigérateur. Adoptez cette recette du dix-neuvième siècle et conservez la glace de viande dans votre réfrigérateur pour confectionner rapidement sauces et soupes. On peut ajouter un peu de beurre fondu pour assaisonner les plats de légumes et, même, les pâtes.

900 g de jarret de bœuf (ou la moitié d'un jarret et la moitié d'un morceau à bouillir) coupé en morceaux	1 volaille bouillie coupée en quartiers
	1,7 litre de bouillon de bœuf
	6 carottes
900 g de jarret de veau coupé en morceaux	6 blancs de poireaux
	2 gros oignons

Mettez dans une grande marmite les morceaux de bœuf, de veau et de poulet. Ajoutez le bouillon de bœuf et amenez à ébullition. Écumez et ajoutez les carottes, les poireaux et les oignons. Amenez de nouveau à ébullition ; écumez et baissez le feu. Laissez mijoter 3 heures à couvert et à feu très doux en écumant de temps en temps, puis ôtez du feu. Ne pas ajouter de sel, poivre ou autre assaisonnement. Enlevez la viande et les légumes du bouillon et réservez-les pour un autre usage.

Filtrez le bouillon et laissez-le refroidir dans un grand saladier. Quand il est froid, enlevez le gras figé à la surface et tamisez le bouillon à l'étamine très fine. Laissez complètement refroidir. Après une nuit au réfrigérateur, la glace de viande doit avoir une consistance gélatineuse et une couleur légèrement rouge.

Le lendemain, ôtez la graisse qui a pu se former sur le dessus.

Conservez au réfrigérateur dans des pots couverts.

Une glace de viande à l'ancienne ajoute une saveur intense et une texture particulière à des plats de viande, de volailles ou de gibier, tels que ce lapin.

23

Les sauces tomates

Les cuisiniers de Provence utilisent beaucoup la tomate, en particulier dans les sauces qui accompagnent viandes et volailles, poissons et coquillages, et comme base — avec les oignons, l'ail, le fenouil et le safran — des soupes de poissons et de la bouillabaisse. La cuisine niçoise ne se conçoit pas sans tomates, pas plus que les plats traditionnels des gitans et des *guardians* de Camargue. En Provence, on utilise surtout, aujourd'hui, la *sauce vierge* (mélange de tomates crues finement hachées, d'oignon, d'ail et d'herbes fraîches assaisonné à l'huile d'olive extra-vierge) et des préparations de tomates cuites : le *coulis de tomates* et la *sauce tomate*.

Sauce vierge

Cette délicieuse sauce crue accompagne à merveille le thon et l'espadon grillés, le saint-pierre ou le bar.

700 g de tomates bien mûres, pelées, épépinées, coupées en morceaux	6 olives noires, dénoyautées et hachées fin
8 cuillerées à soupe d'huile d'olive extra-vierge	sel et poivre noir
3 cuillerées à soupe de jus de citron	1 cuillerée à soupe d'estragon haché, 1 de civette et 1 de persil plat
2 gousses d'ail, hachées fin	

Dans un saladier, mélangez les tomates, l'huile d'olive, le jus de citron et l'ail. Salez et poivrez. Laissez reposer 2 heures afin que les saveurs se mêlent. Avant de servir, ajoutez les olives noires et les herbes et remuez.

Coulis de tomates

Le coulis de tomates est une compote de tomates, servie chaude. On l'obtient par l'émulsion provoquée par l'acidité des tomates et l'huile d'olive extra-vierge. Une échalote finement hachée, de l'oignon ou de l'ail rapidement revenu dans l'huile d'olive, du sel, du poivre moulu et un peu de sucre s'associent pour faire ressortir le parfum des tomates mûres.

Utilisez un coulis de tomates pour relever une sauce ou une soupe de légumes, ou bien faites revenir des pâtes (nouilles ou macaronis) dans un peu d'huile ou de beurre, ajoutez quelques cuillerées à soupe de coulis et saupoudrez de fromage râpé. Faites cuire à la vapeur quelques coquillages de Provence — des palourdes, des praires ou des tellines — sur un lit d'oignons hachés fins et de coulis de tomates et mélangez à du riz cuit.

1 petite échalote hachée fin (ou 1 gousse d'ail, ou 1 cuillerée à soupe d'oignon finement haché)	1 bouquet garni (1 brin de thym, 2 brins d'estragon, 2 brins de persil et 1 feuille de laurier)
2 cuillerées à soupe d'huile d'olive extra-vierge	sel et poivre noir moulu sucre
700 g de tomates bien mûres, pelées, épépinées, hachées	2 cuillerées à soupe de beurre en dés

Dans une casserole de taille moyenne, faites blondir l'échalote hachée fin (ou l'ail ou l'oignon) dans l'huile d'olive. Ajoutez les tomates pelées, épépinées et hachées, le bouquet garni. Couvrez, laissez cuire à feu moyen 20 minutes environ et veillez à ce que la sauce n'attache pas. Assaisonnez de sel, de poivre noir du moulin et d'une pincée de sucre. Ôtez la casserole du feu ; enlevez le bouquet garni et incorporez à la fourchette les dés de beurre.

Fondue de tomates

La fondue de tomates est toujours présente l'été dans les cuisines provençales. Elle est préparée avec un *coulis de tomates* que vous laissez mijoter encore 20 minutes, en remuant de temps en temps pour éviter que la sauce attache au fond. Vous pouvez conserver cette fondue 10 jours au réfrigérateur dans un pot de verre. On l'utilise de multiples manières : quelques cuillerées à soupe de fondue garnissent une omelette ou servent de sauce pour les œufs pochés, les légumes ou les poissons ; si vous y ajoutez un léger bouillon ou un peu de lait, vous obtiendrez en quelques minutes une soupe d'été rafraîchissante ; un nuage de crème ou d'huile d'olive, une pincée d'herbes fraîches en feront une délicieuse entrée.

La sauce poivrade classique

Grand classique de la cuisine provençale, la poivrade est une sauce très relevée qui accompagne le gibier et les viandes rouges. C'est une marinade où le vin et divers aromates servent de faire-valoir au poivre. Elle est délicieuse avec le lapin, le lièvre ou le chevreuil.

Sauce poivrade

100 g de bœuf cru émincé (et tous os et restes de viande que vous pouvez avoir : poulet, carré d'agneau, lapin, lièvre ou gibier)	2 pieds de céleri
	1 poireau
	1 bouquet garni (persil, thym, feuille de laurier, vert de poireau)
2 cuillerées à soupe d'huile d'olive	12 grains de poivre noir
2 gousses d'ail hachées	12 baies de genièvre
1/2 cuillerée à café de thym séché	2-4 clous de girofle
	1 bouteille de bon vin rouge de Provence
1 feuille de laurier	bouillon de poulet ou de bœuf
4 carottes	25 g de beurre en dés
2 oignons	poivre noir concassé

Coupez grossièrement au hachoir les os et les restes de viande. Dans une grande cocotte, faites revenir les os et le bœuf émincé dans l'huile d'olive, accompagnés d'ail, de thym et de feuilles de laurier. Ajoutez les carottes, les oignons, le céleri, le poireau, le bouquet garni et les épices, laissez cuire 20 minutes à feu moyen, en remuant de temps en temps.

Ajoutez le vin rouge ; amenez à ébullition ; écumez, faites réduire à feu vif au quart du volume initial (20 minutes environ).

Recouvrez avec du bouillon de poulet ou de bœuf la viande, les os et les aromates. Laissez cuire 2 minutes afin que les parfums se mêlent. Puis passez le bouillon à l'étamine fine, remettez sur le feu et réduisez la sauce à la consistance voulue.

Enlevez la casserole du feu, au fouet, incorporez le beurre morceau par morceau. Ajoutez du poivre noir concassé.

Servez avec du lièvre, du lapin, du chevreuil ou de la viande rôtis.

Sauce poivrade simple

1 bouquet de persil plat haché fin	1/4 de cuillerée à café de sel
1 bouquet de ciboulette hachée fin	1/4 de cuillerée à café de poivre noir concassé
1/4 d'oignon d'Espagne haché fin	30 cl de coulis de tomates (*voir page 24*) ou de bon bouillon de bœuf épaissi par un roux
1 feuille de laurier écrasée	
6 cuillerées à soupe de vinaigre de vin rouge	

Dans une petite cocotte, mettez tous les ingrédients sauf le coulis ou le bouillon, faites réduire en remuant : il doit rester environ 1 cuillerée à soupe. Ajoutez alors le coulis ou le bouillon et mettez à feu vif jusqu'à ce que la sauce ait pris les parfums de poivrade.

Les beurres aromatisés de Provence

Dans de nombreux restaurants de l'arrière-pays, on vous offrira en entrée du pain grillé, frotté à l'ail et à l'huile d'olive, et tartiné de beurres aromatisés. Les recettes sont très nombreuses — en voici quelques-unes très faciles à réaliser — et il suffit de mélanger dans un mortier les ingrédients qui les composent ; assaisonnez comme indiqué, ajoutez quelques cuillerées à café d'huile d'olive pour lisser le mélange. Disposez dans de petits ramequins ou pots en verre et conservez au froid jusqu'à usage.

Beurre à l'ail

100 g de beurre	1-2 cuillerées à soupe de jus de citron
2-4 gousses d'ail écrasées	
1 cuillerée à soupe de persil haché fin	sel et poivre noir
	huile d'olive

Dans un mortier, écrasez le beurre, l'ail écrasé et le persil haché fin. Assaisonnez selon votre goût avec du jus de citron, du sel, du poivre noir du moulin. Ajoutez un peu d'huile d'olive pour lisser.

Beurres aromatisés (dans le sens des aiguilles d'une montre) :
aux anchois, au safran, au piment rouge, aux olives noires et au
basilic frais.

Beurre au safran

1/4 de cuillerée à café de	huile d'olive
safran en poudre dissoute	100 g de beurre
dans une cuillerée à soupe	sel et poivre de Cayenne
de jus de citron	

Dans un mortier, pilez le beurre, le sel, le poivre de
Cayenne, le safran en poudre dissous dans le jus de
citron. Ajoutez l'huile pour lisser. Mettez au froid.

Beurre aux olives

| olives noires dénoyautées | 100 g de beurre |
| sel et poivre de Cayenne | huile d'olive |

Dans un mortier, pilez les olives noires, le sel et le poivre de Cayenne jusqu'à ce que le mélange soit lisse.
Incorporez le beurre et travaillez en crème pour obtenir
un mélange homogène. Ajoutez un peu d'huile d'olive
pour lisser. Mettez au froid.

Beurre aux anchois

| 24 filets d'anchois | poivre noir du moulin |
| 100 g de beurre | huile d'olive |

Dans un mortier, pilez les filets d'anchois et le beurre ;
ajoutez le poivre noir du moulin, et un peu d'huile
d'olive pour lisser.

Beurre au basilic

| feuilles de basilic frais | 100 g de beurre |
| sel et poivre de Cayenne | huile d'olive |

Dans un mortier, écrasez les feuilles fraîches de basilic jusqu'à ce qu'elles soient en pâte lisse ; ajoutez le
beurre et le poivre de Cayenne selon votre goût ; travaillez en crème pour obtenir un mélange homogène.
Ajoutez un peu d'huile d'olive pour lisser. Mettez au
froid.

Beurre aux poivrons rouges

1/2 poivron rouge finement	100 g de beurre
émincé	sel et poivre de Cayenne
1-2 cuillerées à soupe de jus	huile d'olive
de citron	

Dans un mortier, écrasez les lanières de poivron rouge,
le jus de citron et le sel jusqu'à obtention d'un mélange
homogène. Incorporez le beurre et travaillez en crème
jusqu'à obtention d'un mélange homogène. Assaisonnez avec le poivre de Cayenne, ajoutez un peu d'huile
d'olive pour lisser.

2 Célébration

L'ESSENCE DE LA PROVENCE

Si vous n'êtes pas un *aficionado* de l'olive, oubliez un moment vos préjugés et tâchez de découvrir la réalité de ce fruit divin. Les petites olives noires et ridées que l'on récolte en Haute-Provence se chargeront de vous faire changer d'avis — surtout les petites Colombales, noires, sèches et délicieuses. Le secret de leur goût si singulier tient, selon le gastronome Pudlowski, à une technique de fabrication jalousement préservée depuis des générations : les fruits sont d'abord conservés au froid un certain temps avant d'être cuits dans un mélange d'eau et d'huile d'olive extra-vierge de la récolte précédente. Une fois refroidies, les olives sont conservées avec le bouillon de cuisson.

L'olive symbolise la cuisine méditerranéenne. Non seulement elle fournit l'huile dans laquelle on cuit *tout* en Provence, mais elle est aussi l'ingrédient de base des diverses sauces qui accompagnent traditionnellement légumes, viandes et salades. Les oliviers de Provence, qui ont sans doute été introduits il y a 2 500 ans par les Grecs, produisent aujourd'hui de nombreuses variétés — des petites noires sèches aux grosses olives vertes, tendres et juteuses.

L'huile d'olive est obtenue à partir de la pulpe des fruits écrasés dont on extrait l'*huile extra-vierge*, blonde et fruitée, qui donne une saveur si particulière à la cuisine. Après la première pression, on ajoute de l'eau froide à la pulpe écrasée et l'on obtient de l'huile, plus claire et moins parfumée, appelée *fine* ou *extra-fine*. Une troisième pression, utilisée dans l'industrie ou par le fermier pour son propre

de l'olive

usage, est parfois obtenue à partir d'addition d'eau chaude à la pulpe d'olives presque sèche. Les extractions ultérieures sont utilisées pour les savons et les engrais.

J'aime servir un plat d'olives noires ridées — extraites d'un grand tonneau à l'aide d'une louche en bois d'olivier noirci par l'usage — ou des olives vertes parfumées à l'orange et aux herbes fraîches, pour accompagner un verre de rosé frais ou de vin blanc. Avant le déjeuner, elles sont un merveilleux amuse-gueule. La tapenade — un mélange savoureux d'olives noires hachées, de filets d'anchois, de thon et d'huile d'olive, parfumé de câpres, de moutarde et d'un peu de cognac — fait aussi un délicieux hors-d'œuvre, servi avec des œufs durs ou des morceaux de pain croustillant.

L'huile dorée et parfumée est depuis la nuit des temps le fondement de la cuisine provençale. Aujourd'hui, les cuisiniers de Provence utilisent l'huile d'olive pour préparer les viandes, les volailles et les gibiers, les ragoûts et les daubes ; pour faire sauter les légumes et confectionner des sauces légères et saines, accompagnant les salades ou les légumes crus ou cuits ; pour mouiller des *tians* (gratins de légumes) et des pâtés ; pour attendrir les viandes, les volailles et les légumes que l'on rôtit, fait sauter ou griller. La cuisson au gril, en plein air, est utilisée aussi bien dans la cuisine traditionnelle que par les chefs des restaurants des grandes villes de Provence ; toutes les viandes grillées ainsi sont badigeonnées d'huile d'olive avant et pendant la cuisson afin de les rendre tendres et savoureuses. On utilise l'huile d'olive pour préparer des pains extraordinaires et même quelques pâtisseries.

Les frottés d'ail

Lors de mon premier séjour à Saint-Tropez, je découvris avec émerveillement le *frotté d'ail*, tranche de pain rassis frottée avec une gousse d'ail, arrosée de quelques gouttes d'huile d'olive extra-vierge et parsemée de gros sel. Je découvris aussi les écrits de Colette qui passa de nombreux étés dans sa maison la Treille Muscate, perchée sur le plateau baigné de soleil derrière Saint-Tropez et dominant la baie de Pampelonne. Elle écrivit là *Le Paradis terrestre* et *La Naissance du jour*, deux livres emplis de son amour de la Provence : récits des plaisirs sensuels du soleil, des nourritures et des vins merveilleux, des jardins, des chats et des délices d'habiter dans ce lointain petit port de pêche, coupé alors du reste de la France.

Les frottés d'ail de Colette étaient si nouveaux et si attirants pour mon jeune palais (j'avais alors vingt-

Dégustez quelques olives vertes en apéritif. Cette huile d'olive de Provence dorée et parfumée est produite par une pression d'olives noires.

deux ans) que nous nous régalions de leur odeur sensuelle emplissant la maison et nous les dégustions après une longue et chaude journée de plage, en admirant le coucher du soleil depuis la terrasse, avec un verre d'un délicieux blanc sec ou d'un rosé de Provence.

Nous avons ensuite découvert d'autres manières de rendre plus attrayante encore cette simple friandise. J'avais coutume de préparer une sauce faite d'ail haché, de sel et d'huile d'olive où je faisais tremper les petites olives noires ridées jusqu'à ce qu'elles se gonflent d'huile. Je servais cette merveilleuse entrée composée d'huile, d'ail et d'olives gonflées dans des petites assiettes afin que chaque invité puisse recouvrir une tranche de pain d'une olive noire et d'un peu de ce mélange d'ail et d'huile. Une autre entrée délicieuse était préparée avec une baguette coupée en deux et dont nous ôtions toute la mie (sans la jeter, bien sûr, mais en la mettant de côté pour faire de la chapelure destinée à un plat de tomates grillées à la provençale, ou à une vinaigrette à l'ail et aux herbes accompagnant un *gaspacho* de tomates en tranches, concombres, poivrons verts et oignons rouges). Nous frottions l'intérieur du pain avec une gousse d'ail — parfois il en fallait deux —, nous l'arrosions d'huile d'olive, d'un peu de gros sel, et couronnions le tout d'une ou deux tranches minces de tomates bien mûres, d'une ou deux feuilles de basilic ou de roquette, et, parfois, de quelques morceaux d'anchois écrasés. Le pain était coupé en morceaux de taille raisonnable et servi avec un rosé bien frais.

Essayez donc les fines tranches de baguette tartinées de *tapenade* (voir page 38) recouvertes de fromage de chèvre frais et d'un petit peu de paprika ; ou encore le pain à la tapenade recouvert d'une tranche de tomate mûre et de quelques feuilles de basilic ciselées. Goûtez la *frottée d'ail* : des croûtons de pain passés au four, tartinés de brandade de morue (voir page 41), et couronnés d'une poignée d'olives noires hachées.

C'est sans doute la saveur rustique de la cuisine provençale qui m'a séduit lorsque je suis venu vivre ici pour la première fois. La cuisine était merveilleusement facile à faire, les produits locaux étaient si frais et appétissants, il était si agréable de faire ses courses dans les marchés en plein air. C'était le paradis, le *Paradis terrestre* de Colette.

La fougasse aux olives

Hors de Provence, peu de personnes connaissent ce pain proche de la pizza et appelé *fougasse*. Héritée des Ligures et cousine de la *focaccia* toscane qui lui ressemble (mais plus belle, avec sa forme ovale et ses découpes aériennes), la fougasse est une spécialité de l'arrière-pays provençal. Chaque boulanger en a sa propre recette : simple, parfumée d'un peu d'ail, d'une pincée de romarin ou de sauge, ou d'herbes de Provence séchées ; ou plus épicée avec des anchois hachés, ou même des tomates séchées au soleil et des morceaux de morue salée. Mais, de toutes les garnitures, je préfère un hachis d'olives noires de Nice, généreusement relevé d'herbes sèches de Provence.

Bien que la plupart des cuisiniers de Provence se contentent d'acheter leurs fougasses chez leur boulanger préféré, il est possible de les préparer chez soi en utilisant une simple pâte à pain.

Pour une fougasse

PÂTE

1 cuillerée à soupe de levure sèche	450 g de farine
1 cuillerée à café de miel	1 cuillerée à café de sel
30 cl d'eau chaude	3 cuillerées à soupe d'huile d'olive

GARNITURE AUX OLIVES NOIRES ET AUX HERBES

75 g d'olives noires dénoyautées et hachées	1 cuillerée à café d'herbes de Provence séchées
poivre noir moulu	1-2 cuillerées à soupe d'huile d'olive

Mélangez la levure, le miel et l'eau chaude dans le bol d'un mixeur électrique. Puis faites tourner à petite vitesse pendant 5 minutes jusqu'à ce que le mélange mousse.

Munissez le mixeur du fouet à pétrir. Versez la farine, le sel, 2 cuillerées à soupe d'huile d'olive et pétrissez 5 minutes ; la pâte doit être lisse et légèrement collante.

Faites une boule, posez-la dans un saladier aux parois enduites d'huile d'olive, roulez la pâte pour l'enduire d'huile, couvrez et laissez gonfler au chaud pendant 1 heure et demie ; la pâte doit doubler de volume.

Sur une planche farinée, pétrissez la pâte et faites une abaisse épaisse de 25 cm sur 30. Garnissez la moitié de la pâte avec les olives hachées et les herbes de Provence en laissant un bord d'environ

Héritage des Ligures et cousine de la *focaccia* toscane, la *fougasse* aux olives est un en-cas très apprécié de l'arrière-pays provençal. À Cotignac (ci-contre) comme ailleurs, chaque boulangerie prépare sa propre recette et, de l'une à l'autre, vous constaterez de subtiles différences dans les garnitures.

1 cm autour de la garniture ; arrosez les olives et les herbes d'un peu d'huile d'olive et assaisonnez de poivre noir du moulin. Rabattez l'autre moitié de pâte, en pressant les bords pour sceller. Puis, avec un couteau pointu, faites des entailles en diagonale, espacées de 4 cm ; veillez à traverser la première couche de pâte afin de pouvoir enlever la pâte entre les entailles.

Posez la fougasse sur une plaque farinée, recouvrez-la et laissez-la lever 1 heure au chaud, jusqu'à ce qu'elle ait presque doublé de volume.

Pincez bien le bord des entailles pour qu'elles restent ouvertes.

CUISSON

Préchauffez le four à 190 °C. Enduisez la fougasse d'huile d'olive. Puis posez-la sur une plaque à rôtir à mi-hauteur du four, faites cuire 30 minutes ; la pâte doit être bien dorée. Laissez refroidir sur une grille à pâtisserie. Servez tiède ou à température ambiante.

Le pain aux olives

POUR UN GROS PAIN OU 2 PETITS

1 cuillerée à soupe de
levure sèche
1 cuillerée à café de miel
eau chaude
450 g de farine complète
1 cuillerée à café de sel
50 g de blé écrasé
huile d'olive

75 g d'olives noires
dénoyautées et coupées en
deux
1/2 cuillerée à café d'herbes
séchées de Provence
farine pour pétrir
huile pour graisser

Dans un petit saladier, faites dissoudre la levure et le miel dans l'eau chaude ; recouvrez le saladier d'un film transparent et laissez reposer 20 minutes au chaud jusqu'à ce que la levure mousse.

Mettez la farine complète et le sel dans un grand saladier chaud. Ajoutez le mélange de levure et une quantité d'eau suffisante (15 cl) pour obtenir une pâte souple et collante.

Posez la pâte sur une surface farinée et pétrissez vigoureusement environ 15 minutes ; elle doit être souple et élastique et ne plus coller à vos doigts. Couvrez-la d'un torchon humide et laissez reposer au chaud 1 heure et demie à 2 heures jusqu'à ce qu'elle double de volume.

Pendant que la pâte lève, faites chauffer 2 cuillerées à soupe d'huile d'olive dans une petite poêle à frire, à feu moyen ; ajoutez les olives noires coupées en deux et les herbes et faites bien revenir. Enlevez du feu et réservez.

Abaissez la pâte et incorporez-y les olives ainsi que l'huile et les herbes de cuisson en pétrissant pour bien mélanger le tout.

CUISSON

Formez une boule avec la pâte et posez-la sur une plaque à pâtisserie huilée. Couvrez et laissez monter au chaud jusqu'à ce qu'elle ait doublé de volume (50-60 minutes). Faites chauffer le four à 190 °C.

Mettez la pâte au four et faites cuire 1 heure environ ; le pain doit être bien doré. Sortez du four et laissez refroidir sur une grille. Le pain aux olives est délicieusement à point 2 heures après la cuisson.

L'huile d'olive givrée

C'est une création du chef marseillais Maurice Brun, dont le restaurant du quai Rive-Neuve, Chez Maurice Brun (Aux Mets de Provence), était célèbre dans les années 1930-1940. Le restaurant est toujours là, et on peut y déguster encore quelques-unes des recettes qui ont fait la renommée de Maurice Brun. Comme, par exemple, cet extraordinaire poisson, cuit, quelques heures après avoir été pêché, avec ses écailles et ses entrailles, grillé, sans assaisonnement, directement sur le feu dans la salle de restaurant. Les écailles et les entrailles sont enlevées juste au moment de servir, et le poisson, dans sa splendeur originelle, surprend délicieusement par sa fermeté et son arôme de mer fraîche. On ne peut préparer cette recette qu'avec du poisson vraiment frais, car un poisson ordinaire non assaisonné pourrait être fade ou même désagréable au goût.

L'huile d'olive givrée est très simple à préparer :

L'huile d'olive givrée.

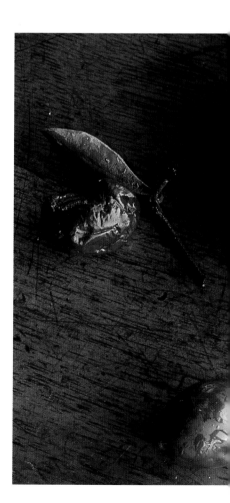

il suffit de remplir des petits ramequins à soufflé de la meilleure huile d'olive extra-vierge que vous puissiez trouver, et de laisser ces ramequins toute une nuit dans le réfrigérateur. Au moment de servir, prenez avec une cuillère à glace ou à melon des petites boules d'huile glacée, posez-les sur des tranches de pain croustillantes et servez immédiatement. L'huile d'olive givrée vous surprendra tant par sa texture que par sa saveur.

L'anchoïade

L'anchoïade — comme de nombreux plats de la cuisine traditionnelle provençale — est à la fois une sauce et le nom d'un plat, ainsi que l'ingrédient essentiel qui donne à tant d'autres plats provençaux leur saveur rustique.

Dans sa forme la plus pure, l'anchoïade est une sauce — ou une pâte — à base d'anchois, d'ail et d'huile

d'olive. Certains cuisiniers ajoutent quelques câpres ou du thon émietté, et/ou quelques gouttes de jus de citron, de cognac ou de marc de Provence pour en faire ressortir le parfum. Pour ma part, j'ajoute encore une bonne cuillerée de vinaigre de vin rouge et une pincée d'herbes sèches de Provence. Mais personne n'a poussé le raffinement aussi loin qu'Austin de Croze, gastronome français, auteur de plusieurs livres de cuisine et grand ami d'Armand Sailland (mieux connu sous le nom de Prince Curnonsky, « prince » élu des gastronomes français) ; Sailland-Curnonsky et de Croze devinrent, dans les années 1920, les « maîtres à penser », en matière culinaire, du Tout-Paris, et ils écrivirent de nombreux livres de cuisine et articles vantant les délices de la cuisine régionale. Les deux amis ont créé ensemble la gastronomie française que nous connaissons aujourd'hui. Leurs ouvrages sur la cuisine traditionnelle des provinces françaises ont permis de faire découvrir ou redécouvrir des plats simples du terroir, et en particulier de Provence.

L'*anchoïade du gastronome* d'Austin de Croze (voir ci-dessous) est sans doute d'une extrême exagération : c'est une version somptueuse, poétique et légèrement folle d'un plat paysan très simple, entrée agréable et élégante lorsqu'on la tartine sur un bon pain de campagne croustillant grillé devant le feu. La version très imaginative de De Croze ajoute aux anchois des amandes moulues, des figues sèches, des oignons hachés fin, des fines herbes, du piment rouge et une goutte d'eau de fleurs d'oranger, le tout donnant cette surprenante anchoïade qu'il qualifie de « quintuple essence » de tous les produits provençaux.

René Jouveau donne, dans son merveilleux livre *La Cuisine provençale populaire*, sa propre recette d'anchoïade qui est la simplicité même.

« Prenez un ou deux anchois salés par personne ; lavez-les ; ôtez les arêtes et mettez-les dans un *platet d'Aubagne* [plat de terre résistant au feu] ; arrosez-les d'huile d'olive, de bon vinaigre et laissez-les au coin de la cuisinière (ou dans le four à feu très bas) jusqu'à ce que tous les ingrédients se soient mélangés et forment une sauce. » Délicieux.

En Provence, l'anchoïade est servie avec des œufs durs, sur des tartines grillées sur le feu, en guise de sauce chaude pour la *bagna caudo* (légumes crus et cuits accompagnés de sauce) et de sauce froide pour les céleris crus, les cardons crus et les poivrons verts crus.

L'anchoïade du gastronome
POUR 12 TARTINES

Mon premier livre de cuisine provençale était l'édition bleue, en fort mauvais état, de *La Cuisinière provençale*, vieil ouvrage que m'avait offert mon amie Fifine, cuisinière autodidacte et restauratrice à Saint-Tropez. C'est ce cadeau tout simple, écrit voici une centaine d'années par le chef provençal J.-B. Reboul, qui m'a lancé sur la route des délices gastronomiques. C'est dans ce vieux livre que j'ai découvert pour la première fois tous les trésors culinaires de ce beau pays de Provence. Et, entre autres choses, j'y trouvai une délicieuse recette pour l'anchoïade. *La Véritable Cuisine provençale et niçoise*, autre grand classique de gastronomie provençale écrit par Jean-Noël Escudier (1964), en donne une variante remarquable.

12 anchois salés

12 filets d'anchois à l'huile

12 amandes

6 noix

2 gousses d'ail en morceaux

1 petit piment rouge

2 branches de persil plat

2 brins de basilic,
2 brins d'estragon et
2 brins de cerfeuil,
finement hachés

1 petit oignon coupé en morceaux

1 brin de fenouil finement haché

3 figues séchées sans leurs graines

1 cuillerée à soupe d'eau de fleurs d'oranger

huile d'olive extra-vierge

12 petits pains ronds en pâte briochée

PRÉPARATION DES ANCHOIS

Dessaler les anchois en les passant sous un filet d'eau du robinet. Enlevez les arêtes et mettez les anchois dans un grand bol sous l'eau courante. Faites-les dessaler ainsi pendant 2 heures. Égouttez-les et séchez-les dans du papier absorbant.

Sortez les anchois en conserve de l'huile, faites-les égoutter et essuyez-les avec du papier absorbant.

PRÉPARATION DE L'ANCHOÏADE

Écrasez les amandes et les noix dans un mortier. Ajoutez l'ail, l'oignon et le piment rouge, pilez de nouveau. Transvasez le mélange dans un saladier ; ajoutez les herbes finement hachées et mélangez bien.

Passez les figues sèches au mortier et réduisez-les en poudre ; mélangez-les à la préparation précédente. Incorporez l'eau de fleurs d'oranger et assez d'huile d'olive pour obtenir une pâte souple.

Coupez les petits pains en deux dans le sens de la longueur. Tartinez chaque côté d'anchoïade, refermez-les. Badigeonnez d'un peu d'huile d'olive ; mettez-les 5 minutes dans un four préchauffé à 200 °C. Servez immédiatement.

Mettez au réfrigérateur l'anchoïade qui vous reste afin de l'utiliser à une autre occasion.

Anchoïade.

Anchoïade

150 g de filets d'anchois à
  l'huile en boîte
1 grosse gousse d'ail écrasée
1 cuillerée à soupe d'huile
  d'olive
quelques gouttes de jus de
  citron, de cognac ou de
  vinaigre de vin rouge

1 cuillerée à soupe de
  beurre fondu
pincée d'herbes séchées de
  Provence
poivre noir moulu
4-6 tranches épaisses de
  pain blanc

Réduisez en pâte lisse, dans un mortier, les filets
d'anchois, l'ail écrasé, l'huile d'olive et le beurre
fondu. Assaisonnez selon votre goût de quelques gouttes de jus de citron ou de cognac, et d'une pincée de
poivre noir, ou d'une cuillerée de vinaigre de vin rouge
et d'une pincée d'herbes de Provence séchées.

Coupez le pain en deux ; faites-le griller d'un côté
et, quand il est chaud, tartinez d'anchoïade le côté non
grillé, en pressant bien la pâte sur le pain. Passez au
four ou au gril quelques minutes avant de servir.

Les petits pains frits à l'anchois

LES CANAPÉS

1 pain blanc
lait

huile pour la friture

Coupez six tranches de pain blanc d'un bon centimètre d'épaisseur. Enlevez la croûte et coupez chaque
tranche en deux de manière à obtenir 12 canapés.
Faites-les tremper dans le lait. Égouttez-les sur une
grille à pâtisserie. Chauffez l'huile dans une poêle profonde. Faites cuire les canapés dans l'huile chaude
jusqu'à ce qu'ils soient bien croustillants et dorés des
deux côtés.

Égouttez-les. Tartinez-les de beurre d'anchois.

LE BEURRE D'ANCHOIS

100 g de beurre ramolli
8 filets d'anchois en boîte,
  hachés
1 gousse d'ail finement
  hachée

1 échalote finement hachée
2 cuillerées à soupe de
  persil finement haché
poivre noir du moulin

Dans un petit saladier, mélangez le beurre fondu, les
anchois écrasés, l'ail, l'échalote et le persil finement
hachés. Assaisonnez généreusement de poivre noir du
moulin. Mélangez bien. Conservez au froid jusqu'au
moment de servir.

Tapenade, anchoïade et frottés d'ail.

La tapenade

La tapenade, dont le nom vient du provençal
tapeno, signifiant câpre, est une des sauces provençales les plus utilisées. Bien qu'elle tire son nom
des câpres, elle se compose d'olives noires hachées ou
en purée, auxquelle on incorpore de l'ail haché fin,
des câpres et des oignons avant de réduire le tout en
pâte, au pilon, avec de l'huile d'olive et un peu de
vinaigre de vin ou de marc de Provence.

Comme l'anchoïade, on peut la consommer de différentes manières : comme sauce relevée en accompagnement des œufs mollets ou durs, pour tartiner du
pain grillé, ou pour garnir délicieusement des petites
tartes en forme de coquilles.

J'utilise la tapenade comme condiment quand je
prépare des sandwiches au poulet ou au fromage à

tartiner, accompagnés de tranches de tomates mûres et de feuilles de basilic ou de roquette. Mais la tapenade est particulièrement délicieuse avec une daurade braisée, comme Pierre et Jany Gleize, duo de cuisiniers père et fils, la préparent à La Bonne Étape à Château-Arnoux (voir page 171) ; ou hachée plus grossièrement cette fois, à côté d'un poulet rôti ou d'une pintade (voir page 139).

Deux pointes de *tapenade* et de *rouille* (voir page 62) donnent une saveur incomparable à des poissons grillés ou pochés, ou à des pommes de terres grillées.

Tapenade

50 g d'olives mûres dénoyautées, à l'huile	moutarde de Dijon
25 g de filets d'anchois à l'huile	6 cl d'huile d'olive cognac
25 g de thon à l'huile	poivre noir du moulin
50 g de câpres	œufs durs ou poivrons verts hachés (facultatif)

Pilez au mortier les olives mûres dénoyautées, les filets d'anchois, le thon et les câpres jusqu'à obtention d'une pâte lisse ; ajoutez un peu de moutarde de Dijon. Incorporez peu à peu de l'huile d'olive comme pour faire une mayonnaise. Assaisonnez à votre goût avec du cognac et du poivre noir du moulin, et passez ce mélange au tamis. La tapenade se conserve bien dans un pot en verre.

Si vous voulez utiliser la tapenade pour relever un poisson grillé ou poché, un poulet ou une pintade grillés, ou pour garnir des œufs durs, ne passez pas le mélange. Utilisez-le tel quel, ou ajoutez des œufs durs hachés ou du poivron rouge haché au mélange.

La brandade de morue

La brandade de morue — de la morue salée écrasée et mélangée à de l'huile d'olive, du lait ou de la crème — est un des grands classiques de la cuisine provençale. Autrefois, c'était un plat d'hiver des villages des collines et des plateaux, idéal pour les repas dans les campagnes trop éloignées de la mer pour disposer de poissons frais.

La morue salée est connue dans le sud de la France depuis l'époque romaine, lorsque les marins bretons venaient échanger ces grands morceaux de poisson salé contre le précieux sel des marais de la vieille ville d'Aigues-Mortes, en Camargue. On l'a d'abord utilisée comme nourriture de réserve — les morceaux séchés des flancs de morue se gardent indéfiniment —, et les vieux livres de cuisine provençaux contiennent de nombreuses recettes de morue salée, émiettée après avoir trempé toute la nuit, frite et servie avec des blettes (tradition toujours vivante lors du réveillon de Noël) ; en gratin (morue salée et pochée, poireaux émincés, oignons, blettes ou épinards cuits dans une sauce à la crème parfumée aux anchois hachés et garnis d'œufs durs) ; en beignets (émiettée, pochée, plongée dans la pâte et dans la friture) ; en fleurs de courgette (pochée et réduite en pâte pour farcir les fleurs de courgette, trempées dans la pâte puis frites) ; et, avec l'arrivée de la tomate, dans de nombreux mélanges où la pomme d'amour joue un rôle essentiel ; en raïto (sauce rouge de Camargue, avec des oignons hachés, des tomates, de l'ail et des noix mijotés dans l'huile d'olive puis réduits au vin rouge) ; à la marseillaise (morue salée coupée en dés, mijotant avec les pommes de terre dans une sauce parfumée à l'oignon haché, tomates et olives vertes) ; et en bouillabaisse (mélange de tous les ingrédients d'une bouillabaisse sans poisson frais puisque la morue salée y joue le premier rôle).

La légende veut que ce soit une ménagère de Nîmes qui, la première, a réduit la chair du poisson salé, trempé auparavant dans du lait et de l'huile d'olive, pour en faire l'émulsion crémeuse que nous connaissons aujourd'hui. Mais la légende ne dit pas qui a eu, le premier, l'idée d'accompagner la brandade crémeuse de croûtons de pain dorés et frits, ou qui a ajouté, le premier, les petites truffes hachées ou les olives noires à ce plat majestueux présenté maintenant dans les plus grands restaurants du monde.

Il ne sert à rien de mettre en doute l'opinion générale qui attribue à Nîmes la paternité de ce grand plat qu'on désigne habituellement sous le nom de *brandade de morue à la nîmoise*. Aujourd'hui, la brandade revient à la mode, utilisée comme entrée crémeuse, ou comme farce pour les petits poivrons rouges pointus de Provence, les pommes de terres cuites ou les fleurs de courgette frites dans la pâte, et pour garnir de remarquables canapés.

Brandade de morue.

Brandade de morue

4 À 6 PERSONNES

450 g de filets de morue
salée
2 gousses d'ail écrasées
6 cuillerées à soupe de
crème fleurette
15 cl d'huile d'olive

jus et zeste d'1/2 citron
poivre noir du moulin
toasts en forme de triangle,
frits à l'huile d'olive ou
au beurre

Faites tremper les filets de morue dans l'eau froide
12 heures au moins, en changeant souvent l'eau. Mettez les filets égouttés dans une casserole, couvrez d'eau
froide et amenez doucement à ébullition. Enlevez du
feu ; couvrez la casserole et laissez la morue pocher
10 minutes. Égouttez, enlevez la peau et les arêtes,
émiettez à la fourchette.

Passez au mixeur les morceaux de morue, l'ail haché,
2 cuillerée à soupe de crème, 4 cuillerées à soupe d'huile
d'olive, puis incorporez en alternance la crème qui reste
et l'huile d'olive jusqu'à ce que la brandade ait la consistance d'une purée de pommes de terre crémeuse.

Faites chauffer le mélange au bain-marie ; incorporez le jus de citron, le zeste râpé et ajoutez du poivre
selon votre goût.

Vous pouvez servir la brandade chaude ou froide.
Si vous la servez chaude, dressez-la en dôme, sur un
plat de service chauffé, entourée de toasts en triangle
frits dans l'huile d'olive ou le beurre. Si elle est trop
salée, ajoutez un peu plus de crème et d'huile d'olive.
Si vous la servez froide, battez-la avec un peu plus
d'huile d'olive et/ou de jus de citron, garnissez-en des
tomates évidées ou présentez-la sur des tranches de
pain grillées.

Brandade aux pommes de terre

La brandade de morue est délicieuse servie dans des
pommes de terre évidées. Faites cuire les pommes de
terre dans de l'eau sans les éplucher ; coupez-les dans
le sens de la longueur ; enlevez une partie de la chair
et mélangez-la à la brandade de morue, en ajoutant
un peu plus de crème si nécessaire. Farcissez les moitiés de pommes de terre avec cette préparation ;
enduisez-les d'huile d'olive et passez-les à four chaud
(190 °C) jusqu'à ce qu'elles soient bien chaudes à
l'intérieur.

Brandade aux poivrons rouges

Vous pouvez préparer un hors-d'œuvre inhabituel en
farcissant des petits poivrons rouges de Provence avec
un peu de brandade et en les faisant cuire au four.

Coupez la tête des petits poivrons rouges et
épépinez-les ; farcissez-les de brandade, et faites-les
cuire jusqu'à ce qu'ils soient tendres. Servez-les accompagnés d'une sauce à la crème relevée avec une cuillerée à soupe de vinaigre de vin blanc.

Si vous n'êtes pas en Provence, choisissez sur le marché les poivrons rouges les plus petits, et coupez-les
en deux dans le sens de la longueur. Épépinez-les,
faites-les cuire à four chaud 20 minutes.

Une fois que vous les avez retirés du four, farcissez-
les de brandade, enduisez-les d'huile d'olive et
remettez-les au four jusqu'à ce qu'ils soient tendres.
Servez-les accompagnés de sauce ivoire.

CI-CONTRE Brandade aux
pommes de terre.

À GAUCHE Brandade aux poivrons
rouges.

L'aïoli

Si, tout au long de la côte du Sud-Est, de Sète à Menton, la bouillabaisse (voir page 60) rivalise avec la *bourride* et son cousin moins connu, le *revesset*, l'aïoli règne sans conteste sur l'arrière-pays, ces terres si odorantes qui séparent les ports de plaisance de la Côte d'Azur des austères villages de montagne.

L'histoire de l'aïoli remonte à quelque 2 000 ans. Pour les amoureux de l'ail, aujourd'hui comme alors, ce plat est un festin. En fait, l'aïoli est la chose la plus simple qui puisse s'imaginer ; simple à préparer et simple à manger. Et il est impossible de résister à la tentation d'en reprendre...

Ce plat extravagant est un repas complet lorsqu'il réunit une grande platée de légumes cuits servis chauds — haricots, courgettes, artichauts, pommes de terre, patates douces et carottes (la douceur des pommes de terre et des carottes se marie parfaitement avec la chaleur de la sauce aïoli) —, accompagnés de morue salée pochée ou de poisson frais, d'un calmar ou deux, et parfois de moules ou d'escargots. Les légumes crus,

À chaque nouvelle saison, l'huile d'olive extra-vierge fraîchement pressée est toujours très attendue...

aussi, sont au rendez-vous — tomates, jeunes fèves, cœurs de laitue et brins de basilic frais, persil plat — sont dressés en dôme sur les plats avec toute l'ingéniosité dont un cuisinier peut être capable. On n'oublie pas un aïoli bien présenté, les légumes aux couleurs brillantes, les herbes fraîches parsemant le poisson, et, posés çà et là comme autrefois lors des grandes fêtes, quelques escargots, des moules ou des bigorneaux.

La vedette de ce plat fastueux est l'aïoli lui-même, mayonnaise onctueuse relevée par la vigueur magique de l'ail frais haché. À vrai dire, le *beurre de Provence* est tout aussi apprécié dans la région.

L'aïoli a ses adeptes inconditionnels. Ce plat ne plaît pas forcément aux palais délicats et à ceux qui redoutent d'importuner leurs semblables par une haleine trop parfumée... C'est en mangeant dehors qu'on l'apprécie le plus, arrosé de vin blanc et suivi d'un sorbet froid, d'une tarte au citron ou à l'orange (voir page 181) ou d'une tarte tropézienne (voir page 184).

L'aïoli de Fifine

6 PERSONNES

450 g de morue salée	6 grosses tomates mûres
6 pommes de terre	feuilles de laitues et beaux
6 petites patates douces	brins d'herbes fraîches
6 courgettes	(persil plat, basilic,
450 g de petites carottes	pourpier, aneth, etc.)
450 g de haricots verts	pour décorer les assiettes
6 œufs durs	

AÏOLI

4 grosses gousses d'ail par personne	huile d'olive
	sel et poivre noir moulu
1 jaune d'œuf pour deux personnes	jus de citron

Laissez tremper la morue dans l'eau froide toute une nuit. Faites cuire le poisson et chaque légume séparément, les pommes de terre en chemise, les courgettes et les carottes entières, et les haricots verts équeutés. Les légumes doivent être tendres mais encore fermes. Servez les légumes chauds, les œufs durs non écalés et les tomates crues sur de grands plats décorés de lai-

tue et d'herbes fraîches. Mettez le poisson au centre. Pour le plaisir de l'œil, groupez les légumes bien égouttés par couleur. Servez-les accompagnés de l'aïoli qui donne son nom au plat.

PRÉPARATION DE L'AÏOLI

Dans un mortier, réduisez l'ail en purée et ajoutez un peu de sel ; incorporez les jaunes d'œufs jusqu'à ce que le mélange soit lisse et homogène, puis l'huile d'olive (d'abord goutte à goutte, puis en filet plus épais) comme pour une mayonnaise. L'aïoli épaissira peu à peu jusqu'à atteindre la consistance ferme désirée. La quantité exacte d'huile dépend du nombre de jaunes d'œufs utilisés. Rectifiez l'assaisonnement en ajoutant du sel, un peu de poivre noir du moulin et du jus de citron. On sert cette sauce froide dans un saladier.

Légumes avec sauce aïoli

On peut utiliser la sauce aïoli pour préparer des plats de légumes simples et délicieux ; pochez de petites pommes de terre nouvelles, des courgettes pelées ou des haricots verts équeutés dans une casserole d'eau bouillante légèrement salée jusqu'à ce qu'ils soient tendres. Égouttez-les et servez-les chauds ou froids avec la sauce aïoli. Garnissez chaque assiette de quartiers de tomates rouges mûres, de basilic frais et d'olives noires.

6 pommes de terre nouvelles	450 g de haricots verts
6 courgettes	6 tomates mûres
450 g de carottes nouvelles	sel et poivre noir moulu
	aïoli

Pelez les pommes de terre et coupez-les en dés d'environ un centimètre ; coupez les courgettes, les carottes nouvelles et les haricots verts en morceaux d'un centimètre. Faites cuire chaque légume *al dente*.

Épépinez les grosses tomates et coupez-les en dés d'un centimètre. Disposez les légumes en composition colorée sur un grand plat de service creux ; saupoudrez-les de sel et de poivre noir fraîchement moulu, et servez-les accompagnés de sauce aïoli.

On découvre dans les
profondeurs du château
d'Entrecasteaux, datant
du XVIIᵉ siècle, une
parfaite cuisine
provençale. Sa grande
hotte carrelée, son vaste
fourneau en terre cuite

en font le lieu idéal d'un
repas traditionnel de
Noël, composé de morue,
daurade, moules,
tomates, œufs durs et
légumes du jardin. Pièce
maîtresse de ce repas,
un saladier d'aïoli, fort et
aillé, souvent appelé
« beurre de Provence ».

E S C A L E

Christian Millo

L'Auberge de la Madone, Peillon

Sur la carte, la route paraissait simple. Juste quelques minutes de voiture et nous serons à l'heure pour déjeuner, dans un de ces villages de montagne haut perchés, les plus fascinants de la Côte, juché sur un rocher à pic loin derrière Nice — ou peut-être était-ce Monte-Carlo ? C'est ce qu'on nous avait dit… et nous avions la carte. De toute manière, c'était facile. Pour commencer, nous devions quitter l'autoroute à la sortie de Roquebrune. Roquebrune est un charmant petit village — nous y avions souvent été — et de là nous devions juste prendre une des petites routes grimpant dans les montagnes jusqu'à un panneau indiquant Peillon.

Mais lorsque nous sommes arrivés à Roquebrune, aucune petite route n'était en vue. Pour nulle part. Nous avons donc rebroussé chemin ; et là nous avons vu un petit panneau : « Sainte-Agnès-de-Peille ». Peille — Peillon ? Cela ne pouvait être loin. Le panneau précisait : « le plus haut village du littoral ». Il était 13 h 30 quand nous sommes arrivés à Sainte-Agnès-de-Peille et nous avons décidé de nous arrêter plutôt que de risquer d'arriver à Peillon trop tard pour déjeuner. Nous sommes sortis de voiture sous un beau soleil et sommes entrés dans la Vieille Auberge de Sainte-Agnès.

Déjeuner le dimanche dans la petite auberge de campagne coûtait 110 francs et il restait juste une table libre, face à la fenêtre. Le menu voulait que nous choisissions entre la *pissaladière* ou la *tourte agnésoise* (sorte de tarte aux légumes verts à la niçoise) suivie d'un plat copieux de jambon de montagne accompagné d'une salade Vieille Auberge, et ensuite on nous apporta des *raviolis grand-mère* faits par la patronne. Je pouvais voir la patronne dans sa petite cuisine jaune, tout allait bien. Puis ce fut le plat principal : cette fois, il fallait choisir entre le *coquelet royal sauce aux champignons frais* (ravissant nom évoquant à la fois l'étiquette depuis longtemps oubliée de la Cour et le parfum fort

Peillon — à vingt minutes de Nice par la route directe ou à quatre heures si vous prenez par les montagnes — est un village de montagne fortifié, aux hautes maisons dominant les gorges, et surmonté par le clocher couleur ocre de la petite église.

et puissant des champignons sauvages) et le *lapin aux herbes*. Le lapin l'emporta. Vint ensuite la salade de mesclun et le fromage, suivi d'un dessert. Un délicieux café, et nous avons repris la route.

Il était presque 16 heures et le paysage avait changé, noyé à présent dans un brouillard épais, gris, inquiétant, mais baigné d'une lumière étonnante : une brume magique qui nous accompagna dans notre ascension des routes venteuses et étroites menant à Peillon et à l'Auberge de la Madone tant espérée.

Emplis du bonheur sans mélange que seuls une bou-

teille de côtes-de-provence rouge et un marc aux myrtilles peuvent apporter, nous avons escaladé la montagne dans la mauvaise direction… Il fallait prendre une décision rapide au panneau suivant : « Peille, 11 kilomètres ». Peillon pouvait-il être aussi loin ? Soudain, la brume s'est levée. Nous étions au-dessus des nuages et la route était dégagée. Le panneau indiquait 870 mètres d'altitude. Puis la route se remit à descendre par à-coups, des virages en épingle à cheveux, à travers d'étroits tunnels percés dans la roche blanche, à nouveau le brouillard plus bas, et des

trouées magiques de soleil… et la descente continuait. C'était la plus belle route de montagne que j'aie jamais parcourue.

Soudain, nous nous retrouvâmes à 700 mètres, dans la plaine ; le brouillard avait disparu et le paysage resplendissait sous le soleil. Il était 17 heures. Un panneau indiquait l'autoroute à 14 kilomètres et un autre, que nous venions juste de passer le col de la Madone : nous avait-elle protégés et amenés sains et saufs dans la plaine ? Encore un autre virage dans l'ombre de la montagne et nous étions à Peille, «le plus curieux village des Alpes-Maritimes», selon le panneau. Il sentait le feu de bois. Nice n'était, paraît-il, qu'à 22 kilomètres seulement.

De Peille et en prenant la direction de La Grave, nous arrivâmes dans un petit village appelé Le Moulin, commune de Peillac ; rien ne mentionnait Peillon. Puis une flèche à gauche indiqua : «Peillon, 3 kilomètres», et nous voilà de nouveau dans les collines. Après la traversée d'un petit hameau appelé Les Sept Lacets, droit devant nous un village rose et blanc se perchait au sommet d'une montagne. Un virage serré, une route toute simple et nous étions en plein Moyen Âge :

Le tourton des pénitents de Christian Millo.

Peillon est un village de montagne fortifié avec des maisons de quatre ou cinq étages suspendues dangereusement au-dessus de la gorge et surmontées d'un clocher couleur ocre. À ses pieds, nous attendaient la toiture de tuiles safran et les volets d'un beau brun de l'Auberge de la Madone, avec Christian Millo et sa femme Carine, la chaude odeur d'un bœuf en daube aux champignons sauvages et le parfum entêtant du thym et de l'orange sauvages.

L'Auberge de la Madone est tenue par la même famille depuis trois générations, même si Augustine et Aulaine Millon n'avaient ouvert au départ que deux salles et une épicerie. Aujourd'hui, sous la direction de Christian Millo, de sa mère et de sa sœur Marie-Josée, la petite auberge nichée à l'écart dans un coin montagneux a attiré l'attention des gourmets internationaux, des chroniqueurs gastronomes et des amateurs locaux de bonne chère, qui font avec bonheur le trajet dans la montagne pour s'offrir un remarquable déjeuner sur la terrasse ensoleillée ouvrant sur le vieux village à flanc de colline, ou pour passer un week-end à l'abri des soucis du monde. On ne peut rêver d'un endroit plus tranquille pour un écrivain désireux d'écrire en paix et dans le confort, certain que son inspiration sera soutenue par les parfums naturels et la cuisine campagnarde de Christian et d'Aimée, sa mère, qui paraît si jeune qu'elle semble être sa femme ou sa sœur.

À la Madone, le dîner peut commencer par des pointes d'asperge de la région, belles, moelleuses, accompagnées de quelques feuilles de pissenlit sauvage assaisonnées d'huile d'olive extra-vierge du vieux moulin de Peillon et décorées d'une cuillerée de tapenade ; ou par le célèbre *tourton des pénitents* (une omelette aux herbes fraîches et aux pignons aussi légère qu'un soufflé, servie sur un coulis de tomates et une sauce verte) ; ou bien par un plat tout simple de jambon de pays et de melon.

En plat principal, il faut absolument prendre la spécialité de Christian, cette robuste *daube de bœuf* aux cèpes et à l'orange, avec des morceaux de bœuf longuement mijotés, pris dans la culotte, le gîte ou le jarret (viande maigre de l'épaule), l'ensemble mariné dans du vin rouge, des aromates, des champignons sauvages et des zestes d'orange. On sert la daube traditionnellement accompagnée de *raviolis aux blettes* (raviolis fourrés aux herbes et aux blettes, parfumés à la viande et au jus de la daube). Lors de ma première visite, la mère de Christian me servit ces délicieux petits raviolis en forme de vieux *lous crous* de la cuisine provençale campagnarde. La farce des raviolis parsemée de vert est enveloppée dans l'épaisseur d'une pâte faite maison, abaissée et divisée en morceaux de 2 cm dont on pince chaque côté pour former une sorte de petite oreille. Il paraît que, autrefois, la purée de blettes cuites et les herbes étaient parfois incorporées à la pâte elle-même, donnant ainsi un plat vert appétissant, semblable aux gnocchis verts italiens.

Ces pâtes paysannes, simples et délicieuses, sont

devenues très populaires au début du dix-neuvième siècle, remplaçant les bonnes soupes et les plats de légumes qui étaient l'ordinaire de l'arrière-pays. On les sert encore de nos jours, accompagnées d'une sauce tomate aux oignons et à l'ail, et, parfois, avec juste un peu d'eau de cuisson des pâtes (ou de l'eau de cuisson de châtaignes ou de pois chiches), salée, relevée d'un peu de poivre du moulin et de quelques feuilles de sauge fraîche. On ajoute parfois des noix hachées et une goutte ou deux d'huile de noix, ou un mélange de sauge, romarin, sarriette, mouillées d'un reste du jus de cuisson de daube de bœuf.

Les raviolis « à la Madone », comme on les appelle à Peillon, sont un merveilleux exemple de l'amour et du soin avec lesquels les cuisiniers de Provence préparent les produits les plus simples pour en faire un festin mémorable.

Lors d'une autre visite à l'Auberge de la Madone, j'ai savouré la meilleure fricassée de lapin que j'aie jamais goûtée, accompagnée de tagliatelles faites maison, à la sauce de la fricassée. Presque tous les plats de pâtes sont, en effet, servis avec le jus de cuisson d'une daube ou d'une viande, d'une volaille ou de gibier rôtis. Aucun ingrédient extraordinaire n'entre dans la cuisine, seulement les meilleurs produits. Des lapins élevés chez le fermier voisin ; des légumes du marché du village ; des herbes cueillies dans les collines alentour ; et l'amour et l'attention indispensables à la préparation de recettes simples.

La cuisine de Christian Millo est un exemple remarquable de cuisine familiale, l'héritage noble de sa mère, de sa grand-mère et de générations de cuisiniers des montagnes imprégnées des traditions classiques du vieux Piémont et de la Provence. J'aime la simplicité et la perfection de son travail ; la juste appréciation de la quantité exacte de sauce pour chaque plat, habileté qui est l'apanage des cuisiniers-nés. J'aime son *duo de cailles aux raisins sur canapé de polenta* (cailles provenant de Lucéram, village voisin, accompagnées de raisins et servies sur une crêpe de polenta), un délicat paradoxe entre la note rustique de la polenta et la sophistication de la sauce aux raisins et au vin. Et que dire de ses côtelettes d'agneau grillées servies avec une

poêlée de petites pommes de terres nouvelles, de courgettes, de champignons, de poivrons en dés et d'oignons verts ! Pour terminer un repas d'une telle perfection, quoi de mieux qu'un plateau de petits fromages locaux, une pêche fraîche, ou une corbeille de figues ou d'abricots mûrs, ou encore une des pâtisseries de la Madone ? Mes préférés sont le *gratin de pomme au miel de lavande* et la *croûte aux amandes*.

Bouquet d'asperges à la tapenade et son voile d'huile d'olive de Peillon, garni de pissenlits

4 PERSONNES

20-24 asperges	4 cuillerées à café de
200 g de pissenlits sauvages	tapenade
10 cl d'huile d'olive extra-	sel et poivre noir du moulin
vierge	

Pelez les asperges et mettez-les dans une marmite d'eau bouillante légèrement salée ; faites-les cuire 15 minutes après la reprise de l'ébullition. Égouttez, laissez

refroidir sur un torchon de cuisine propre pour absorber le reste d'eau. Vous devez les servir légèrement chaudes.

Lavez et séchez les feuilles de pissenlit. Disposez-les sur 4 assiettes à salade. Posez dessus 5-6 asperges en éventail ; arrosez d'huile d'olive, salez, donnez un tour de moulin à poivre. Au moment de servir, ajoutez à chaque assiette une noix de tapenade.

Tourton des pénitents

4 PERSONNES

Christian Millo sert cette délicieuse entrée — omelette soufflée aux herbes — sur un lit de sauce verte aux herbes et de coulis de tomates rouges. Si vous voulez suivre son exemple, préparez ces sauces selon les recettes du chapitre 1 (voir pages 21 et 24).

225 g de feuilles d'épinards ou de blettes

1 cuillerée à soupe de poireau finement émincé

1/2 gousse d'ail, hachée fin

huile d'olive extra-vierge sauce verte

sel et poivre noir du moulin

4 cuillerées à soupe de ciboule finement ciselée

1 cuillerée à soupe de basilic finement haché

1 cuillerée à soupe de menthe finement hachée

3 cuillerées à soupe de pignons

4 jaunes d'œufs

6 cuillerées à soupe de crème fraîche

125 g de gruyère fraîchement râpé

4 blancs d'œufs

coulis de tomates

Faites blanchir les épinards ou les blettes dans une eau bouillante légèrement salée. Égouttez et séchez. Hachez fin.

Dans une poêle à frire de taille moyenne, faites sauter l'ail et le poireau dans 2 cuillerées à soupe d'huile d'olive jusqu'à ce qu'ils deviennent translucides, mais non colorés. Ajoutez les épinards ou les blettes et continuez la cuisson, en remuant, encore une minute. Assaisonnez de sel et de poivre ; ajoutez la ciboule, le basilic, la menthe et les pignons, faites sauter en remuant sans arrêt 1 minute de plus. Transvasez le mélange dans une passoire fine pour enlever l'excès d'huile et réservez.

Dans un saladier, mélangez les jaunes d'œufs, la crème fraîche et le gruyère râpé jusqu'à ce que le mélange soit homogène. Incorporez le mélange d'épinards ou de blettes et réservez.

CUISSON

Dans un saladier, montez les blancs d'œufs en neige ferme ; incorporez-les peu à peu au mélange crémeux d'herbes et d'œufs et versez-le dans une poêle à frire de 25 cm de diamètre huilée et beurrée. Faites cuire 4 minutes à feu moyen, comme pour une tortilla ou une omelette, en ajoutant un peu plus d'huile ou de beurre si nécessaire. Recouvrez l'omelette d'un grand plat et retournez-la. Faites-la glisser de nouveau dans la poêle et continuez la cuisson encore quelques minutes de plus, jusqu'à ce qu'elle soit bien dorée de l'autre côté.

Daube de bœuf de l'Auberge de la Madone aux cèpes et à l'orange

4-6 PERSONNES

1,250 kg de bœuf à braiser, de préférence en quantités égales de culotte, gîte et jarret, détaillés en cubes de 100 g

2-4 carottes, coupées en tranches minces

2 oignons moyens, grossièrement hachés

2 gousses d'ail

1 pied de céleri, en petits cubes

2 branches de persil

2 brins de thym frais

2 feuilles de laurier

2 clous de girofle

12 grains de poivre noir

1/2 bouteille de vin rouge

(un bellet ou un côtes-du-rhône)

2 cuillerées à soupe de marc de Provence ou de cognac

huile d'olive extra-vierge

2 cuillerées à soupe de beurre

225 g de cèpes, chanterelles ou autres champignons sauvages

sel et poivre noir du moulin

1-2 cuillerées à soupe de concentré de tomates

piments rouges séchés et écrasés (facultatif)

zeste d'orange

jus d'une petite orange

LA MARINADE

Un ou deux jours avant, mettez dans un plat en terre large et creux, ou dans une marmite émaillée ou en inox, les cubes de viande, les carottes, les oignons, l'ail, le céleri, les herbes et les épices. Versez le vin rouge et le marc de Provence ou le cognac, et 4 cuillerées à soupe d'huile d'olive ; remuez bien pour imprégner la viande de la marinade et des aromates. Couvrez et laissez mariner au moins 24 heures au réfrigérateur, en remuant une fois ou deux.

LA DAUBE

Sortez la viande du réfrigérateur et laissez-la quelques heures à température ambiante. À l'aide d'une écumoire, enlevez les cubes de viande, séchez-les sur du papier absorbant et faites-les sauter, en plusieurs fois, au beurre et à l'huile dans une grande poêle à frire, jusqu'à ce qu'ils soient bien dorés de tous côtés, puis mettez-les dans une grande cocotte.

Préchauffez le four à 110 °C.

Enlevez les légumes (carottes, oignons et céleri) de la marinade, faites-les sauter 5-8 minutes dans la graisse de cuisson de la viande en remuant de temps en temps et laissez dorer. Mettez-les avec la viande. Puis ajoutez un peu plus d'huile d'olive dans la poêle à frire et faites sauter les cèpes (ou les champignons sauvages) 5 minutes jusqu'à ce qu'ils dorent. Assaisonnez au goût avec du sel et du poivre noir du moulin.

Daube de bœuf de l'Auberge de la Madone aux cèpes et à l'orange.

Versez la marinade dans une marmite profonde ; ajoutez le concentré de tomates et amenez doucement à ébullition ; écumez, ramenez le feu à température moyenne et continuez la cuisson 5 minutes afin que la marinade réduise un peu. Versez-la sur la viande et les légumes, et faites cuire la daube à feu moyen jusqu'à ce que la marinade commence à bouillonner. Enfournez et faites cuire à couvert 3 heures à 3 heures et demie dans le four préchauffé, en remuant de temps en temps. Au bout de 2 heures, testez la tendreté de la viande : la daube doit être fondante.

Rectifiez l'assaisonnement en ajoutant un peu de sel et de poivre, quelques pincées de piment rouge séché et écrasé, un peu plus de marc de Provence ou de cognac si nécessaire. Puis ajoutez les champignons sautés, le zeste et le jus d'orange, et laissez cuire encore 10 à 20 minutes. Accompagnez de nouilles fraîches, de raviolis ou de pommes de terre nouvelles bouillies.

51

Raviolis de la Madone

6 PERSONNES

La daube de bœuf à la provençale est une des grandes spécialités de l'Auberge de la Madone. Conformément aux vieilles traditions, elle est servie avec un grand plat de raviolis à la niçoise nappés du jus de la daube. Lors de ma première visite, les raviolis d'Aimée Millo, mère de Christian, étaient farcis de blettes hachées, d'œufs et de parmesan fraîchement râpé ; ils étaient carrés, petits, et en forme d'oreilles, comme les *lous crous* de l'ancienne cuisine traditionnelle. Ils étaient délicieux. À ma seconde visite, des mois plus tard, Christian m'a donné sa propre recette : des raviolis farcis d'un hachis de restes de daube, mélangés à des blettes hachées et liés, comme d'habitude, aux œufs et au parmesan fraîchement râpé : le résultat était parfait. En voici la recette.

PÂTE

700 g de farine de semoule
1 cuillerée et 1/2 à café de sel

5 œufs bien battus

GARNITURE

450 g de bœuf en daube (voir page 50) finement émincé
900 g de blettes débarrassées de leurs côtes, blanchies et finement hachées
1 gousse d'ail, hachée fin
2 cuillerées à soupe d'oignons finement hachés

1/4 de cuillerée à café de thym sec
1/4 de cuillerée à café de noix de muscade râpée
2 œufs bien battus
175 g de parmesan fraîchement râpé
huile d'olive ou jus de daube
sel et poivre noir du moulin

PRÉPARER LA PÂTE

Tamisez la farine et le sel dans un grand saladier. Faites un puits au centre et versez les œufs battus. Ajoutez 3 cuillerées à soupe d'eau, et mélangez l'ensemble du bout des doigts jusqu'à ce que la farine soit juste assez souple pour former une boule ; pendant le travail, ajoutez 2 cuillerées à soupe, ou plus, d'eau au mélange si la pâte vous semble trop sèche.

Saupoudrez de farine un large plan de travail et pétrissez la pâte du plat de la main jusqu'à ce qu'elle devienne souple et élastique (comptez 15 minutes environ), en saupoudrant d'un peu de farine de temps en temps votre main et le plan de travail.

ABAISSER LA PÂTE

Divisez la pâte en deux ; abaissez au rouleau la pâte en feuilles de 3 cm d'épaisseur. Pour cela, travaillez

CI-CONTRE Les raviolis de la Madone.

À L'EXTRÊME DROITE Le gratin au miel de lavande et sa croûte aux amandes.

dans une seule direction, en étirant la pâte, puis faites la même chose en sens opposé. Farinez ; repliez et recommencez. La farine doit être juste assez sèche pour ne pas coller au rouleau. Recommencez à fraiser, étirer, replier la pâte encore 2 ou 3 fois. Recommencez avec le morceau de pâte qui reste.

FORMER LES RAVIOLIS

Coupez la pâte en lanières de 5 cm de large et disposez la garniture (voir ci-dessous) tous les 5 cm. Du bout des doigts ou à l'aide d'un pinceau à pâtisserie, humectez la pâte entre les petits tas de farce, afin de pouvoir la sceller. À l'aide d'une roulette, découpez la pâte en carrés de 5 cm, repliez et scellez. Laissez les raviolis reposer pendant deux heures, puis cuisez-les comme n'importe quelles pâtes.

GARNIR

Dans un grand saladier, mélangez la viande de la daube finement émincée, les blettes, l'ail, l'oignon. Ajoutez le thym, la noix de muscade, les œufs battus et le parmesan râpé, le sel, le poivre noir du moulin, selon votre goût. Mélangez bien.

Si le mélange semble un peu trop sec, ajoutez quelques cuillerées à soupe d'huile d'olive ou du jus de la daube. Garnissez les raviolis comme indiqué ci-dessus.

Gratin de pommes au miel de lavande et sa croûte aux amandes

4 PERSONNES

4 belles pommes golden

beurre

3 cuillerées à soupe de miel de lavande

2 œufs

Préchauffez le four à 170 °C. Beurrez 4 ramequins.

Pelez, épépinez et coupez les pommes en quartiers ; coupez chaque quartier en tranches très fines.

Faites chauffer 2 cuillerées à soupe de beurre dans une poêle à frire. Ajoutez les tranches de pomme et faites-les cuire à feu doux, en remuant ; les pommes doivent être attendries, comptez environ 4 minutes.

Ajoutez le miel de lavande, et continuez la cuisson en remuant. Enlevez du feu.

Dans un saladier, battez les œufs en mélange homogène et légèrement coloré ; ajoutez les pommes et le miel ; mélangez.

Versez la préparation dans les ramequins et faites cuire 20 minutes dans le four préchauffé. Sortez du four et laissez refroidir.

CROÛTE AUX AMANDES

3 blancs d'œufs

100 g de sucre en poudre

1 sachet de sucre vanillé

60 g de beurre fondu

60 g de farine

125 g d'amandes hachées

Préchauffez le four à 220 °C. Montez les blancs d'œufs en neige ferme dans un saladier de taille moyenne ; puis ajoutez peu à peu le sucre et le sucre vanillé. Avec une spatule, incorporez les amandes hachées, la farine et le beurre fondu encore chaud.

À l'aide d'une cuillère à soupe, formez 8 petits tas de la préparation sur une plaque à pâtisserie beurrée ; aplatissez-les à la fourchette et faites cuire les croûtes 10 à 12 minutes dans le four préchauffé en posant sur chaque ramequin une chemise de même dimension. Quand elles sont cuites, dressez-en une sur chaque assiette à dessert ; démoulez sur chacune le ramequin de pommes, et couronnez d'une seconde croûte. Versez un peu de sauce vanille autour de chaque croûte et servez immédiatement.

SAUCE VANILLE

45 cl de lait

1/2 cuillerée à café d'extrait de vanille

4 cuillerées à soupe de sucre

semoule

4 jaunes d'œufs

1/4 de cuillerée à café de sel

Faites frémir le lait 5 minutes dans une casserole moyenne ; incorporez l'extrait de vanille.

Dans un petit saladier, mélangez le sucre, les jaunes d'œufs et le sel et battez jusqu'à ce que le mélange soit mousseux et jaune citron. Versez un peu de lait chaud dans les œufs sucrés, mélangez bien, et incorporez au lait chaud.

Faites chauffer le mélange au bain-marie, en remuant jusqu'à ce qu'il nappe une cuillère en bois.

3 La Provence

SOUPES ET PLATS DE POISSONS

C'est par la mer que sont arrivés en Provence les premiers «colonisateurs». Ils venaient par cabotage de Grèce et d'Asie Mineure. Ils trouvèrent la région si hospitalière qu'ils y fondèrent de magnifiques cités dont toutes n'ont pas survécu à l'Histoire, et ils organisèrent si bien la province que la tâche des colonisateurs suivants — César et Pompée — en fut simplifiée, comme aussi l'expansion de la civilisation romaine.

Arriver à Marseille par la mer est toujours émouvant. À la fois parce qu'on aborde une des plus anciennes cités maritimes du monde et parce que, dès l'entrée du port, la ville s'offre au voyageur dans toute sa splendeur. Le port s'ouvre comme par magie et, sans doute, les premiers aventuriers comprirent-ils tout de suite l'excellence du site. Une fois dans la baie, à l'intérieur du brillant rectangle d'eau formé par les quais, derrière les mâts mouvants des bateaux de plaisance et des bateaux de pêche, on voit les maisons de la vieille cité surgir en une mosaïque aux multiples couleurs. Au-dessus d'elles se dresse la façade de marbre de Notre-Dame-de-La Garde et l'immense effigie de la Bonne Mère, nom que les Marseillais donnent affectueusement à la statue de la Vierge.

Marseille est une ville mythique — mystérieuse, bruissante de vie, exotique comme l'Orient, mais avec, en plus, quelque chose de tragique. Derrière les quais et leurs cafés élégants, au-delà des façades classiques de l'hôtel de ville édifié au dix-huitième siècle, s'ouvre un labyrinthe de rues étroites et obscures où il est aisé de se perdre.

Marseille revendique son héritage oriental en faisant un fort usage d'épices et d'herbes aromatiques. On y ajoute par exemple un soupçon de noix de muscade, chaude et odorante, dans les *pâtes aux palourdes* (spaghettis préparés avec des petites palourdes encore dans leurs coquilles) servies dans les restaurants du port ; il y a aussi ce plat si subtil de tendres petits calamars, les *supions*, servis

et la mer

accompagnés d'une sauce épaisse et rouge foncé qui ne contient pas moins de huit herbes et épices différentes. Il s'agit en fait d'une version moderne du ragoût de calamars de la Grèce antique.

On dit que la bouillabaisse, spécialité sans doute la plus connue de toute la Côte, serait née à Marseille. Ses amoureux des temps modernes se disputent la palme : les trois meilleures que je connaisse sont celles de Chez Bacon à Antibes, de La Mère Terrats à Cannes et de Fifine à Saint-Tropez. Ma préférence va à celle de Fifine, qui la préparait sur commande seulement, tout comme ses autres spécialités, la bourride, l'aïoli et le chapon farci.

CHEZ FIFINE

Chez Fifine, petit restaurant de la rue Cepoun-Martin, se trouvait derrière le marché aux poissons en plein air qui s'ouvre sur le port, et seul l'auvent portait le nom du lieu. Au rez-de-chaussée, une cuisine et une petite salle de cinq tables ; au bout de quelques marches étroites et après avoir traversé la cuisine immaculée, on trouvait une salle de restaurant légèrement plus grande, et, dehors, quelques tables pour les clients supplémentaires. En cuisine, Fifine était aidée par une seule personne ; le service était fait par la famille et les amis — les soirs de presse, Joseph, ancien pêcheur et champion local de pétanque, compagnon de Fifine depuis de

Fifine excellait dans la préparation des plats traditionnels de Provence qu'elle préparait en utilisant seulement les produits locaux les plus simples mais les meilleurs.

longues années, dirigeait une équipe de jeunes cousins qui étaient aux petits soins avec les clients.
À ceux qui attendent de la grande cuisine un décor impressionnant et un service impeccable, j'aurais
volontiers dit d'aller chercher ailleurs. Car, ici, le service était chaleureux mais souvent désordonné ;
il n'y avait pas de cave de grands vins sélectionnés ; pas de flamboyantes spécialités de la maison ;
ni chichis, ni embarras ; juste les bons plats de Provence faits maison par Fifine.

Vous ne trouviez dans sa cuisine que les produits les plus superbes, et cette grande cuisinière
ne préparait que les plats les plus simples, mais les plus parfaits. La Provence entière était son domaine :
le fenouil venait des montagnes de l'arrière-pays, le thym et le romarin sauvages des collines
environnantes ; les meilleurs pêcheurs de la ville venaient à sa porte tous
les jours avec leurs dernières prises ; le poissonnier local, un de ses plus
fervents admirateurs, était à ses ordres et ramenait du marché matinal de
Marseille ce qu'il n'avait pas trouvé à Saint-Tropez ; les tomates étaient
choisies avec soin chez une certaine marchande du marché en plein air, le
basilic frais chez une autre ; les œufs et les légumes arrivaient chaque matin
d'une ferme voisine.

Fifine aimait et excellait dans la préparation des plats rustiques de
Provence et des fruits de mer. C'est elle qui m'a appris les plaisirs des vins
locaux peu connus à l'époque ; la richesse spéciale de la pure huile d'olive
de Provence ; les poissons à choisir pour une bouillabaisse ; la préparation de l'aïoli, de la rouille,
de la tapenade. Et les délices insoupçonnées de ces petites feuilles de salade qu'on appelle

mesclun — ramassées alors par les bergers gardant les
moutons, par les fermières et par les Gitanes qui venaient
les vendre dans leurs cabas au marché hebdomadaire de
la place des Lices. Aujourd'hui, on connaît le mesclun
dans le monde entier et on le cultive pour la vente dans
les vastes jardins derrière Grasse. Quant à la première
salade niçoise (si banale aujourd'hui) que Fifine m'a préparée
— cœurs d'artichauts et fèves crus ajoutés aux tomates

Fifine préparait la bouillabaisse avec les produits les plus frais. Les meilleurs pêcheurs de Saint-Tropez venaient plusieurs fois par jour livrer leurs plus beaux poissons.

en tranches, concombres, poivrons verts, œufs durs, anchois et olives noires, c'était un délice !

Il vous sera impossible de trouver une telle salade niçoise aujourd'hui, car le restaurant de Fifine a fermé ses portes. Les dernières années, elle préférait consacrer son énergie à ses grandes spécialités — la bouillabaisse, une bourride si délicieuse que, un jour, j'ai fait le voyage Londres-Saint-Tropez pour le seul plaisir de la déguster —, son chapon farci (énorme rascasse rouge farcie de foie de poisson haché avec des herbes fraîches, du riz et des aromates) et son aïoli, fantaisie de poissons (à la fois frais et salé) et de légumes, pochés séparément et servis plat après plat, accompagnés d'un grand saladier d'aïoli doré et aillé. Il fallait commander à l'avance chacun de ces grands mets.

Tels étaient les festins de Provence que l'on servait et dégustait dans les maisons provençales voilà cinquante ans. Fifine, à 85 ans, se souvenait avec émotion de cette époque.

C'est Fifine qui m'a fait
apprécier les petits vins
locaux moins connus, la
richesse de l'huile d'olive
pure de Provence ; c'est
elle qui m'a appris avec
quels poissons composer
une bouillabaisse,
comment préparer l'aïoli,
la rouille et la tapenade.

La bouillabaisse

La bouillabaisse est un mets que l'on sert traditionnellement aujourd'hui dans deux grands plats. L'un contient le bouillon odorant de poisson, accompagné de tranches de pain frottées d'ail et cuites au four, de gruyère râpé et d'une rouille piquante. L'autre présente le poisson poché, les petits servis entiers, les plus gros coupés en morceaux.

On raconte que certaines familles provençales sont divisées par d'interminables discussions qui portent sur les diverses variétés de poissons qui conviennent à une vraie bouillabaisse. Sans vouloir prendre parti, je peux affirmer qu'il faut des poissons fraîchement pêchés sur place, tels le grondin et la rascasse, le saint-pierre et la baudroie, mais aussi des vives, des galinettes, des merlans, cuits dans un bouillon de poissons de roche vendus spécialement dans chaque port pour la bouillabaisse. Quelques puristes affirment, quant à eux, que seule la rascasse doit être utilisée.

Un autre sujet de polémique porte sur l'utilisation ou la non-utilisation de pommes de terre dans la recette traditionnelle. Le safran lui-même (ingrédient, à mon avis, absolument nécessaire si on veut conserver le caractère provençal du mets) est souvent omis dans la vraie bouillabaisse des pêcheurs. On enrichit parfois le bouillon d'une tranche ou deux de congre ou de quelques petits crabes en forme de corne, les *favouilles*, ainsi que d'un poulpe ou deux pour ajouter une saveur supplémentaire. Le tout est ensuite cuit à petit feu quelques minutes seulement, avec les tomates, les poireaux, les oignons, l'ail et un soupçon de safran, quelques morceaux de fenouil, du zeste d'orange, du persil et du basilic frais.

Le nom de bouillabaisse donne les deux indications culinaires essentielles *bouillir* et *baisser* (le feu). En provençal, *boui abaisso* signifie laisser bouillir à feu vif quelques minutes et continuer la cuisson jusqu'à ce que le poisson devienne tendre, mais en évitant d'avoir des morceaux trop cuits. Cela paraît simple ? C'est simple. La seule chose que vous ayez à faire est de surveiller votre montre.

La bouillabaisse des pêcheurs

La bouillabaisse était, à l'origine, une recette des pêcheurs des calanques de Marseille, préparée sur les bateaux avec les poissons du jour, lors d'un pique-nique sur le rivage, ou d'une fête entre copains dans un petit cabanon niché au milieu des joncs sur la côte. Préparée traditionnellement avec des tranches de pommes de terre, c'était autrefois un repas d'homme : un plat vite fait qu'on pouvait cuire dans une seule marmite et servir fièrement à ses amis, le bouillon hautement parfumé et la sauce piquante accompagnant à merveille des poissons tout frais. En ces temps anciens et frugaux il n'y avait sans doute pas le luxe du pain aillé ou du fromage fraîchement râpé. Les seuls raffinements étaient le bol de rouille piquante bien chaude, une tranche ou deux de pain grillé pour tremper dans la sauce, et quelques verres de vin blanc pour arroser le tout.

En Provence, les pêcheurs préparent leurs bouillabaisses avec les poissons de la prise du jour : rascasse rouge et rascasse grise, baudroie, fiélas ou congre, saint-pierre, galinette ou grondin.

6 PERSONNES

1 kg de poissons (4 ou 5 variétés au choix parmi les suivantes : loup de mer, mérou, galinette, rouget, bar, baudroie, congre, vieille)
4 gros oignons émincés
6 à 8 tomates mûres en tranches épaisses
1 poireau finement émincé
8 gousses d'ail écrasées
gros sel et poivre noir
petits morceaux de piment rouge séché

2 feuilles de laurier
3 à 4 tiges sèches de fenouil ou un petit verre de pastis
1 zeste d'orange
1/4 à 1/2 cuillerée à café de safran
huile d'olive
1 pomme de terre en tranches par personne
6 à 8 tomates mûres ou du bouillon de poisson
croûtons aillés
rouille

Dans une grande marmite, mettez les oignons, les tomates, le poireau et les gousses d'ail en chemise écrasées. Posez les poissons par-dessus.

Écrasez au mortier ou avec le plat du hachoir les têtes de poissons mises de côté et ajoutez-les pour corser le bouillon ; saupoudrez de gros sel, de petits morceaux de piment rouge, et donnez quelques tours de moulin à poivre. Ajoutez les feuilles de laurier, le fenouil sec, le zeste d'orange, le safran et mouillez d'une bonne cuillerée d'huile d'olive. Remuez pour mélanger les saveurs et ajoutez un peu d'huile d'olive si c'est trop sec.

Laissez mariner le mélange au frais 5 heures (mais pas dans le réfrigérateur).

Quand vous êtes prêt à faire cuire la bouillabaisse, pelez les pommes de terre ; coupez-les en tranches de 6 mm d'épaisseur, ajoutez-les au mélange de poisson et recouvrez à peine d'eau ou de bouillon de poisson.

Faites cuire la bouillabaisse 10 minutes à découvert ; baissez le feu et laissez cuire à feu doux encore 15-20 minutes.

Servez le bouillon séparément avec les croûtons d'ail et une bonne rouille. Accompagnez-le du plat de poissons pochés et des pommes de terre mouillées d'un peu de bouillon.

Si vous voulez préparer une bouillabaisse semblable à celle des pêcheurs, mettez moitié moins d'eau que ci-dessus, et vous aurez un bouillon plus concentré qui permettra juste de tremper les tranches de pain. Il ne s'agit plus alors d'une soupe avec le poisson servi séparément, mais d'un merveilleux plat de poissons cuits dans un bouillon de bouillabaisse et accompagné de *rouille* (voir ci-après).

De nos jours, on observe toujours un certain rituel pour manger la bouillabaisse. D'abord, on place deux ou trois tranches de pain passées au four et frottées à l'ail au fond des assiettes à soupe ; puis on saupoudre de gruyère fraîchement râpé ou de cantal, et on couronne le tout d'un soupçon de rouille. Ensuite seulement, on plonge dans le bouillon brûlant et odorant de poissons. Une ou deux assiettées de ce bouillon, avec, s'il faut, encore du pain aillé, du fromage et de la rouille, et on peut se tourner vers le poisson. On choisit quelques tranches de rascasse, de bar, de congre, de rouget, et quelques pommes de terre couleur safran ; on mouille le poisson d'un peu de bouillon sans oublier de se rafraîchir le palais de temps à autre avec une gorgée de vin blanc de Provence bien frais ; peut-être une moule ou deux, ou un crabe. Quel plat ! Quelle invention ! Quel bonheur !

La rouille des pêcheurs

La rouille, sauce piquante à base de piments rouges, de jaunes d'œufs, d'huile d'olive et d'ail, épaissie par des pommes de terre bouillies ou de la mie de pain mouillée de bouillon de poisson, a été inventée par les pêcheurs de Martigues pour donner un goût fortement épicé à leurs plats de poissons pochés aux aromates. Jusqu'à la fin du dix-neuvième siècle, les classes moyennes en ignoraient l'existence jusqu'à ce qu'elle devienne l'accompagnement traditionnel de la bouillabaisse, d'abord dans la région de Martigues puis sur toute la Côte. Aujourd'hui, la rouille (*rouia* en vieux provençal) se sert avec du fromage râpé, des tranches de pain grillé frottées d'ail, et accompagne la soupe de poissons et la bourride aussi bien que la bouillabaisse.

4 gousses d'ail	1 pomme de terre moyenne,
2-3 petits piments de	pelée et cuite dans ce
Cayenne	bouillon
1/2 cuillerée à café de sel	2-3 cuillerées à soupe de
huile d'olive	bouillon de bouillabaisse

Dans un mortier, réduisez en pâte lisse les gousses d'ail et les piments avec le sel. Ajoutez la pomme de terre et pilez jusqu'à l'obtention d'une consistance lisse. Puis versez l'huile d'olive en filet tout en continuant à remuer avec le mortier, comme pour une mayonnaise, cela jusqu'à ce que la sauce épaississe et soit homogène. Juste avant de servir, ajoutez quelques cuillerées à soupe de bouillon de bouillabaisse.

La bouillabaisse de La Mère Terrats

6 PERSONNES

L'extraordinaire bouillabaisse servie au restaurant de La Mère Terrats, juste à la sortie de Cannes, est préparée avec des poissons méditerranéens rares — chapon, rascasse et langouste vivante — cuits dans un bouillon de petits poissons de roche (il faut deux bons kilos de poisson pour une bouillabaisse pour six personnes). Rien d'étonnant alors si une vraie bouillabaisse telle que la sert un bon restaurant de n'importe quel petit village de la Côte soit si délicieuse. Et si chère. Par souci d'authenticité, j'ai gardé les poissons utilisés chez La Mère Terrats. Vous utiliserez ceux que vous trouverez.

LE BOUILLON

1 kg de poissons pour la bouillabaisse	4-6 tomates bien mûres coupées en morceaux
2 cuillerées à soupe d'huile d'olive par personne	1 bouquet garni (feuille de laurier, thym, romarin)
2 gros oignons d'Espagne finement émincés	1/2-1 cuillerée à café de safran
2 gousses d'ail	2-3 petits piments rouges

LE POISSON

2 kg de poissons (1 chapon, 1 pageot, 2 rascasses, 1 grondin et 1 homard,	soit 250-300 g de poissons par personne)

LA GARNITURE

3-4 petites pommes de terre par personne	3-4 tranches de pain rassis par personne

PRÉPARATION DU BOUILLON

Mettez dans une marmite profonde quatre à cinq variétés de poissons de la liste ci-dessus, ajoutez une belle tranche de congre et quelques petits crabes si vous en avez. Ajoutez 2 cuillerées d'huile d'olive par personne, puis les oignons émincés et sautés dans l'huile jusqu'à ce qu'ils soient translucides. Ajoutez l'ail, les tomates fraîches en morceaux et le bouquet garni. Laissez mijoter jusqu'à ce que les légumes dorent légèrement. Mettez ensuite les poissons nettoyés et continuez la cuisson en remuant constamment jusqu'à ce que leur chair commence à se défaire. Versez alors 4 litres d'eau salée, le safran et les piments rouges. Amenez le mélange à ébullition ; écumez, baissez le feu et laissez mijoter 20 minutes. Ôtez ensuite la marmite du feu et tamisez le mélange dans une marmite propre, en extrayant bien le jus des poissons et des aromates avec le dos d'une cuillère en bois.

Quand vous êtes prêt pour cuire la bouillabaisse, pelez et coupez les pommes de terre en tranches d'un bon demi-centimètre et mettez-les dans la marmite. Ajoutez le chapon, le pageot, les rascasses, le grondin et le homard. Portez à ébullition à feu vif et faites cuire jusqu'à ce que le poisson et les pommes de terre soient tendres, mais encore fermes.

PRESENTATION

Présentez les pommes de terre sur un long plat de service ; posez les morceaux de poisson et le homard sur le dessus. Servez la soupe à part dans une grande soupière. Chez La Mère Terrats la soupe est toujours accompagnée de quelques tranches de pain rassis mouillées d'un peu de bouillon, parsemées de gruyère râpé et passées au four. La rouille est l'accompagnement essentiel.

La sauce rouille Mère Terrats

4 gousses d'ail
1-2 piments de Cayenne
  secs
3 jaunes d'œufs
huile d'olive

1/4 de cuillerée à café de
  safran en poudre
bouillon de poisson de la
  bouillabaisse

Mettez dans un mortier l'ail, les piments, les jaunes d'œufs et le safran. Ajoutez l'huile d'olive goutte à goutte sans cesser de remuer, comme pour une mayonnaise. Continuez jusqu'à ce que la sauce épaississe. Juste avant de servir, incorporez une ou deux cuillerées à soupe de bouillon de poisson de la bouillabaisse.

La bouillabaisse de Fifine

4-6 PERSONNES

2,7 kg de poisson (voir ci-dessous)

LA MIREPOIX DE FIFINE

6 carottes
6 grosses tomates épépinées
2 oignons d'Espagne
2 poireaux
4 gousses d'ail
2 bulbes de fenouil
bouillon de poisson
1 tige sèche de fenouil (ou
  un petit verre de pastis)

1 zeste d'orange
2 feuilles de laurier
4 brins de thym frais
4 branches de persil plat
1/4-1/2 cuillerée à café de
  safran
sel et poivre noir moulu
13 cl d'huile d'olive

Pour faire la bouillabaisse, Fifine préparait d'abord une mirepoix de légumes en coupant en tranches les carottes, les grosses tomates épépinées, les oignons d'Espagne, les poireaux, les gousses d'ail et les bulbes de fenouil, le tout placé dans une grande marmite profonde. Elle ajoutait ensuite une tige sèche de fenouil (ou un petit verre de pastis), un zeste d'orange séché au soleil (ou à four très bas), des feuilles de laurier, les brins de thym frais, les branches de persil plat, une bonne pincée de safran, le sel et le poivre noir moulu.

Elle versait ensuite dessus une pleine cuillerée d'huile d'olive, puis ajoutait le poisson : une rascasse en tranches épaisses, des girelles, du saint-pierre, du congre, du loup de mer et du rouget — soit 2,7 kilos de poisson pour 4 à 6 convives affamés. L'ensemble, bien remué pour permettre aux arômes de se mélanger, était mis dans un endroit frais — mais pas au réfrigérateur — pendant 4 ou 5 heures.

La bouillabaisse de Fifine, son accompagnement de rouille épicée, les croûtons et le gruyère fraîchement râpé.

Vingt minutes avant de servir la bouillabaisse, Fifine ajoutait juste assez de bouillon de poisson (fait de têtes de poisson et d'une poignée de petits poissons de roche utilisés pour la soupe de poissons) pour couvrir. Elle mettait les pommes de terre en tranches — une par personne — et encore une bonne pincée de safran. L'ensemble devait cuire à feu vif 7 à 10 minutes, puis encore 7 à 10 minutes à feu plus doux jusqu'à ce que les poissons soient tendres, mais pas défaits. Fifine servait sa bouillabaisse de manière traditionnelle : le bouillon d'abord avec des tranches de pain légèrement frottées d'ail, du fromage fraîchement râpé et un bol de rouille piquante. Elle présentait d'abord le poisson sur un grand plat, ou même deux, et apprêtait délicatement les poissons pour que chacun puisse se servir facilement.

Le poupeton de bouillabaisse

4 PERSONNES

Ce serait dommage de donner au chat les restes d'une bonne bouillabaisse alors qu'on peut les utiliser pour faire un *poupeton*. (En dehors du poupeton, il existe plusieurs manières d'accommoder les restes de poisson.) Apprêter ces morceaux de poissons conservés dans la gelée de leur bouillon est simple. Il suffit de fouetter la gelée, d'y ajouter un peu de cerfeuil, de basilic et d'estragon finement hachés, de l'assaisonner de jus de citron, d'un peu de sel et de poivre moulu si nécessaire. Versez-la sur les morceaux de poisson dressés après avoir enlevé les arêtes, la peau et les écailles. Garnissez chaque assiette de deux feuilles de laitue, d'une tranche ou deux de tomates bien mûres et de deux ou trois olives de Provence trempées dans l'huile.

64   La soupe de poissons.

J'aime aussi farcir des grosses tomates froides avec les restes de la bouillabaisse. J'incorpore un peu de ce bouillon richement parfumé à une mayonnaise et j'y mélange ensuite les morceaux de poissons.

Mais c'est sans doute *en poupeton* que je préfère préparer les restes de bouillabaisse.

Supprimez la peau et les arêtes d'environ 500 g de poissons en morceaux : mettez-les dans un mortier avec la mie de 4 tranches de pain blanc, mouillée préalablement du bouillon de la bouillabaisse. Écrasez jusqu'à consistance lisse ; ajoutez 3 jaunes d'œufs bien battus et 3 cuillerées à soupe de gruyère fraîchement râpé. Pilez de nouveau, ou, plus simplement, passez au mixeur jusqu'à ce que le mélange soit homogène. Assaisonnez selon votre convenance de sel, de poivre noir fraîchement moulu, de poivre de Cayenne, et mélangez bien.

Préchauffez le four à 170 °C. Battez 3 blancs d'œufs en neige ferme et incorporez-les au mélange de poissons. Beurrez un moule (ou 4 moules individuels) ; garnissez-les du poupeton, puis placez-les dans un plat à rôtir. Ajoutez de l'eau bouillante jusqu'à mi-hauteur et amenez de nouveau l'eau à ébullition avant de mettre le plat 20 minutes dans le four préchauffé. Servez accompagné de rouille.

La soupe de poissons

4-6 PERSONNES

Toutes les recettes de soupe de poissons, qu'elles soient préparées dans un petit cabanon au milieu des roseaux aux environs de Marseille, dans un restaurant à poissons d'un des ports de la Côte ou dans la cuisine d'une maison provençale, ont la même simplicité : quelques oignons légèrement sautés à l'huile d'olive avec de l'ail finement haché et des tomates ; puis une feuille de laurier, un peu de thym, quelques têtes de poisson et les restes que vous avez sous la main. C'est sur ce principe que le cuisinier provençal crée de multiples variantes fabuleuses.

Que l'ingrédient principal de la soupe soit un de ces petits poissons de roche abondants dans les criques de la Côte (la vraie soupe de poissons à la provençale), un loup de mer, un saint-pierre ou un rouget, ou même une tranche de congre ou une petite poignée de crabes, la recette est la même.

1 à 1,25 kg de poissons	1 feuille de laurier
2 à 3 cuillerées à soupe d'huile d'olive par personne	1 bouquet garni (persil, thym, romarin, tiges sèches de fenouil)
1 à 3 oignons d'Espagne émincés	1/2 cuillerée à café de safran en poudre
2 à 3 gousses d'ail écrasées	1 petit piment rouge séché
6 à 8 tomates mûres, épépinées et grossièrement hachées	sel

ACCOMPAGNEMENT

tranches de pain rassis frottées d'ail	fromage fraîchement râpé
	rouille

Faites chauffer l'huile d'olive dans une grande cocotte à fond épais et faites sauter les oignons jusqu'à ce qu'ils soient translucides. Ajoutez l'ail, les tomates épépinées en morceaux, le bouquet garni, la feuille de laurier et laissez mijoter, en remuant souvent, jusqu'à ce qu'ils brûnissent légèrement. Ajoutez ensuite les poissons (voir ci-dessous) et continuez à faire cuire, en remuant constamment, jusqu'à ce que le poisson soit tendre.

Ajoutez le safran, le piment rouge et le sel à votre convenance, puis assez d'eau pour couvrir le poisson, et 2,5 cm de plus pour faire bonne mesure. Amenez à ébullition. Écumez, continuez la cuisson 20 minutes à feu vif. Passez au tamis en pressant bien le poisson et les légumes. Remettez la soupe à chauffer et servez-la dans une grande soupière chaude, accompagnée de fromage fraîchement râpé et de tranches de pain rassis frottées à l'ail.

En Provence, Fifine recommandait d'utiliser des girelles, des rascasses, des perches, des petits crabes et une tranche ou deux de congre. J'aime utiliser des petits rougets, des loups de mer, des tranches de baudroie, de saint-pierre, de congre et de barbues. Plus le poisson est petit et plein d'arêtes, meilleur est le goût.

La soupe de congre
4 À 6 PERSONNES

Commencez avec la recette ci-contre ; ajoutez 1 à 1,2 litre d'eau ; assaisonnez à votre goût d'un peu de safran, de sel et de poivre moulu, et faites cuire 20 minutes. Passez le bouillon dans deux casseroles. Pochez dans une casserole les morceaux de congre

(vous pouvez les remplacer par des filets de mérou, de bar ou de vieille) jusqu'à ce qu'ils soient tendres. Pendant ce temps, dans l'autre casserole de bouillon, faites cuire quelques coquillettes.

À l'aide d'une écumoire, enlevez les morceaux de congre et dressez-les sur le plat de service. Gardez au chaud. Servez les deux bouillons et les coquillettes dans la même soupière. Accompagnez de pain grillé frotté à l'ail, de fromage râpé et de rouille.

PAGES SUIVANTES Chez Fifine, le bouillon pour la bourride, accompagné d'aïoli et de croûtons.

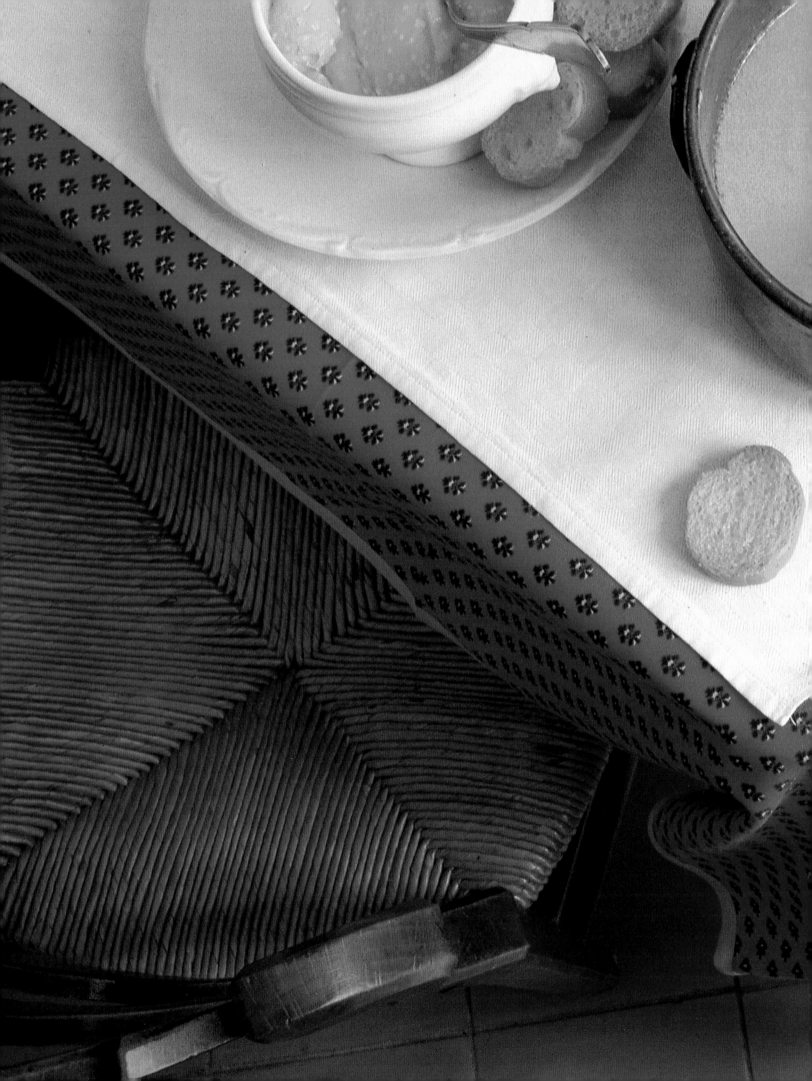

La bourride de Chez Fifine

4 À 6 PERSONNES

La bourride est une des plus délicieuses soupes de poissons de la Côte d'Azur. Dans sa forme la plus simple, il s'agit d'un poisson frais de Méditerranée cuit dans une soupe de poissons bien parfumée, à laquelle on ajoute parfois une seiche et un morceau de baudroie ou de congre.

Tout comme sa célèbre cousine, la bouillabaisse, la bourride est un plat en deux parties : on sert d'abord le bouillon, puis le poisson cuit dans le bouillon. Le secret de la bourride tient au mélange de l'aïoli (sauce à base d'ail et de jaunes d'œufs) et du bouillon, que l'on bat au fouet juste avant de servir, tout comme la *skordalia*, sauce grecque à l'ail et aux jaunes d'œufs est mélangée à une soupe au poulet et au citron : une preuve de plus, s'il en était besoin, de l'influence grecque sur la cuisine provençale. On sert aussi la bourride avec un bol d'aïoli, et parfois de rouille, afin que les convives puissent choisir la saveur qui leur convient.

SOUPE DE POISSONS

4 grosses têtes de poisson (cabillaud, flétan, barbue, baudroie)
900 g de poissons pour la soupe (mulet, rouget, baudroie, vieille, loup de mer, grondin)
1 poireau émincé
2 gros oignons d'Espagne émincés
3 gousses d'ail écrasées
huile d'olive
4 grosses tomates pelées, épépinées et hachées
2 cuillerées à soupe de concentré de tomates
1/4 de cuillerée à café de safran
1 bouquet garni (2 brins de thym, 1 feuille de laurier, 2 branches de persil)
gros sel et poivre noir moulu

GARNITURE

1 loup de mer (ou saint-pierre) levé en filets
2 morceaux de congre ou de baudroie, ou les deux (environ 225 g de chaque), coupés en 4 à 6 morceaux
4 cuillerées à soupe d'aïoli

ACCOMPAGNEMENT

sauce aïoli (voir page 42)
croûtons grillés
rouille (facultatif)

PRÉPARATION DE LA SOUPE DE POISSONS

Dans une grande cocotte, faites sauter les poireaux, les oignons et l'ail jusqu'à ce qu'ils soient translucides ; ajoutez les tomates, le concentré de tomates, le safran, le bouquet garni, salez et poivrez à votre goût. Continuez la cuisson 5 minutes en remuant.

Ajoutez les têtes de poisson et le poisson préparé pour la soupe, couvrez d'eau et faites cuire 30 minutes.

Enlevez les morceaux de poisson — vous pourrez les utiliser pour préparer un merveilleux *poupeton* (voir page 64). Versez la soupe à travers un fin tamis dans une casserole propre en écrasant les têtes pour en extraire le maximum de saveurs et de jus. Réservez jusqu'à ce que vous soyez prêt à commencer la bourride. Vous pouvez conserver la préparation au réfrigérateur pendant 24 heures.

PRÉPARATION DE LA BOURRIDE

Amenez la soupe de poissons à ébullition sur feu moyen ; ajoutez la daurade ou le saint-pierre, le congre et/ou la baudroie, et laissez cuire 10 minutes jusqu'à ce qu'ils soient tendres.

PRÉSENTATION

Enlevez les morceaux de poissons, égouttez-les et disposez-les sur un plat de service chauffé. Gardez au chaud. Mettez 2 à 4 cuillerées à soupe d'aïoli dans un petit saladier ; incorporez-y un peu de soupe de poissons chaude, puis mélangez cette préparation à la soupe, sur feu doux, en la fouettant bien. Ne laissez pas bouillir, sinon les jaunes d'œufs figeraient. Servez immédiatement la soupe dans une soupière chaude, en l'accompagnant du plat de poissons cuits, de bols d'aïoli, de rouille (facultatif) et de tranches de pain grillées et frottées d'ail.

Sauce aïoli

4 gousses d'ail finement hachées	**25 cl d'huile d'olive**
sel	**poivre noir moulu**
2 jaunes d'œufs	**jus d'un citron**

Au mortier, à l'aide du plat de la lame d'un couteau ou du dos d'une cuillère en bois, écrasez l'ail avec un peu de sel. Dans le mortier ou dans un saladier, mélangez les jaunes d'œufs jusqu'à consistance lisse. Versez l'huile d'olive, goutte à goutte, comme pour une mayonnaise, en fouettant sans arrêt. Puis continuez à verser l'huile en filet, toujours en fouettant. L'aïoli doit épaissir peu à peu jusqu'à devenir ferme. Salez et poivrez selon votre goût, incorporez le jus de citron au fouet jusqu'à ce qu'il soit bien mélangé.

La soupe aïgo-sau

4 PERSONNES

900 g de poissons blancs préparés (saint-pierre, baudroie, mulet, rouget, loup de mer, daurade ou merlan)
1 poireau émincé
1 oignon d'Espagne émincé
4 tomates pelées, épépinées et hachées
4 pommes de terre coupées en tranches épaisses
2 gousses d'ail écrasées

huile d'olive
2 branches de persil
2 brins de thym
2 tiges de fenouil
1 feuille de laurier
zeste de citron
sel et poivre moulu
eau bouillante (ou bouillon de poisson préparé avec les têtes et les arêtes) pour couvrir

ACCOMPAGNEMENT

4 à 8 tranches de pain rassis légèrement grillées et frottées d'ail
2 gousses d'ail écrasées

huile d'olive
poivre noir moulu
rouille

PRÉPARATION DU POISSON (I)

Coupez le poisson en morceaux égaux. Mettez-les dans une grande cocotte émaillée ou dans une poêle avec les poireaux, oignons, tomates et pommes de terre. Ajoutez l'ail, le persil, le fenouil, la feuille de laurier et le zeste de citron, assaisonnez généreusement de sel et de poivre noir.

PRÉPARATION DU POISSON (II)

Quelques cuisiniers font mariner les poissons et les aromates de la manière suivante : placez les morceaux de poisson dans un récipient émaillé ou en inox, ajoutez le poireau émincé, les oignons, les tomates, les pommes de terre et l'ail. Versez 6 cuillerées à soupe d'huile d'olive, mélangez à la main afin que le poisson soit bien couvert d'huile. Ajoutez les herbes, le zeste de citron, assaisonnez généreusement de sel et de poivre noir du moulin. Remuez encore une fois et laissez mariner 2 heures ou, mieux, toute la nuit.

CUISSON DE L'AÏGO-SAU

Couvrez les morceaux de poisson d'eau bouillante ou de bouillon de poisson, faites cuire à feu vif 20 minutes jusqu'à ce que le poisson s'émiette à la fourchette.

PRÉSENTATION

Mettez des tranches de pain dans une soupière ; arrosez-les d'huile d'olive et saupoudrez de poivre noir fraîchement moulu. Versez le bouillon de poisson tamisé et servez.

Dressez les morceaux de poisson et les pommes de terre dans un autre plat. Accompagnez de rouille (voir page 62).

Le revesset

4 À 6 PERSONNES

Il s'agit d'une sorte de « bouillabaisse verte ». À Toulon, on utilise souvent des sardines pour préparer ce beau plat. Dans cette version plus sophistiquée, on cuisine un choix de baudroie, rouget, merlan, saint-pierre et congre.

BOUILLON

900 g de poissons (voir p. 69)	piment rouge sec et écrasé (ou 1/2 cuillerée à café de thym sec)
225 g de blettes hachées	6 tranches de pain rassis
225 g de feuilles d'épinards hachées	ail
6 à 12 branches d'oseille hachées	huile d'olive
	jus d'un demi-citron
4 cuillerées à soupe de beurre	sel et poivre noir du moulin

PRÉPARATION DES LÉGUMES

Lavez les blettes et débarrassez-les de leurs côtes. Lavez les épinards, en enlevant toutes les parties abîmées ou jaunies. Enlevez les grosses tiges et mettez-les de côté. Lavez et préparez les feuilles d'oseille de la même manière.

Mélangez les feuilles de blettes, d'épinards, d'oseille et détaillez-les en morceaux de 2,5 cm.

Coupez les côtes de blettes en morceaux de 5 cm, puis en fines lanières.

PRÉPARATION DU BOUILLON DE POISSON

Dans une cocotte ou dans une poêle à fond épais, faites fondre le beurre ; ajoutez le jus de citron, les côtes de blettes, laissez mijoter à feu doux en remuant jusqu'à ce qu'elles deviennent tendres. Ajoutez les légumes verts et laissez-les réduire. Assaisonnez de sel, de poivre et de piment rouge (ou de thym) selon votre goût.

Ajoutez 1,2 litre d'eau et amenez à ébullition. Plongez les morceaux de poisson, les plus fermes d'abord, les autres 5 minutes plus tard, afin qu'ils soient tous tendres en même temps. Le poisson doit cuire 15 à 20 minutes.

Pendant ce temps, préparez les croûtons d'ail en frottant les tranches de pain avec une gousse d'ail ; arrosez-les d'un peu d'huile d'olive et faites cuire au four préchauffé (170 °C).

PRÉSENTATION

Mettez les tranches de pain dans une soupière chaude ou des assiettes à soupe chauffées. Sortez avec une écu-

moire le poisson et mettez-le dans le plat de service. Gardez au chaud.

Versez le bouillon chaud sur le pain, disposez autour les légumes verts grossièrement hachés.

Servez le poisson à part.

Les grillades de poisson

Déguster du poisson fraîchement pêché dans le golfe de Pampelonne, à quelques minutes des barbecues en plein air où il sera cuit, est un des délices de Saint-Tropez l'été. Certains petits restaurants le long de la Côte commencent à faire griller le poisson et le homard pour le déjeuner, et ce plaisir peut se prolonger à l'heure des soupers nocturnes, sous les étoiles. Tout ici est d'une fraîcheur extrême. Les légumes comme les vins servis dans l'un ou l'autre de ces restaurants proviennent des fermes et des vignobles de l'arrière-pays. Je me souviens d'un repas qui commençait par une salade niçoise : de petits artichauts coupés en tranches avec du céleri, des oignons, des radis, de petits poivrons verts, des tomates, du concombre, de la laitue, le tout garni d'olives noires, de morceaux d'œufs durs, de thon, d'anchois, et accommodé avec une sauce au vinaigre blanc et à l'huile d'olive. La salade était suivie de sardines fraîches du Golfe, badigeonnées d'huile d'olive, de jus de citron et d'herbes fraîches, grillées au charbon de bois et servies avec du beurre fondu, du jus de citron et de l'estragon haché fin. Un melon et un café noir clôturaient en toute simplicité ce parfait repas en plein air.

Griller un loup de mer avec des herbes (voir page suivante) ou des sardines sur la braise (voir page 74) est une manière délicieuse de déjeuner, le dimanche, en famille et avec des amis. Accompagnez le poisson de pommes de terre en robe des champs, servies avec du gros sel, du poivre noir du moulin et des petits morceaux de beurre frais. Commencez par une soupe de poissons vite faite (voir page 64), une salade de tomates assaisonnée de gros sel, de poivre noir du moulin, de basilic finement haché, d'huile d'olive, ou, plus exotique, une salade de cèpes crus (voir page 168), une des spécialités de La Bonne Étape à Château-Arnoux, un des meilleurs restaurants de la région.

71

Sar piqué à l'ail. Un beau sar, une daurade ou un saint-pierre, bardé d'ail, enduit d'huile d'olive et grillé quelques minutes, de préférence en plein air, est un excellent plat principal que vous pouvez accompagner d'une sauce au beurre citronné, d'estragon et de fenouil frais.

Loup de mer grillé aux herbes

4 À 6 PERSONNES

2 loups de mer
2 à 3 cuillerées à soupe de farine tamisée
2 à 3 cuillerées à soupe d'huile d'olive
sel et poivre noir du moulin

3 à 4 branches de fenouil
3 à 4 branches de persil
3 à 4 branches de thym
beurre au citron avec basilic frais

Farinez les poissons bien nettoyés, badigeonnez-les d'huile d'olive, salez et poivrez. Farcissez d'herbes le ventre des poissons et faites-les griller 3 à 5 minutes de chaque côté en les arrosant d'huile d'olive de temps en temps jusqu'à ce qu'ils soient tendres sous les dents de la fourchette. Servez avec du beurre fondu parfumé d'un peu de citron et de basilic frais.

Sar, daurade ou saint-pierre piqués à l'ail

4 PERSONNES

En Provence, trop cuire du poisson fraîchement pêché est un crime. Pour une cuisson parfaite, on le grille, ou on le cuit à la poêle ou au four. Si on veut qu'il soit grillé parfaitement, il faut l'enduire des deux côtés d'huile d'olive et le faire cuire sur un feu de ceps de vigne qui donne au poisson une saveur particulière. Un vieux cuisinier de mes amis va plus loin encore : il enduit les deux faces du poisson de corail d'oursin. Mais c'est sa femme qui m'a donné une astuce des plus élégantes que j'ai souvent utilisée depuis. Elle pique habituellement les deux côtés du poisson (un beau loup de mer, un sar, ou même un saint-pierre) avec la pointe d'une brochette. Avant de faire griller

réguliers les deux faces. Enfoncez dans chaque entaille une tranche d'ail, en la laissant dépasser d'1 demi-centimètre. Enduisez d'huile d'olive les deux faces. Salez, poivrez et faites griller 4 à 6 minutes de chaque côté, jusqu'à ce que les pointes d'ail soient brunes et que la chair du poisson s'émiette facilement à la fourchette. Vous pouvez griller le poisson à l'intérieur de la maison sur un gril au gaz ou un gril électrique, mais je crains que vous n'obteniez pas le même résultat.

Mettez le poisson et ses pointes d'ail sur un plat de service chauffé, servez avec un beurre au citron.

BEURRE AU CITRON

Dans une petite casserole, faites fondre à feu moyen le beurre avec les graines de fenouil. Ajoutez le jus de citron, les feuilles d'estragon frais, assaisonnez selon votre goût avec du sel et du poivre noir du moulin.

Sardines frites en 5 minutes

4 PERSONNES

12 à 16 sardines fraîches	gros sel
farine tamisée	quartiers de citron pour
huile d'olive	garnir

Lavez et nettoyez les sardines ; écaillez-les en les frottant à la main une à une sous l'eau courante. Égouttez, séchez. Farinez.

Versez l'huile d'olive dans une grande poêle à frire de 5 cm de profondeur. Faites-la chauffer. Faites frire les sardines 5 minutes jusqu'à ce qu'elles soient bien dorées.

À l'aide d'une écumoire, ôtez les sardines de la poêle et posez-les sur du papier absorbant afin d'enlever l'excès d'huile. Assaisonnez bien de gros sel, dressez-les sur un plat de service chaud. Garnissez de quartiers de citron frais et servez immédiatement.

le poisson sur le feu, elle glisse dans chaque entaille une fine tranche d'ail. En grillant, l'ail donne un parfum intense à la chair humide et tendre du poisson.

1 sar, un loup de mer ou un saint-pierre frais	3 à 5 gousses d'ail coupé en fines tranches
sel et poivre noir du moulin	huile d'olive extra-vierge

BEURRE AU CITRON AVEC GRAINES DE FENOUIL

ET ESTRAGON FRAIS

100 g de beurre	jus d'1/2 demi-citron
3 à 4 graines de fenouil	sel
1 à 2 cuillerées de feuilles d'estragon frais	poivre noir du moulin

Demandez au poissonnier de nettoyer et de vider le poisson. Lavez-le bien à l'intérieur et essuyez-le avec du papier absorbant. Salez et poivrez l'intérieur.

À l'aide d'un couteau pointu, entaillez à espaces

Sardines grillées sur les braises

4 PERSONNES

12 à 16 sardines fraîches   gros sel
huile d'olive   piment rouge en poudre

Lavez et nettoyez les sardines. Séchez-les, badigeonnez-les d'huile d'olive et assaisonnez-les de gros sel et de piment rouge écrasé.

Faites griller les sardines à feu doux 2 à 3 minutes de chaque côté. Servez-les immédiatement, accompagnées d'une *sauce anchoïade* (voir page 37).

Sardines au vinaigre et à l'ail

4 PERSONNES

12 à 16 sardines fraîches   4 cuillerées à soupe de
4 cuillerées à soupe d'huile   vinaigre de vin
  d'olive   gros sel
2 à 4 gousses d'ail finement   poivre noir du moulin
  émincées   quartiers de citron

Lavez et nettoyez les sardines. Écaillez-les en les frottant une à une à la main sous le filet d'eau du robinet. Égouttez, séchez.

Faites chauffer l'huile dans une grande poêle ; ajoutez les sardines, faites-les frire à feu moyen 2 à 3 minutes sur une face jusqu'à ce qu'elles soient dorées.

Ajoutez l'ail finement émincé, la feuille de laurier et, avec une spatule ou une écumoire, retournez les sardines pour les faire frire de l'autre côté. Arrosez de vinaigre et assaisonnez généreusement de gros sel et de poivre noir.

Dressez-les sur un plat de service chaud, laissez cuire le jus, en remuant, jusqu'à évaporation du vinaigre.

Pour servir, versez le jus de cuisson sur les poissons et servez-les immédiatement, accompagnés de quartiers de citron frais.

Sardines à la niçoise

6 PERSONNES

24 sardines fraîches   2 œufs entiers battus
60 cl de moules   beurre
400 g de blettes   mie de 4 tranches de pain
huile d'olive   blanc en chapelure
1 gousse d'ail   sel et poivre noir moulu
2 pieds de céleri hachés   quartiers de citron

PRÉPARATION DES SARDINES
Enlevez les têtes et les queues des sardines. Nettoyez-les, ouvrez-les et aplatissez-les.

PRÉPARATION DES MOULES
Éliminez toutes les moules ouvertes ou celles dont les coquilles sont brisées ou fendues. Puis grattez-les avec un petit couteau de cuisine. Mettez-les dans une bassine ou un saladier, lavez-les sous le filet d'eau du robinet en les frottant entre vos mains pour bien nettoyer les coquilles. Lavez-les jusqu'à ce que l'eau soit claire. Avec un petit couteau de cuisine, enlevez les filaments de chaque moule.

PRÉPARATION DE LA FARCE
Enlevez les côtes blanches des blettes (coupez-les en fines lanières et faites-les braiser dans une quantité égale de beurre et d'eau afin de les utiliser pour un autre plat). Coupez les feuilles des blettes dans le sens de la largeur en tranches minces.

Faites cuire les blettes dans 2 cuillerées à soupe d'huile d'olive avec une gousse d'ail entière, un peu de sel et de poivre noir du moulin jusqu'à évaporation du liquide. Mettez-les dans un saladier de taille moyenne.

Dans une cocotte, placez les moules, le céleri haché avec un verre d'eau ; faites cuire à couvert 3 à 5 minutes jusqu'à ce que les moules s'ouvrent. À l'aide d'une écumoire, enlevez les moules et mettez-les dans une autre casserole en jetant celles qui ne sont pas ouvertes. Ôtez les coquilles en prenant garde de ne pas déchirer les moules.

Hachez-les grossièrement et ajoutez-les aux blettes déjà préparées. Passez le jus de cuisson des moules dans un tamis fin, ne laissez aucune impureté.

Ajoutez les œufs battus et le jus de cuisson des moules au mélange de blettes et de moules, assaisonnez d'un peu de sel et d'un bon tour de moulin à poivre. Mélangez bien.

PRÉSENTATION

Nappez les sardines ouvertes d'un peu de cette préparation. Reformez-les.

Nappez le fond d'un plat à gratin de la préparation restante, disposez dessus les sardines farcies. Saupoudrez de chapelure et d'un peu d'huile d'olive. Faites cuire 5 à 10 minutes dans le four préchauffé (220 °C). Servez immédiatement, accompagné de quartiers de citron.

Sardines en beignets

4 PERSONNES

8 à 12 sardines fraîches

PÂTE À BEIGNETS

2 œufs bien battus	**1 pincée de sel**
100 g de farine tamisée	**huile de friture**
15 cl d'eau, bière ou lait	

GARNITURE

quartiers de citron	**cresson**

Nettoyez et écaillez les sardines. À l'aide d'un couteau pointu, étêtez-les et retirez l'arête centrale.

Dans un saladier, mélangez les œufs battus, la farine et l'eau (ou la bière ou le lait) ; battez bien. Salez selon votre goût.

En tenant les sardines par la queue, plongez-les dans la pâte légère et faites-les frire jusqu'à ce qu'elles soient bien dorées. Égouttez-les sur un papier absorbant pour ôter l'excès d'huile. Servez-les immédiatement, accompagnées de quartiers de citron et garnies de cresson frais.

Sardines farcies aux épinards

4 PERSONNES

8 à 12 sardines fraîches	**huile d'olive**
beurre	

PURÉE D'ÉPINARDS

1 kg de jeunes épinards frais	**1 feuille de laurier**
2 cuillerées à soupe de beurre	**1 gousse d'ail finement émincée**
2 cuillerées à soupe d'huile d'olive	**noix de muscade fraîchement râpée**
	sel et poivre noir du moulin

Nettoyez et écaillez les sardines. Ouvrez-les à l'aide d'un couteau pointu et enlevez têtes et arêtes.

Lavez bien les épinards, égouttez-les mais ne les pressez pas. Mettez-les dans une grande poêle avec leur eau et 2 cuillerées à soupe de beurre. Faites-les réduire à feu vif. Passez-les au mixeur ou au moulin à légumes, puis faites sauter la purée dans 2 cuillerées à soupe d'huile d'olive avec la feuille de laurier, l'ail émincé, la noix de muscade fraîchement râpée, le sel et le poivre noir selon votre goût.

Nappez le fond d'un plat à gratin bien beurré de la moitié de la purée ; répartissez le reste sur les sardines ouvertes. Roulez-les en commençant par l'extrémité de la tête. Puis dressez les sardines farcies aux épinards côte à côte sur le lit d'épinards, les queues sur le dessus. Enduisez-les d'huile d'olive et placez-les 10 minutes au four à 190 °C jusqu'à ce qu'elles soient cuites.

Les sardines en beignets.

Suprême de rouget à la niçoise
4 PERSONNES

4 rougets frais levés en filets	blanc d'un poireau, en lanières
beurre	30 dl de crème fleurette
sel et poivre de Cayenne	4 tomates pelées, épépinées et coupées en tranches
vin blanc sec	
bouillon de poisson bien parfumé	safran

Préchauffez le four à 180 °C. Mettez les filets de rouget dans un plat à four bien beurré ; ajoutez le sel et une pincée de poivre de Cayenne ; couvrez le poisson en ajoutant en parts égales du vin blanc et du bouillon de poisson. Faites cuire au four préchauffé 10 à 15 minutes ; le poisson doit s'émietter à la fourchette mais être encore humide.

Dressez le poisson dans un plat à service chaud, et gardez au chaud quelques cuillerées à soupe de jus de cuisson.

PRÉPARATION DE LA SAUCE

A feu vif, faites réduire de moitié le jus restant avec un blanc de poireau coupé en julienne, cuit dans 2 cuillerées à soupe de beurre. Ajoutez la crème et continuez la cuisson à feu très bas.

En même temps, faites fondre 2 cuillerées à soupe de beurre dans une petite casserole ; ajoutez les tomates pelées, épépinées et coupées en tranches, remuez sans arrêt jusqu'à réduction en purée homogène. Ajoutez aux tomates la crème et le bouillon, continuez la cuisson à feu moyen, en remuant jusqu'à ce que la préparation ait une consistance crémeuse et nappe le dos d'une cuillère en bois. Incorporez 2 cuillerées à soupe de beurre mélangées à une pincée de safran ; chauffez bien ; nappez le poisson avec cette sauce et servez immédiatement.

Rouget en papillote Baumanière
4 PERSONNES

4 petits rougets	4 tranches fines de bacon légèrement grillé
huile d'olive	
sel et poivre noir du moulin	4 tranches de citron
4 feuilles de laurier	4 filets d'anchois

SAUCE

4 à 5 blancs d'œufs	noix de muscade fraîchement râpée
30 cl de crème fleurette	
4 à 5 filets d'anchois écrasés	graisse ou huile d'olive pour la friture
sel et poivre noir du moulin	

Lavez les rougets sans les vider et arrosez-les d'huile d'olive ; assaisonnez à votre goût de sel et de poivre noir du moulin ; mettez une feuille de laurier sur un côté de chaque poisson et une tranche fine de bacon sur l'autre côté.

Coupez 4 morceaux de papier sulfurisé de 22 × 30 cm. Pliez-les en deux et découpez-les en forme de cœur. Ouvrez-les, enduisez-les d'huile et dressez les poissons préparés avec le laurier et le bacon sur la moitié de chacune des feuilles. Repliez le papier et scellez les côtés en les pliant. Faites sauter les papillotes 15 à 18 minutes dans la graisse ou l'huile d'olive.

Dressez les papillotes sur le plat de service ; ouvrez-les avec précaution et décorez le rouget avec le citron et les anchois. Servez accompagné de la sauce suivante :

PRÉPARATION DE LA SAUCE

Montez les blancs d'œufs en neige très ferme, fouettez la crème. Mélangez les deux et ajoutez les filets d'anchois écrasés. Assaisonnez à votre goût avec le sel, le poivre noir du moulin et la noix de muscade râpée. Faites cuire la sauce au bain-marie en écumant constamment. Quand la sauce est chaude, passez-la au tamis fin et servez immédiatement.

Loup de mer ou daurade en papillote
4 PERSONNES

4 loups de mer ou bars rayés entiers (325 g chaque), ou 1 daurade (1 à 1,25 kg)	pelées, épépinées et coupées en tranches
	16 à 20 petites olives noires, dénoyautées et grossièrement hachées
4 cuillerées à soupe d'huile d'olive extra-vierge	12 belles gousses d'ail, blanchies et sautées
6 cuillerées à soupe de beurre fondu	herbes de Provence séchées
2 belles tomates fraîches,	sel et poivre noir moulu

Préchauffez le four à température modérée (180 °C). Nettoyez et lavez le poisson, séchez-le avec du papier absorbant et badigeonnez-le d'huile d'olive.

Pliez 4 morceaux de papier sulfurisé en deux ; puis coupez les morceaux en un ovale assez large pour que le poisson y tienne à l'aise. Ouvrez les ovales, beurrez l'intérieur de chaque papillote et posez au centre de chacune d'elles un poisson.

Répartissez les tranches de tomates et les olives hachées sur chaque poisson. Ajoutez les gousses d'ail

que vous avez fait blanchir et sauter à l'huile d'olive
(3 par portion ; voir ci-dessous). Arrosez ensuite les
poissons avec l'huile d'olive ou le beurre restant.
Assaisonnez généreusement d'herbes de Provence, de
sel et donnez quelques tours de moulin à poivre.

Refermez le papier sur le poisson et pliez bien les
bords de manière à clore hermétiquement les
papillotes.

Mettez-les sur la plaque de cuisson et faites cuire
15 minutes dans le four préchauffé. Pour servir,
présentez les poissons dans les papillotes ouvertes.

PRÉPARATION DES GOUSSES D'AIL

Faites blanchir les gousses par deux fois dans de l'eau
bouillante. Égouttez, puis faites-les sauter à l'huile
d'olive jusqu'à ce qu'elles changent de couleur.
Enlevez-les du feu et utilisez-les comme indiqué ci-
dessus.

Saint-pierre à la feuille de figue à la moelle, Le Provençal

4 PERSONNES

Vous avez besoin pour cette recette raffinée de 4 figues
fraîches, de 4 feuilles de figue et d'un ou deux petits
os à moelle. Si vous le désirez, vous pouvez remplacer
le saint-pierre par des filets de loup de mer, de rouget
ou même de saumon. Un jour où je ne disposais pas
de figues, je les ai remplacées par des feuilles de lotus
sèches (disponibles dans les épiceries orientales et
chinoises) pour réaliser un bel effet. Sinon, utilisez des
petits carrés de papier d'aluminium, mais, dans ce cas,
vous devrez ajouter aux poissons une ou deux pincées
d'herbes sèches de Provence pour relever le goût.

4 filets de saint-pierre (de 100 à 150 g pièce)	gros sel et poivre noir du moulin
4 figues bien mûres	4 figues fraîches
4 fines languettes de zeste d'orange (en forme de spirale maintenue avec une pique à cocktail)	4 à 8 rondelles de moelle fraîche (1 à 2 cm de diamètre)
huile d'olive extra-vierge	jus de citron

Préchauffez le four à 240 °C. Entaillez chaque figue
à l'aide d'un couteau pointu pour former une « fleur »
à quatre pétales. Disposez les figues ouvertes et les zestes d'orange en spirale sur une plaque de cuisson ;
badigeonnez-les d'huile d'olive et faites-les rôtir

Saint-pierre à la feuille de figue à
la moelle, Le Provençal.

10 minutes au four. Assaisonnez les figues de gros sel
et de poivre du moulin. Dans l'intervalle, badigeonnez les feuilles de figue des deux côtés avec de l'huile
d'olive. Réservez.

PRÉPARATION DES FILETS DE POISSON

Enduisez une poêle anti-adhésive d'huile d'olive et
mettez-la à feu très chaud jusqu'à ce que l'huile grésille ; ajoutez les filets de poisson, côté peau sur le fond,
et faites-les sauter 2 minutes. Assaisonnez de gros sel
et de poivre noir du moulin.

Disposez chaque filet de poisson sur une feuille de
figue ; posez 1 ou 2 rondelles de moelle sur chaque filet ;
couronnez avec les zestes d'orange et repliez la feuille
en forme de papillote en la maintenant à l'aide d'une
pique à cocktail. Faites cuire au four 3 à 5 minutes,
jusqu'à ce que le poisson s'émiette sous la fourchette.

PRÉSENTATION

Enlevez les piques à cocktail des feuilles de figue.
Dressez chaque filet de poisson dans sa feuille sur une
assiette chaude. Mettez une figue rôtie sur le côté du
poisson ; arrosez le filet et la figue du jus de cuisson ;
assaisonnez de gros sel et de poivre noir du moulin.
Ajoutez un filet de jus de citron et servez immédiatement.

Loup au four en croûte d'anis étoilé,
Le Provençal

4 PERSONNES

8 petits filets de loup
  (de 100 à 150 g pièce) ou
  4 petits loups
huile d'olive extra-vierge
4 anis étoilés en poudre

gros sel et poivre noir
  concassé
tiges sèches de fenouil
jus de citron

Préchauffez le four à 240 °C.

Si vous utilisez des poissons entiers, écaillez-les, lavez-les et levez les filets, en ôtant toutes les arêtes. Si vous utilisez des filets préparés, assurez-vous qu'il ne reste aucune arête.

Faites revenir les filets 2 minutes, la peau sur le fond, dans une grande poêle anti-adhésive très chaude, jusqu'à ce que les peaux brunissent et soient croustillantes. Assaisonnez à votre goût de sel, poivre concassé et anis étoilé en poudre.

Disposez les filets de loup (de nouveau côté peau sur le fond) dans une grande plaque de cuisson, en les badigeonnant légèrement d'huile d'olive. Disposez des tiges sèches de fenouil sur chacun et couvrez-les d'un autre filet (la peau sur le dessus). Badigeonnez-les d'huile d'olive et enfournez-les 3 à 4 minutes dans le four préchauffé. Enlevez la peau, coupez-la en lanières et disposez-la de manière à donner l'impression de mouvement, puis repassez-la au four pour fixer la forme. Ajoutez un filet de jus de citron et dressez les filets en sandwichs sur un plat chauffé. Nappez-les du jus de cuisson et servez-les avec une ratatouille minute.

Ratatouille minute

4 PERSONNES

8 gousses d'ail
huile d'olive extra-vierge
1/2 poivron vert
1/2 poivron rouge
1/2 poivron jaune
1 petite aubergine
1 courgette

1 belle tomate
gros sel et poivre noir
  concassé
8 petites feuilles de laitue
  (du cœur)
8 feuilles fraîches de basilic
jus de citron

Préchauffez le four à 180 °C.

Mettez les gousses d'ail sur un morceau de papier d'aluminium, enduisez-le d'huile d'olive, fermez les bords et mettez à cuire 10 minutes dans le four préchauffé.

Préparez les poivrons en enlevant la base et la tête, et découpez-les en 15 ou 20 petits bâtonnets. Réservez bases et têtes pour les utiliser finement hachées en garniture d'une salade. Découpez l'aubergine et la courgette en morceaux de la même largeur que les poivrons, puis coupez chaque morceau en fines lanières. Enlevez la tête et le pied de la tomate, et coupez-la en tranches fines puis en lanières.

Assaisonnez les lanières de légumes de gros sel et de poivre concassé, et faites-les frire de 5 à 6 minutes dans une huile très chaude. Égouttez.

PRÉSENTATION

Roulez les petits feuilles de laitue et de basilic dans les lanières de légumes ; ajoutez un filet de jus de citron et servez immédiatement.

À DROITE En saison, on trouve sur les marchés des champignons dont des cèpes et des trompettes de la mort peu agréables à l'œil mais délicieuses.

À GAUCHE Loup au four en croûte d'anis étoilé, avec des champignons sauvages.

E S C A L E

Jean-Jacques Jouteux

Le Provençal,
Saint-Jean-Cap-Ferrat

Jean-Jacques Jouteux, jeune chef normand, s'est installé à Saint-Jean-Cap-Ferrat, rejoignant les célèbres chefs qui ont élu domicile sur la Côte d'Azur — Roger Vergé (Le Moulin de Mougins), Jacques Maximin (Le Diamant Rose, à La Colle-sur-Loup), Guy Cibois (Gray Albion, à Cannes), Alain Ducasse (Restaurant Louis XV, Hôtel de Paris, à Monte-Carlo) et Dominique Le Stanc (Le Chanteclerc, Hôtel Negresco, à Nice). Dominant le petit port de Saint-Jean-Cap-

Ferrat, Le Provençal, restaurant de Jean-Jacques Jouteux, connaît un indéniable succès. En quelques années d'existence, ce restaurant magnifiquement décoré est devenu un lieu de rendez-vous des vrais amateurs de cuisine de la Côte.

Son succès tient à la qualité de la cuisine savoureuse du jeune chef : innovateur dans ses créations et très influencé par la qualité des produits naturels de la région, il est profondément inspiré par la civilisation du Sud et de ses habitants.

La cuisine de chez Jouteux met merveilleusement en valeur les solides saveurs de terroir. Il cuit le poisson en quelques secondes, semble-t-il, avec un peu d'huile d'olive extra-vierge ou du beurre, et termine la cuisson au four quelques minutes de plus, dans une sauce délicate et acidulée, relevée de jus d'olives noires pressées, de truffes de l'arrière-pays ou d'une figue dont le suc rouge est adouci par la riche moiteur de la moelle fondue qui la couronne.

Sur les menus du Provençal ne figurent pas de viandes, ou si peu, mais une profusion de poissons et de coquillages provenant de la baie. Jouteux refuse de changer son style de cuisine pour plaire à un plus grand nombre de clients. « Je ne voudrais pas être rangé dans la catégorie des restaurants à la mode, dit-il. Ma cuisine n'est pas influencée par la mode. Elle existe en elle-même. »

Le succès et l'élégance de sa cuisine résident dans les combinaisons d'arômes nouvelles et inattendues que l'on découvre dans ses plats qui ont en commun la rapidité de leur préparation : son *pigeon au four, pâte plate, goût cannelle* a la saveur de la cannelle, des baies de genièvre ou de l'anis étoilé, selon la fantaisie du moment. Accompagné d'une fine et croustillante feuille de pâte semblable à la *warkha* utilisée pour la *bstilla* ou le *trid* marocains, imprégné de jus de cuisson et artistiquement dressé sur le plat, c'est un chef-d'œuvre de savoir-faire et de saveur. Il en est de même de son *grillé d'artichaut violet en coque demi-homard*, qui présente un artichaut provençal violet aplati sous un poids jusqu'à ce qu'il ressemble à une fleur de tournesol vert et violet foncé, cuit à point, couronné du cercle d'un demi-homard, servi accompagné de la sauce au beurre acidulée (spécialité de la maison) dans laquelle ont baigné les feuilles amères de salade sauvage.

Le *méli-mélo d'anchois à la tarte fine de pommes de terre* offre de minces anchois frais dont la tête émerge sous des tranches dorées de pommes de terre, les plus fines possible (sorte de gâteau étrangement étoilé), avec une sauce faite d'un filet d'huile d'olive délicatement parfumée d'olives et de citron pressé.

Au Provençal, le dessert est une suite sans fin de fines tartes, il ne s'agit pas d'une série sans âme de sucreries différentes comme dans bien des grands restaurants d'aujourd'hui, mais d'un ensemble de petites assiettes qui arrivent les unes après les autres pour un éblouissant assortiment de goûts et de textures, certaines chaudes, d'autres froides, mais toutes délicieuses. Tous les desserts sont préparés par René Salmon, ami de longue date et partenaire de Jean-Jacques Jouteux.

Méli-mélo d'anchois à la tarte fine de pommes de terre

4 PERSONNES

4 pommes de terre	2 cuillerées à café de jus
12 anchois frais (ou	d'olive (jus d'une olive
24 lanières de filets de	fraîche et mûre extrait à
rouget ou de mérou)	l'aide d'un presse-ail et
4 cuillerées à soupe d'huile	mélangé à 2 cuillerées à
d'olive	café d'huile d'olive)
2 cuillerées à café de jus de	gros sel
citron	poivre noir concassé

PRÉPARATION DES TARTES AUX POMMES DE TERRE

Pelez les pommes de terre et coupez-les en 5 ou 6 tranches égales, aussi fines que possible. Gardez les tranches et les morceaux non utilisés pour un bouillon ou une soupe.

Disposez les tranches de pommes de terre en cercles concentriques se chevauchant, comme les pétales d'une fleur, dans une poêle anti-adhésive. Faites cuire les pommes de terre des deux côtés à feu moyen, en

prenant garde de ne pas les laisser brunir et en reformant les « fleurs » de pommes de terre si nécessaire quand vous les retournez. Lorsqu'elles sont cuites, enlevez-les du feu et gardez-les au chaud.

PRÉPARATION DES ANCHOIS

Préchauffez le four à 200 °C. Levez deux filets sur chaque anchois frais ; parez-les et pratiquez quelques entailles au milieu du poisson pour éviter qu'il ne s'enroule en cours de cuisson.

Disposez les filets d'anchois (ou les lanières de rouget ou de mérou si vous n'avez pas trouvé d'anchois frais) en forme d'étoile dans des plats individuels résistants à la chaleur. Ajoutez une cuillerée à soupe d'huile d'olive dans chaque plat et enfournez-les 2 à 3 minutes dans le four préchauffé.

Enlevez les plats du four ; arrosez chacun d'un peu de jus de citron, de jus d'olive, de gros sel et de poivre, à votre goût. Posez une tarte aux pommes de terre sur chaque plat d'anchois. Servez immédiatement.

Méli-mélo d'anchois à la tarte fine de pommes de terre.

Grillé d'artichauts violets en coque demi-homard

4 PERSONNES

POUR LES ARTICHAUTS

4 petits artichauts violets

2 petits homards

4 cuillerées à soupe d'huile
d'olive extra-vierge

jus de 2 citrons

gros sel et poivre noir
grossièrement moulu

POUR LE FUMET DE HOMARDS

jus des têtes et des carcasses
de homards et le corail

1 cuillerée à soupe d'huile
d'olive

1 cuillerée à café d'oignon
finement émincé

1/2 boîte de concentré de
tomate

POUR LE BEURRE NOISETTE

4 cuillerées à soupe de
beurre

quelques gouttes de jus de
citron

On ne peut réaliser cette recette servie au Provençal qu'avec de jeunes artichauts très tendres. Les artichauts violets de Provence sont la base de cette recette.

PRÉPARATION DES ARTICHAUTS

Si vous utilisez de jeunes artichauts de petite taille, ôtez-en le foin à l'aide d'une cuillère à café à bords aiguisés ou d'un petit couteau de cuisine. Aplatissez chaque artichaut en le pressant sur le plan de travail avec le plat de la main, ou en l'écrasant légèrement avec un maillet de cuisine. Disposez les artichauts aplatis sur une plaque de cuisson — côté ouvert dessus afin que les pointes forment une étoile.

Faites brunir les artichauts en étoile 2 à 3 minutes dans un peu d'huile d'olive à feu moyen. Puis ajou-tez le fumet des homards (voir ci-dessous) et poursui-vez la cuisson 6 minutes. Retournez ensuite les arti-chauts et arrêtez la cuisson au bout de 2 minutes. Enlevez les cœurs d'artichaut du fumet de cuisson à l'aide d'une écumoire. Égouttez.

PRÉPARATION DU FUMET DE HOMARDS

Séparez les queues de homard de la tête au-dessus d'un grand saladier, pour en recueillir le jus. Détachez les pinces et réservez queues et pinces pour un usage ulté-rieur. Concassez têtes et coffres des homards.

Dans une cocotte de taille moyenne, mettez les têtes, les pattes et les coffres des homards avec une cuillerée à soupe d'huile d'olive et une cuillerée à café d'oignon finement émincé, et faites sauter, en remuant, 2 à 3 minutes. Ajoutez le concentré de tomate et l'eau et continuez la cuisson 10 minutes. Enlevez du feu, égouttez et réservez le fumet.

CUISSON DES QUEUES ET DES PINCES

Faites cuire les queues et les pinces dans l'eau bouil-lante salée 9 à 10 minutes. Coupez les queues de homard en deux dans la longueur et décortiquez-les.

Pour servir, dressez un demi-homard replié sur cha-que artichaut en étoile. Garnissez d'une pince de homard, nappez d'une ou deux cuillerées à soupe du jus de cuisson des artichauts et du fumet de homard, et couronnez chaque demi-homard d'une cuillerée à soupe de beurre noisette.

BEURRE NOISETTE

Faites fondre 3 minutes le beurre à feu doux avec le jus de citron jusqu'à ce qu'il dore légèrement.

Grillé d'artichauts
violets en coque
demi-homard.

Pigeon (ou perdreau) au four, pâte plate, goût cannelle

4 PERSONNES

La pâte, qui s'inspire d'une recette marocaine, est délicatement parfumée à la cannelle et constitue avec sa sauce subtile un plat fascinant. Réaliser une pâte aussi souple demande du temps et de la patience ; les pâtes vendues dans le commerce peuvent la remplacer, mais le plat ne sera pas aussi tendre ni aussi délicieux. Servis froid, glacés dans leur sauce odorante, et accompagnés d'une salade de riz ou de couscous, garnie d'olives noires en tranches, de piments rouges et jaunes, d'herbes fraîches et de pignons, les pigeons sont également savoureux.

4 jeunes pigeons (250 à 300 g pièce) ou un perdreau	huile d'olive extra-vierge sel et poivre noir moulu cannelle en poudre

POUR LE FUMET DE PIGEON (OU PERDREAU)

abattis des pigeons (ou du perdreau) : cou, foie, cœur, gésier, peau, têtes et pattes, si possible	2 à 4 cuillerées à soupe d'huile d'olive
4 cuillerées à soupe d'échalotes finement émincées	60 cl de bouillon de poulet bien parfumé sel et poivre noir moulu 1/2 cuillerée à café de cannelle en poudre 8 baies de genièvre

POUR LA PÂTE PLATE

225 g de farine	sel et poivre noir moulu
2 œufs	1/2 cuillerée à café de
2 cuillerées à café d'huile d'olive	cannelle en poudre

BEURRE NOISETTE

2 à 4 cuillerées à soupe de beurre

PRÉPARATION DES PIGEONS (OU PERDREAU)

Nettoyez, videz et bridez les oiseaux. Badigeonnez-les d'huile d'olive et assaisonnez-les généreusement de gros sel, de poivre noir et de cannelle. Réservez.

PRÉPARATION DU FUMET

Dans une cocotte de taille moyenne, mettez l'huile d'olive, les abattis des pigeons (ou du perdreau), les échalotes hachées, et faites dorer. Ajoutez le bouillon de poulet, les assaisonnements et faites mijoter, à découvert, environ 20 minutes jusqu'à ce que le fumet ait réduit des deux tiers. Enlevez du feu et réservez.

PRÉPARATION DE LA PÂTE PLATE

Tamisez la farine dans un grand saladier et faites un puits au centre. Mettez les œufs, l'huile, le sel, le poivre et la cannelle dans le puits, mélangez du bout des doigts en incorporant peu à peu la farine ; pétrissez bien, en ajoutant un peu d'eau de temps en temps si la pâte vous semble sèche. Farinez la surface de travail ; sortez la pâte du saladier et pétrissez-la fermement 10 à 15 minutes jusqu'à ce qu'elle soit souple et élastique. Farinez vos mains et la surface de travail de temps en temps. Enveloppez la pâte dans un film transparent et mettez-la de côté 1 heure environ. Nettoyez bien la surface pour la suite du travail.

Partagez la pâte en 4 morceaux. Sur une surface légèrement farinée, abaissez la pâte au rouleau à pâtisserie, morceau par morceau. Abaissez d'abord dans

Faites suivre le délicieux pigeon au four (ci-dessus) par un melon glacé bien rafraîchissant (à droite).

un sens en étirant autant que vous le pouvez ; saupoudrez de farine pour que la pâte n'adhère pas au rouleau ; puis retournez et recommencez. Répétez les deux opérations (rouler et tourner la pâte) jusqu'à ce qu'elle soit fine comme du papier.

Farinez légèrement la pâte et laissez-la reposer 10 à 15 minutes pour qu'elle sèche légèrement, sinon elle risque de se défaire à la cuisson. Découpez 4 cercles ou carrés d'environ 17,5 cm. Réservez.

CUISSON DES PIGEONS (OU PERDREAU)
Préchauffez le four à 240 °C et faites-y cuire les pigeons 15 minutes pour une cuisson saignante, 5 minutes de plus si vous préférez la volaille plus cuite.

Dans l'intervalle, plongez la pâte plate à l'eau bouillante salée. Égouttez-la immédiatement et saisissez-la dans un peu de beurre noisette (faites fondre le beurre à feu très doux jusqu'à ce qu'il commence à prendre une couleur légèrement dorée : comptez 3 minutes environ), en la poussant vers le bord de la poêle et en la soulevant par le milieu à l'aide d'une fourchette pour lui donner dans la poêle même une forme en drapé.

Ôtez le gras des jus de cuisson ; ajoutez le fumet et faites chauffer à feu vif. Baissez la température au minimum pour garder chaud.

Pour servir, découpez chaque pigeon en quatre ; découpez les blancs en tranches et dressez les oiseaux sur 4 assiettes chaudes. Ou découpez le perdreau en quatre et dressez un quart sur chaque assiette. Garnissez chaque assiette d'une pâte plate et nappez chacune de 2 à 3 cuillerées à soupe de fumet. Servez immédiatement.

Melon glacé

4 PERSONNES

2 petits melons Cantaloup ou des Charentes glacés	jus des melons
quelques gouttes de vinaigre balsamique	quelques gouttes de jus de citron

Coupez le melon glacé en deux et ôtez les graines. Pelez les demi-melons au-dessus d'un saladier pour ne pas perdre le jus ; laissez un peu de vert autour de chaque moitié. Réservez le jus.

À la mandoline, coupez les demi-melons en tranches aussi minces que possible. Si vous n'avez pas de mandoline, utilisez le tranchoir de votre robot ménager, mais le résultat ne sera pas aussi satisfaisant ; plus difficile, un épluche-légumes, ou encore un couteau de cuisine bien aiguisé.

PRÉSENTATION DE LA «FLEUR» DE MELON
Enroulez les fines tranches de melon l'une après l'autre autour d'un de vos pouces ; déposez-les délicatement comme une fleur ouverte sur un plat à dessert glacé. Mouillez chaque «fleur» d'un peu de jus de melon, de quelques gouttes de vinaigre balsamique et de jus de citron.

4 Les herbes

SOUPES, LÉGUMES ET SALADES

« La Provence commence à Donzère, juste au sud de Monté-limar. À part cela, ses frontières sont vagues, si ce n'est qu'on y inclut généralement Nîmes à l'ouest avec Aigues-Mortes, Lunel et même Montpellier, tandis qu'à l'est, elle irait au-delà d'Aix, aussi loin que Draguignan et Fréjus. » C'est ce qu'écrit Cyril Connolly dans *The Evening Colonnade* (1973), livre qui fut ma première introduction littéraire à la Provence, et que j'ai découvert alors que je vivais déjà à Saint-Tropez.

Les écrits de Connolly comme ceux de Colette ont pro-fondément marqué ma vision de la Provence. Ces deux écri-vains, un Anglais et une Française, m'ont appris que cette région, plus qu'une entité géographique, était surtout un état d'esprit. À mon avis, la Provence et son arrière-pays s'étendent bien au-delà des frontières défi-nies par Connolly : j'y fais tenir les massifs des Maures et de l'Esterel jusqu'à Menton. Pompée, après tout, alla jusqu'à La Turbie, au-dessus de Monte-Carlo. La Provence de l'arrière-pays et des collines correspond à ce que l'on définit, en botanique, comme la « zone de l'olivier », qui s'étend jusqu'au point le plus septentrional où l'olive — le plus provençal de tous les fruits —, qui a besoin de soleil pour prospérer, tient encore hardiment tête au mistral et aux gelées soudaines de l'hiver.

J'en suis convaincu quand je vois la grande prédilection de toute cette région pour le *pissalat*,

des collines

le pistou, la polenta, les pâtes et les raviolis, spécialités héritées toutes des Ligures, premiers habitants de la région dont l'influence s'est étendue des Pyrénées à la Toscane, ou inspirées du proche comté de Nice (fief piémontais pendant cinq cents ans). J'ai pourtant eu une chaude discussion à ce sujet, après un bon dîner Chez Maximin à Nice, quand Jacques Maximin, ce « Provençal » né à Calais, m'invita au bar pour un dernier verre.

Exaspéré par ma théorie selon laquelle la Provence — comme la Provence des anciens Romains, qui lui ont donné son nom — s'étend de Sète à la frontière italienne, incluant à la fois Nice et la Haute-Provence, Maximin soutint fermement qu'elle était contenue dans les frontières de la carte d'aujourd'hui, à l'exclusion de la Haute-Provence et du Var.

Tous les arguments que je défendais avec chaleur étaient sans effet. Mais allez donc demander à Pierre Gleize, propriétaire de La Bonne Étape, à Château-Arnoux, près de Sisteron, si son auberge est en Provence ou non... Un jour, j'ai abordé la question avec Pierre et son fils Jany. « Bien sûr, ont-ils répondu, la Haute-Provence est partie intégrante de la Provence ! » Et ils doivent bien le savoir puisqu'ils sont nés et ont grandi ici.

Allez poser la même question à Bruno Clément, dont le restaurant Chez Bruno est situé sur la route des Arcs à Lorgues, sur les plateaux du Var. Né dans la maison où il a établi son restaurant aujourd'hui et où sa famille vit depuis trois générations, Bruno parle de cette région qu'il aime avec une vitalité digne de Pagnol. Il répond immédiatement : « Nous sommes ici en plein cœur de la Provence, au centre même de la basse Provence et de la haute Provence. Cela sent la garrigue, la sarriette, le romarin, le thym sauvage, les herbes mêmes de Provence. » Et, avec un haussement d'épaules : « C'est la Provence : nous avons notre dialecte, notre histoire et nos traditions. Nous avons même notre langue, reconnue comme telle et enseignée en seconde langue dans toutes les écoles de la région. »

Mes théories toutes sentimentales sont donc confirmées. Pour moi, la Provence est un pays particulier, peuplé d'échos de la Grèce antique et de Rome, et influencée par les hordes d'envahisseurs venus de l'Est. Les cours d'amour du Moyen Âge y ont introduit culture et poésie. Si les poèmes et les ballades des troubadours de Provence descendent en droite ligne des cours de l'ancienne Perse, beaucoup de ces troubadours venaient des lointaines cours d'Aragon et de Catalogne. Et toute cette tradition demeure en Provence aujourd'hui. C'est la terre de Pétrarque et de son amour, la divine Laure ; de Daudet et de son indomptable Tartarin de Tarascon ; de Pagnol au cœur chaud et de ses histoires de Fanny, César et Florette ; de Giono qui a ouvert une fenêtre sur le monde merveilleux des collines de Provence et de leurs habitants. Un monde qui sent bon le feu de bois et les champignons sauvages, le poisson frais et l'ail, l'agneau et les herbes sèches grésillant sur le feu. La Provence, c'est la bougainvillée et le mimosa, le parfum d'amande et de lavande.

René Jouveau, dans son beau livre *La Cuisine provençale de tradition populaire*, nous rappelle qu'il

existe une autre cuisine provençale dans les collines surplombant la Côte, une cuisine qui n'est pas tout à fait celle des livres classiques de cuisine provençale ; les préparations très simples dont parle Jouveau sont mieux que des recettes : de véritables traditions culinaires.

De nombreuses recettes simples de la cuisine provençale moderne portent les traces des plus anciennes influences. Ainsi les premiers Romains furent-ils sans doute à l'origine de ces sauces épaisses et robustes à l'huile d'olive : la *tapenade* et l'*anchoïade* (voir pages 37 et 35), qui seraient héritières en droite ligne de l'ancienne cuisine romaine. Le *pissalat* en est un autre exemple : cette puissante purée d'anchois fermentés aromatise les salades, les daubes et les sauces de

Asperges sauvages des collines.

pâtes. L'origine de la *pissaladière* (la fameuse pizza niçoise aux anchois, oignons et olives noires) remonte à un des condiments les plus connus de l'ancienne Rome, le *garum salarum*, mélange de poissons fermentés et séchés au soleil. L'*aïoli* aussi, même si nous le faisons aujourd'hui avec des jaunes d'œufs et de l'huile, était, il y a cent ans à peine, épaissi et mélangé avec des pommes de terre et, dans des temps plus anciens encore, avec des amandes en poudre.

L'INFLUENCE ARABE

Les Arabes ont occupé la Provence pendant près de trois cents ans et le métissage fut si réussi que les Provençaux, au huitième siècle, demandèrent l'aide arabe pour lutter contre Charles Martel. Martel et ses troupes mirent en déroute les Sarrasins en 730, et, pour punir les séparatistes provençaux, saccagèrent les villes d'Arles, d'Avignon et de Marseille. Mais, au début du siècle suivant, les Sarrasins retournèrent à Marseille et à Arles et ils dominèrent à nouveau toute la région jusqu'en 1032, date à laquelle ils furent définitivement chassés.

Cette longue présence arabe a laissé de nombreuses traces architecturales, culturelles et culinaires sur toute la Côte. Tandis que les villes fortifiées des collines rappellent les tours et les forteresses des Maures, l'utilisation des épices et des zestes d'orange dans les daubes et l'agneau évoquent l'Andalousie maure, tout comme la farine de pois chiches, les amandes et les pignons dans les plats de riz ou de pâtes de Camargue donnent à ces plats une saveur orientale. D'où vient le nougat de Montélimar, sinon des douceurs turques ? Les *petits farcis*, un des piliers de la cuisine provençale, sont aussi un grand plat de légumes hérité de l'invasion arabe. Et la *fressure*, ce ragoût provençal épicé fait de foie, de rein, de cœur, de poumons et de tripes d'agneau, avec sa sauce piquante, poivrée et parfumée de nombreuses épices et herbes, est très proche de la cuisine arabe actuelle.

Les soupes de légumes provençales

Entre la mer Méditerranée et les montagnes, l'arrière-pays provençal est une région où les agriculteurs ont toujours cultivé leurs terres, veillant sur leurs légumes, leurs vergers et leurs vignes, et faisant paître leurs troupeaux. Et cet amour des paysans pour la terre s'est transmis aux cuisiniers de Provence, qui ont un si grand respect pour les produits de la région et les cuisinent si bien.

En traversant ce beau pays, aux collines vallonnées

couvertes d'oliviers et d'amandiers, de vergers de pommes, de poires, de pêches, d'abricots, il est difficile d'imaginer que la Provence était autrefois une région pauvre, où les paysans vivaient essentiellement de soupes de légumes, et dont le seul luxe était parfois un lapin de garenne, un lièvre ou une fricassée d'oiseaux.

Les légumes étaient presque toujours servis bouillis et arrosés d'un peu d'huile d'olive et (plus récemment) de jus de citron, avec parfois une pincée d'herbes fraîches en été et sèches pendant les longs mois d'hiver.

En ce temps-là, l'eau de cuisson des légumes de la veille servait à faire la soupe. On y ajoutait, à l'occasion, quelques morceaux de viande ou de volaille et quelques légumes du jardin coupés en morceaux. Souvent, on y faisait cuire une poignée de pâtes, de riz ou des pommes de terre — parfois même un mélange des trois —, afin de donner du corps au repas du soir.

De nos jours, on cuisine encore des soupes avec l'eau de cuisson des pois chiches ou des châtaignes, ou de l'ail ou de la sauge, et, dans les meilleurs hôtels de la région, sont servis de superbes consommés avec du safran et des pétales de rose. Des soupes à base de pain comme la célèbre *pappa de legumi* de Gênes, ou la *panzanilla* du quartier italien de Marseille sont aussi très populaires. Elles sont peut-être le legs des anciens Liguriens, premiers habitants de la Provence, bien avant que les Grecs ou les Romains n'arrivent sur ces rivages ; ou bien elles rappellent une des traditions culinaires que les maçons, tailleurs de pierre et potiers italiens ont apportées dans la région quand, au dix-neuvième siècle, ils sont venus travailler en Provence.

Le *pistou* est une soupe estivale aux haricots secs et frais et aux légumes coupés en dés, avec un délicieux arôme d'ail moulu, de feuilles de basilic et d'huile d'olive. Avant même d'ajouter le classique fromage râpé et les pignons, on devine à son parfum qu'elle vient de Gênes. C'est une vraie soupe du terroir puisque tout, sauf le fromage râpé, vient du jardin ou des champs et forêts voisines.

Consommé à l'ail, à la sauge et à l'œuf poché.

Je me souviens encore de la délicieuse soupe de légumes qui me fut servie à l'Auberge de la Source, sur la route derrière Marseille, par le père d'Olympe Nahmias, célèbre restaurateur parisien d'origine corse. La soupe était préparée avec des courgettes, des oignons, des tomates, des courges, des citrouilles et des tomates, mijotant dans un bouillon léger ; chaque légume avait été passé à la moulinette pour donner une magnifique mosaïque de couleurs et d'odeurs méditerranéennes. À table, nous avons ajouté un filet d'huile d'olive et saupoudré la soupe de fromage fraîchement râpé.

La soupe à l'ail

L'une des plus célèbres soupes provençales est l'*aïgo-boulido* (eau bouillie) : c'est tout simplement un potage fait de gousses d'ail bouillies et de feuilles de sauge fraîche, servi saupoudré de fromage râpé.

Renommée pour ses vertus reconstituantes qu'elle tient des qualités de l'ail et de la sauge, cette soupe est un des grands classiques de la cuisine provençale. On la donne aux bébés quand ils sont sevrés, et un proverbe désabusé en vante les qualités : *L'aïgo-boulido, sauvo la vido ; au bout dóu tèms, tuo li gènt* (l'eau bouillie sauve la vie, mais trop d'eau bouillie tue les gens). L'*aïgo-boulido* a plusieurs variantes : on y ajoute parfois des blettes hachées et de l'oseille ; ou une pincée de safran ou de thym séché ; on peut aussi verser le bouillon bien chaud sur des tranches de pain rassis frottées d'ail pour donner plus de goût à la soupe, ou pocher un œuf par convive dans le bouillon.

De nos jours, elle est préparée avec des légumes verts finement émincés, des gousses d'ail entières et des feuilles de sauge ; elle est assaisonnée de safran, de sel, de poivre du moulin et de piment rouge séché et écrasé, et on la sert sur une tranche de pain de campagne bien cuit, frottée d'ail, sur laquelle est posé un œuf légèrement poché.

Nous sommes encore loin, cependant, de la belle teinte ambrée du *consommé à l'ail, à la sauge et à l'œuf poché* servi par Pierre et Jany Gleize à La Bonne Étape en Haute-Provence. Ici, le bouillon de bœuf parfumé au safran n'a plus rien de rustique avec ses surprenantes lanières de bœuf, son œuf délicatement poché, ses pistils frisés de safran et ses pétales de rose rouge.

Consommé à l'ail, à la sauge et à l'œuf poché

4 PERSONNES

75 cl de consommé de poulet (ou de bœuf) bien parfumé (ou un consommé de bouillon provenant d'un pot-au-feu maigre	12 belles gousses d'ail 12 feuilles de sauge fraîche 1 bonne pincée d'étamines de safran sel et poivre noir du moulin

GARNITURE

4 œufs, fraîchement pochés 16 bâtonnets de filets de bœuf crus, de 5 cm sur 0,5 cm	4 pétales de rose rouge en très fines lanières 1 carotte en très fines lanières

PRÉPARATION DU BOUILLON

Faites cuire les gousses d'ail pelées 10 à 15 minutes dans 40 cl d'eau légèrement salée, jusqu'à ce qu'elles soient tendres. Enlevez les gousses du bouillon et réservez-les. Enlevez la casserole du feu ; ajoutez les feuilles de sauge et laissez-les infuser 15 minutes.

Passez le bouillon d'ail et de sauge dans le consommé de poulet (ou de bœuf) bien parfumé. Ajoutez les étamines de safran ; rectifiez l'assaisonnement, en ajoutant un peu de sel ou de poivre si nécessaire. Amenez à ébullition.

PRÉSENTATION

Faites pocher un œuf par convive et placez-le dans les assiettes à soupe chaudes ; disposez 4 lanières de bœuf cru (le bouillon chaud les cuira) et 3 gousses d'ail pochées autour de chaque œuf. Ciselez en julienne les pétales de rose, les carottes, et versez le bouillon chaud dans chaque bol en prenant garde de ne pas défaire la garniture.

À La Bonne Étape, on amène les bols devant chaque convive, puis on y verse délicatement le bouillon de safran, d'ail et de sauge très chaud.

Soupe d'épeautre, La Bonne Étape

6 PERSONNES

Pierre et Jany Gleize proposent une de ces merveilleuses soupes au pain traditionnellement servies en Provence.

L'*épeautre* est une variété de blé aux grains bruns souvent utilisée dans les vieilles recettes campagnardes. Du blé ou de l'orge perlée peuvent le remplacer avantageusement.

On y ajoute, les jours de fête, des morceaux de canard sauvage et d'épaisses tranches de saucisse de campagne. En d'autres temps, on utilisait une épaule d'agneau ou un demi-gigot. Parfois, l'épeautre et les légumes sont passés à travers un fin tamis et donnent un bouillon de viande légèrement épais.

175 g d'épeautre (utilisez du blé ou de l'orge perlée)	40 cl de bouillon de canard bien odorant
50 g de pois chiches	1 saucisse *murçon* (saucisse à l'ail cuite)
75 g de potiron (ou de rutabaga ou de navet)	sel et poivre noir du moulin
50 g de carottes	6 cuisses de canard
2 pieds de céleri émincés	huile d'olive
50 g de porc salé coupé en dés	persil plat ciselé

La veille, placez le blé concassé et les pois chiches dans deux saladiers séparés. Couvrez d'eau et laissez tremper une nuit.

Le lendemain, pelez le potiron (ou le rutabaga, ou le navet) et les carottes, coupez-les en gros dés. Émincez le céleri.

Dans une grande cocotte, mettez les légumes préparés, le porc salé, le bouillon de canard, 1 litre d'eau, la saucisse, et portez doucement à ébullition. Salez, poivrez.

Baissez le feu ; écumez le bouillon et laissez mijoter à feu doux, en écumant de temps en temps. Ajoutez un peu plus d'eau ou de bouillon si nécessaire. Ajoutez les cuisses de canard et faites cuire 1 heure de plus.

Servez très chaud, avec un filet d'huile d'olive, et saupoudrez de persil fraîchement ciselé.

Soupes de La Bonne Étape : soupe d'épeautre (à gauche), soupe de potiron (à droite) et consommé à l'ail, à la sauge et à l'œuf poché.

Soupe de potiron, La Bonne Étape

1 gros potiron (3 kg)
150 g de pain rassis (en
   tranches passées au four)
2 gousses d'ail coupées en
   deux
1,5 litre de lait
1,5 litre de crème allégée
sel et poivre noir du moulin

15 cl de concentré et
   bouillon de poulet
noix de muscade
   fraîchement râpée
12 branches de persil
   blanchies (facultatif)
12 feuilles de céleri
   blanchies (facultatif)

PRÉPARATION DU POTIRON

Incisez le potiron en diagonale à 5 cm du sommet en découpant un cône autour de sa queue avec un couteau pointu. Enlevez la calotte, ôtez les graines à l'aide d'une cuillère à soupe et mettez de côté. Ôtez la chair du potiron en veillant à ne pas transpercer l'écorce (elle vous servira de plat de service). Coupez la chair en gros dés.

Frottez d'ail les tranches de pain grillées au four. Dans une grande marmite, mélangez le potiron en dés, le lait, la crème, le concentré de bouillon de poulet, le pain, et assaisonnez bien de sel, de poivre et de noix de muscade. Amenez doucement la soupe à ébullition ; écumez ; faites cuire à couvert 20 minutes à feu moyen, jusqu'à ce que la chair du potiron soit tendre.

Versez le contenu de la marmite dans le bol du mixeur et mixez jusqu'à ce que le mélange soit lisse et crémeux, en ajoutant un peu plus de lait chaud si le mélange est trop épais. Rectifiez l'assaisonnement en ajoutant sel, poivre ou noix de muscade.

Dans l'intervalle, chauffez au four l'écorce du potiron et sa calotte.

PRÉSENTATION

Disposez le potiron évidé sur un grand plat de service ; remplissez-le de soupe de purée de potiron et garnissez-le de persil blanchi grossièrement haché ou de feuilles de céleri. Couvrez avec la calotte et servez immédiatement.

Si le potiron n'est pas stable, posez-le sur un linge de cuisine mouillé.

Soupe au pistou

4 À 6 PERSONNES

450 g de haricots secs
450 g de haricots verts
2 courgettes émincées
4 carottes de taille moyenne
2 pommes de terre en cubes

2 poireaux émincés
2,2 litres d'eau bouillante
sel
poivre noir du moulin
parmesan râpé

SAUCE PISTOU

8 grosses gousses d'ail
8 brins de basilic frais
huile d'olive

8 cuillerées à soupe de
   parmesan râpé

Faites tremper la veille les haricots secs. Coupez les haricots verts en morceaux de 1,5 cm et mettez-les dans l'eau bouillante avec les haricots secs, les courgettes, les carottes, les pommes de terre et les poireaux. Assaisonnez à votre goût de sel et de poivre, et faites cuire rapidement. Quand les légumes sont cuits, ajoutez le pistou et continuez la cuisson 5 minutes. Servez cette soupe copieuse avec du fromage râpé.

PRÉPARATION DU PISTOU

Écrasez les gousses d'ail dans un mortier ; ajoutez le basilic frais et écrasez-le avec l'ail. Ajoutez un verre d'huile d'olive, goutte à goutte, et mélangez bien. Ajoutez ensuite le parmesan râpé et pilez jusqu'à consistance lisse.

Dans l'arrière-pays, les paysans ont toujours travaillé leurs terres,

fait pousser leurs légumes, cultivé leurs vergers et soigné leurs vignobles.

Aussi les cuisiniers de Provence respectent-ils les produits de la terre

et les préparent-ils avec amour.

Un déjeuner provençal
peut se composer
simplement d'une salade
rafraîchissante comme
la salade niçoise : des
quartiers de tomates,
des oignons doux en
tranches, du céleri, des
poivrons verts, du thon
et des anchois baignant
dans une sauce d'huile
d'olive de Provence et
de vinaigre de vin
venant des belles vignes
du Var. Ou encore un
mélange de légumes à
la niçoise : Escoffier
recommande d'associer
des tranches de
pommes de terre
bouillies, des haricots
verts cuits et des
tomates crues en
quartiers.

Les salades provençales

Il existe de nombreuses recettes de salade niçoise en Provence. À l'origine, cette salade était une entrée servie aux alentours de Nice, puis elle est devenue un plat régional que l'on trouve dans tous les villages de Provence. Les menus des plus grands restaurants du monde en proposent des versions raffinées.

À l'origine, il s'agissait d'un mélange de quartiers de tomates, de concombres, de pommes de terre et de haricots verts, avec une sauce à l'huile d'olive, un peu de sel et de poivre fraîchement moulu, et une garniture de filets d'anchois et d'olives noires, mais, depuis, la recette a connu bien des variantes. On ajoute souvent du thon en conserve, d'autres légumes en julienne, du céleri, des artichauts violets, des petites fèves et des herbes fraîches ciselées. La salade niçoise est délicieuse quels que soient les ingrédients qui la composent. Il faut qu'ils soient frais, que la salade soit préparée quelques minutes avant d'être servie et que la sauce soit faite avec de l'huile d'olive extra-vierge. Les meilleures salades niçoises sont celles que l'on prépare pendant les derniers mois de l'été, lorsque les tomates ont vraiment un goût de tomates.

Salade niçoise

4 tomates, épépinées et coupées en quartiers
1/2 oignon d'Espagne en tranches
1 poivron vert émincé
8 radis
2 cœurs de laitue

4 pieds de céleri émincé
1,2 kg de thon en boîte
8 filets d'anchois
2 œufs durs coupés en quatre
8 olives mûres

SAUCE

2 cuillerées à soupe de vinaigre de vin ou jus de citron
sel et poivre noir

6 cuillerées à soupe d'huile d'olive extra-vierge
12 feuilles de basilic frais grossièrement haché

Dans un saladier, mélangez les légumes, et disposez sur le dessus le thon, les anchois et les œufs. Décorez avec les olives. Mélangez la sauce et versez-la sur la salade.

La salade niçoise (en haut à droite), la salade aixoise (en haut à gauche), et une simple frisée aux frottés d'ail, sans les œufs et les anchois qui y sont souvent ajoutés.

101

Salade aixoise

4 À 6 PERSONNES

Cette salade, que l'on sert traditionnellement à Aix-en-Provence, fait honneur à la pure et délicieuse huile d'olive de la région. À Aix et ses environs, elle est une délicieuse alternative à la salade niçoise, plus connue, et on la sert parfois pour accompagner des poissons pochés ou grillés ou des viandes froides rôties.

Pour obtenir un beau contraste de couleurs et de goûts, j'ajoute parfois quelques branches de cresson ou de mâche, ou bien des feuilles ciselées de *radicchio* (laitue rouge) pour introduire une note rouge amère.

4 **pommes de terre, Roseval ou Belle-de-Fontenay**
4 **cœurs d'artichaut frais (ou 6 à 8 cœurs d'artichaut en boîte)**
225 **g de haricots verts très fins, équeutés et effilés**

4 **tomates de taille moyenne, épépinées et en quartiers**
1 **gros poivron vert, coupé en lanières de la taille des haricots**

SAUCE

6 à 8 **cuillerées à soupe d'huile d'olive**
2 à 3 **cuillerées à soupe de vinaigre de vin rouge**
sel et poivre noir du moulin

1 **gousse d'ail finement émincée**
2 **cuillerées à soupe de persil finement ciselé**

GARNITURE

8 à 12 **filets d'anchois, dans leur huile**

8 à 12 **petites olives à l'huile**
feuilles d'estragon

Faites cuire les pommes de terre en robe des champs 15 à 20 minutes et, dans une autre casserole, les cœurs d'artichaut frais jusqu'à ce qu'ils soient tendres. Choisissez des haricots verts très fins. Faites-les cuire 5 à 7 minutes à l'eau bouillante jusqu'à ce qu'ils soient tendres mais encore un peu fermes. Rafraîchissez les légumes sous un filet d'eau froide ; égouttez-les et séchez-les sur un papier absorbant.

Juste avant de servir, pelez les pommes de terre et coupez-les en tranches d'un bon demi-centimètre d'épaisseur. Coupez les artichauts en deux ou en quatre, et mettez-les dans un grand saladier avec les pommes de terre, les tomates, les lanières de poivrons et les haricots.

Mélangez bien tous les ingrédients de la sauce, puis nappez-en la salade et mélangez bien.

Garnissez la salade de filets d'anchois, d'olives et parsemez de feuilles d'estragon. Servez immédiatement.

La salade de mesclun

Le repas provençal traditionnel s'achève par une salade composée de fines feuilles de laitue, de scarole, du vert plus foncé de la romaine, du vert pâle de la frisée et de quelques feuilles poivrées du pissenlit ou de la dent-de-lion, son proche cousin. On ajoute

à ces tendres pousses des brins de cerfeuil, de chicorée sauvage et les feuilles teintées de rouge de la laitue feuille de chêne.

Telle est la fameuse salade provençale appelée *mesclun*. *Mesclun* signifie mélange en provençal : le *mesclun* est un mélange de jeunes pousses de salade ramassées chaque jour par les maraîchers de Provence et immédiatement mises en vente sur les marchés. C'est un plaisir pour l'œil de voir ces petites feuilles aux couleurs brillantes sur les étalages du marché en plein air du vieux Nice.

Roger Vergé, le doyen des restaurateurs de la Côte d'Azur, ajoute à ce mélange de fines feuilles de pourpier et quelques feuilles poivrées de capucine et de roquette qu'il cultive dans le jardin de son restaurant, Le Moulin de Mougins, derrière Cannes. Le *mesclun* est une spécialité pour Pierre et Jany Gleize de La Bonne Étape. Chaque jour, avant le déjeuner et avant le dîner, on peut les voir dans le jardin derrière l'hôtel, cueillant des jeunes pousses pour accompagner une salade de cèpes frais ou une belle tranche de terrine d'agneau des collines voisines de Sisteron.

Ce sont ces chefs qui m'ont appris que les jeunes pousses de mesclun étaient fragiles et ne devaient pas être trop assaisonnées ni trop remuées dans la sauce. Juste une pincée de sel, la meilleure huile d'olive que vous pouvez trouver, voilà qui suffit à mettre en valeur les arômes de ces feuilles délicates sur lesquelles vous pouvez parfois donner un petit tour de moulin à poivre. Pas de vinaigre acide, et aucune goutte de jus de citron.

Le mesclun que nous trouvons maintenant dans les supermarchés est, en général, un simple mélange de feuilles de scarole, de frisée et de trévise et d'autres salades arrivées à croissance avec parfois un petit peu de cerfeuil si vous avez de la chance, mais cela n'a rien à voir avec le vrai mesclun de Provence.

Il y a des années, à Hintlesham Hall, j'ai fait pousser du mesclun dans le potager que j'avais créé : de fines feuilles vert foncé de romaine, de tendres pousses plus claires de frisée, des brins entiers de cerfeuil, le vert du basilic et de l'estragon, des bouquets de pourpier, de la roquette et de la mâche. Je l'appelais *salade aux neuf herbes de Hintlesham*, mais c'était bien du mesclun : fraîchement ramassé, plein de saveur… et pour la Grande-Bretagne, à cette époque, une véritable révolution.

Salade de mesclun aux foies de volaille

4 PERSONNES

100 g de salade *mesclun* fraîche (mélange de pousses de salades)

4 foies de poulet ou de canard

2 cèpes en tranches

(ou autres champignons sauvages)

2 cuillerées à soupe d'huile d'olive

sel et poivre noir du moulin

SAUCE VINAIGRETTE À L'AIL

6 cuillerées à soupe d'huile d'olive extra-vierge

2 cuillerées à soupe de vinaigre de vin rouge

1 petite gousse d'ail finement hachée

1 à 2 cuillerées à café de chacune des herbes suivantes finement ciselées : persil, basilic, estragon

sel et poivre noir du moulin

PRÉPARATION DE LA SALADE

Lavez et séchez la salade, en ôtant toutes les feuilles écrasées ou abîmées. Disposez les feuilles dans un saladier et réservez au froid.

SAUCE VINAIGRETTE

Dans un petit saladier, mélangez bien l'huile d'olive, le vinaigre de vin rouge, l'ail et les herbes finement hachées. Assaisonnez à votre goût de sel et de poivre. Réservez.

AU MOMENT DE SERVIR

Faites sauter les foies de poulet ou de canard dans l'huile d'olive jusqu'à ce qu'ils raidissent. Salez, poivrez. À l'aide d'une écumoire, enlevez les foies de la poêle. Coupez-les en tranches minces et mettez-les avec les jus dans un petit saladier.

Faites brunir 1 minute ou 2 les champignons en tranches dans la même poêle, en remuant. Ajoutez les foies de poulet.

PRÉSENTATION

Versez la moitié de la vinaigrette sur les feuilles de salade et mélangez délicatement la salade. Versez la sauce restante sur les foies de poulet chaud et les champignons, disposez-les sur la salade et servez immédiatement.

Salade de mesclun, servie à la provençale avec des gésiers de poulet ou de canard.

Salade niçoise aux pommes de terre

4 À 6 PERSONNES

900 g de pommes de terre

6 à 8 cuillerées à soupe d'huile d'olive

6 à 8 cuillerées à soupe de vin blanc sec ou de consommé de bœuf

2 à 3 cuillerées à soupe de vinaigre de vin

filets d'anchois

4 cuillerées à soupe d'échalotes finement hachées

2 cuillerées à soupe de persil finement ciselé

sel et poivre noir du moulin

olives noires

tranches de tomates

Faites cuire les pommes de terre en robe des champs. Pelez-les et coupez-les en tranches épaisses. Tant qu'elles sont encore chaudes, nappez-les de la marinade d'huile d'olive, de vin blanc (ou de consommé de bœuf) et de vinaigre de vin. Ajoutez les échalotes et le persil ; assaisonnez et poivrez.

Décorez en disposant les anchois en croisillons, mettez une olive noire au centre de chacun des carrés et, en garniture, disposez les tranches de tomate autour.

Salade frisée aux frottés d'ail

4 À 6 PERSONNES

1/2 pain blanc

2 à 4 gousses d'ail

gros sel

8 à 12 filets d'anchois à l'huile

huile d'olive extra-vierge

2 cuillerées à soupe de vinaigre de vin rouge

1/2 cuillerée à café de moutarde de Dijon

sel et poivre noir du moulin

1 à 1 1/2 cœur de chicorée frisée (les petites feuilles intérieures, lavées et séchées)

4 œufs durs coupés en deux dans le sens de la longueur

petites olives noires à l'huile

Coupez le pain en 8 à 12 tranches fines. Passez-les au four puis frottez-les des deux côtés avec une gousse d'ail ; arrosez d'huile d'olive et de gros sel (c'est le sel de mer qui convient le mieux à cause de sa texture légèrement humide et sentant la mer). Disposez un filet d'anchois sur chaque tranche.

Dans un grand saladier, préparez une sauce relevée avec 6 à 8 cuillerées à soupe d'huile d'olive, 2 cuillerées à soupe de vinaigre de vin rouge, 1 demi-cuillerée à café de moutarde de Dijon, l'ail finement haché, le sel et le poivre à votre convenance.

Ajoutez les feuilles de chicorée frisée et remuez bien jusqu'à ce que chacune soit imprégnée de sauce. Pour garnir, disposez les frottés d'ail, les œufs durs coupés en deux. Parsemez d'olives noires.

Salade de pommes de terre à la provençale

4 À 6 PERSONNES

- 450 g de pommes de terre nouvelles lavées
- 8 cuillerées à soupe de vin blanc sec
- 1 petit poivron vert, épépiné et émincé
- 3 tomates, pelées, épépinées, coupées en quatre
- 75 g d'olives noires dénoyautées
- 2 cuillerées à soupe de vinaigre de vin
- 2 échalotes finement émincées
- 1 cuillerée à café de ciboule hachée
- 2 gousses d'ail, finement hachées
- 50 g de filets d'anchois en boîte, égouttés
- sel et poivre noir du moulin

Dans une casserole d'eau bouillante salée, faites cuire 10 minutes les pommes de terre en robe des champs ; elles doivent être tendres, mais encore fermes. Égouttez-les rapidement ; en les prenant dans un torchon, pelez-les et mettez-les dans un saladier.

Dans une autre casserole, amenez le vin à ébullition, et ajoutez les pommes de terre. Assaisonnez de sel et de poivre noir et laissez le tout refroidir en remuant de temps en temps. Ajoutez le poivron émincé, les tomates pelées épépinées et en quartiers, les olives noires dénoyautées, le vinaigre de vin, les échalotes finement hachées, la ciboule et l'ail. Remuez bien, assaisonnez de sel et de poivre. Dressez l'ensemble en dôme dans un plat de service creux.

Détaillez chaque filet d'anchois en 3 tranches fines que vous disposerez en croisillons sur le dessus de la salade.

Les petites salades de tomates à la provençale

Ces petites entrées appétissantes sont réalisées à partir de tomates découpées et disposées en forme d'étoiles ou de fleurs. On les coupe en 6 ou 8 quartiers et on les ouvre. On les utilise comme base de salades, préparées avec des restes de riz, de lentilles, de thon ou d'olives noires, et des tranches d'orange, mouillés de sauce à l'ail et aux herbes.

SALADE DE TOMATES AU RIZ DE CAMARGUE

Coupez (par personne) une grosse tomate mûre en quartiers minces pour former une « étoile » ou une « fleur », en prenant garde de ne pas couper la base de la tomate.

Mettez les tomates sur des assiettes à salade froide. Garnissez chaque assiette de 5 feuilles de petite laitue et arrosez-les de 3 à 4 cuillerées à soupe de reste de

riz cuit mélangé d'une sauce à l'ail et aux herbes. Garnissez d'olives noires.

SALADE DE TOMATES AUX MIETTES DE THON

Préparez les tomates en « étoile » comme ci-dessus. Garnissez chaque assiette de petites feuilles de laitue et parsemez de thon en conserve émietté et de riz assaisonné avec une sauce provençale aux herbes.

SALADE DE TOMATES AUX OLIVES

Préparez les tomates en « étoile » comme ci-dessus. Garnissez chaque assiette de feuilles de laitue. Parsemez d'olives noires et de tranches d'orange. Assaisonnez avec une sauce provençale aux herbes.

Salade de berger

4 PERSONNES

Cette salade est un petit chef-d'œuvre lorsqu'on la cuisine avec des herbes dans les braises d'un feu de broussailles en plein air (ou même sur un barcecue).

Si vous préparez la salade sur un gril à gaz ou électrique, détaillez les légumes avant de les faire cuire ; badigeonnez-les d'huile d'olive et faites-les revenir jusqu'à ce qu'ils soient tendres et aient bien pris couleur.

2 longues aubergines	tranches de pain de
4 longs piments verts	campagne frais
4 belles tomates	huile d'olive
4 oignons d'Espagne	sel et poivre noir
vin blanc sec (ou de l'eau)	feuilles de basilic frais

Faites un feu de broussailles dans un barbecue ou un foyer extérieur ; lorsque le feu est tombé, parsemez-le de brins de sarriette, de romarin et de thym séchés. Mettez les légumes, non pelés, directement sur les braises. Tournez-les de temps en temps avec une brochette jusqu'à ce que les peaux noircissent. Retirez les légumes des braises quand ils sont carbonisés et cuits. Mettez-les dans un sac de plastique et enlevez — à travers le plastique — les peaux carbonisées.

Éliminez toute trace de noir des légumes en les rinçant avec un peu de vin blanc sec (il ajoutera de la saveur) ou de l'eau ; détaillez les légumes en lanières et étendez-les sur les tranches de pain frais que vous aurez fait griller sur les braises. Arrosez d'un peu d'huile d'olive, de sel et de poivre. Des feuilles de basilic frais donneront une note colorée.

De l'huile d'olive et du sel suffisent à assaisonner une simple salade de tomates.

Artichauts à la barigoule

2 PERSONNES

La *barigoule* est le nom provençal d'un champignon comestible. C'est sans doute le rapprochement entre le chapeau retroussé de la barigoule et un artichaut ouvert attendant d'être farci qui a donné son nom à ce fameux plat d'artichauts, ou bien ce nom veut-il dire que les artichauts comme les champignons sont cuits à la manière provençale ?

2 gros artichauts	1 carotte hachée finement
4 cuillerées à soupe d'huile d'olive	1 bouquet garni (1 brin de persil, 1 brin de thym, 1 petite feuille de laurier)
50 g de bacon maigre en lanières	
50 g de jambon maigre en minces lanières	3 cuillerées à soupe de vin blanc sec
2 cuillerées à soupe rases de persil finement haché	6 à 8 cuillerées à soupe de bouillon de poulet
1 oignon de taille moyenne finement émincé	sel
	poivre noir du moulin

Choisissez une casserole assez grande pour contenir les artichauts côte à côte ; remplissez-la à mi-hauteur d'eau salée et mettez-la sur feu doux.

Cassez les queues et coupez les extrémités des feuilles extérieures. Ôtez les feuilles violettes immangeables, et enlevez le foin avec un couteau, en prenant garde qu'il n'en reste pas. Rincez bien sous l'eau froide du robinet.

Quand l'eau arrive à ébullition, plongez-y les artichauts tête la première. Faites reprendre l'ébullition 15 à 20 minutes (selon la taille et la quantité), jusqu'à ce qu'ils soient tendres quand vous enfoncez un couteau dans leur base. Enlevez-les de la cocotte et égouttez dans une passoire, tête en bas.

Dans un poêlon, faites chauffer la moitié de l'huile d'olive et faites-y sauter et légèrement dorer le bacon et le jambon en lanières. Parsemez de persil et assaisonnez à votre goût de sel et de poivre noir du moulin.

Mettez à chauffer l'huile qui reste dans une cocotte assez grande pour que les artichauts puissent y tenir côte à côte, et faites revenir oignon et carotte jusqu'à ce qu'ils soient souples et dorés. Ajoutez le bouquet garni, assaisonnez à votre goût et mouillez de vin blanc sec. Laissez mijoter 5 minutes.

Préchauffez le four à 180 °C.

Coupez les artichauts en deux, farcissez-les avec la préparation de bacon et de jambon (duxelles) et posez-les dans la cocotte sur le lit de légumes. Laissez mijoter à découvert 10 à 15 minutes jusqu'à réduction presque complète du liquide.

Ajoutez 4 cuillerées à soupe de bouillon de poulet ; couvrez bien et mettez au four. Faites cuire 30 minutes en arrosant souvent.

Soulevez délicatement les artichauts avec une écumoire et posez-les sur un plat de service chauffé. Nappez de jus de cuisson et des légumes cuits.

Artichauts à la nîmoise

4 PERSONNES

8 petits artichauts tendres
ou 4 artichauts bretons
2 gros oignons d'Espagne
2 gousses d'ail finement
émincé
4 cuillerées à soupe d'huile
d'olive
4 cuillerées à soupe de
beurre
100 g de feuilles d'épinards
finement ciselées
100 g d'oseille finement
ciselée
4 cuillerées à soupe de
persil finement haché
2 cuillerées à soupe
d'estragon finement haché

Parez les artichauts comme dans la recette précédente. Faites-les cuire à l'eau bouillante salée 20 minutes jusqu'à ce qu'ils soient tendres. Égouttez.

Pendant ce temps, faites revenir les oignons et l'ail dans l'huile d'olive jusqu'à ce qu'ils soient translucides. Ajoutez le beurre, les feuilles d'épinards et d'oseille finement ciselées et continuez la cuisson, en remuant, jusqu'à ce que la sauce soit verte.

Coupez les artichauts en deux et faites-les chauffer dans la sauce, en les nappant de sauce. Saupoudrez de persil et d'estragon hachés, et servez immédiatement.

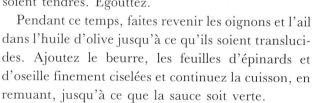

Artichauts à la barigoule.

ESCALE

Chez Bruno

La Campagne Mariette, Lorgues

Les touristes qui, en Provence, ne fréquentent que les restaurants affichant de nombreuses étoiles risquent de passer à côté d'une cuisine extrêmement inventive. Ils ne se seraient sûrement pas arrêtés comme je le fis avec un ami sur la route allant des Arcs à Lorgues à la vue d'un panneau ovale indiquant simplement « Chez Bruno ». La route passe sur un chemin non goudronné entre quelques fermes, et mène jusqu'à une maison perchée à mi-colline. Cette première visite impromptue me convainquit que le jeu en valait la chandelle : nous fîmes là un de ces festins inattendus dont on se souvient pendant des années. C'est sans doute un des meilleurs restaurants de la région, et il mérite qu'on fasse un détour depuis Saint-Tropez, Cannes, Nice ou Monte-Carlo.

Dans la région, Bruno Clément a acquis en quelques années une excellente réputation. Son restaurant, installé dans la maison de sa grand-mère, est tout proche de son lieu de naissance. C'est une ferme provençale, aménagée avec goût dans des tons de blanc cassé, miel et pierre, remplie de meubles anciens provençaux que Bruno et sa femme Nicole recherchent avec passion dans toute la région. La salle du restaurant s'ouvre sur une terrasse où, pendant les mois d'été, on mange à l'abri d'une marquise.

La cuisine de Bruno est merveilleuse : vieux meubles en bois d'olivier, surfaces de travail en marbre, éclairage très étudié. De plus, il dispose dans l'arrière-cuisine d'un espace parfait pour la pâtisserie.

Bruno travaille seul dans sa cuisine spacieuse avec quelques jeunes apprentis. Beaucoup de restaurants trois étoiles ont en cuisine un chef secondé par une troupe de cuisiniers et d'apprentis. Bruno est en fait un homme-orchestre, et c'est ce qu'il aime. Sa nature s'accommode bien du travail presque solitaire, avec seulement deux ou trois assistants sérieux et attentifs.

CI-DESSOUS Chez Bruno. Gibier et conserves. Il privilégie l'utilisation des produits sauvages de la campagne : truffes, asperges, champignons et gibier.

CI-DESSOUS, À DROITE Une jeune assistante prépare des cèpes pour une des spécialités de Bruno.

Nicole sert d'hôtesse et de maître d'hôtel, et une jeune fille aide au service.

Bruno n'agrandira jamais son restaurant, c'est un perfectionniste et aucun chef ne peut correspondre à ses désirs. Il pourrait augmenter ses prix, mais il ne le fait pas. Il est renommé pour l'utilisation de truffes noires fraîches, de champignons sauvages de la région pour accompagner le gibier et d'asperges sauvages. Il n'y a pas de menu écrit chez Bruno. Pas de carte

des vins. Seulement ce qu'il choisit de servir ce jour-là : trois plats superbes et un dessert qui semble sortir tout droit des pages de l'album de famille d'une cuisine bourgeoise du dix-neuvième siècle.

Parfois, le soir, il n'y a que onze clients dans la salle de restaurant. Il peut pourtant en accueillir quarante,

PAGES SUIVANTES La salle à manger de Chez Bruno décorée dans des tons de blanc cassé et de miel. Le mobilier et les objets anciens forment un cadre élégant pour la cuisine éclectique de Bruno Clément.

et vingt de plus dans une salle annexe. Le plus souvent, il cuisine pour trente ou quarante personnes.

Chez Bruno, le dîner est un rituel. Tout d'abord, il vient à votre table vous présenter le menu du soir. Puis il revient quand vous avez commencé à manger et s'inquiète de vos réactions, avant de disparaître à nouveau dans la cuisine pour préparer le plat suivant.

Si vous l'interrogez sur ce qu'il préfère manger, il vous répondra sans doute que c'est une assiette de lentilles vertes mijotées avec de petites carottes et de petits oignons blancs, couronnée, selon sa manière, d'une belle tranche de foie d'oie frais, sautée quelques secondes dans du beurre, servie légèrement croustillante et colorée par le jus de cuisson à l'extérieur, mais rose et tendre à l'intérieur.

Bruno a servi ce plat lors d'une rencontre des meilleurs chefs de la Côte au château de Vignelaure à Rians. Alain Ducasse, maître-chef du restaurant Louis XV à l'Hôtel de Paris de Monte-Carlo et un des meilleurs chefs de France, a déclaré après l'avoir goûté que Bruno était un alchimiste des saveurs. Ce plat qui est devenu un classique, alliant la finesse d'un foie gras frais avec le goût relevé des lentilles, est un exemple de cet heureux contraste des textures et des saveurs qu'est son art de la cuisine.

Bruno prépare la plupart de ses plats au milieu de la cuisine sur une longue table de travail d'environ 6 mètres. Elle est si merveilleusement conçue, avec ses gorges profondes pour les couteaux, les fouets, passoires, moules à pâtisserie, qu'il est évident qu'il l'a dessinée.

Un des murs de la cuisine est entièrement occupé par une desserte provençale sur laquelle il dispose les ingrédients nécessaires : conserves de citrons et de mandarines ; truffes noires et épices, noisettes et avelines, olives préparées spécialement pour lui.

Bruno, dans sa cuisine, est une image parfaite du colosse au travail : il remue dans une poêle les petits morceaux d'asperges sauvages dans du beurre chaud ; puis il ajoute sel, poivre et crème et il fouette sur feu vif jusqu'à émulsion. Il verse la préparation sur un plat chauffé, le couronne de cinq belles asperges pochées, fait chauffer dans une autre poêle le beurre jusqu'à ce qu'il grésille, coupe une généreuse tranche de foie gras frais, la cuit une seconde, la retourne

et, tandis qu'elle cuit encore dans le beurre, va à la table centrale et en nappe les asperges. C'est un plat simple à faire mais qui est remarquable par son goût et sa texture : un vrai morceau de choix.

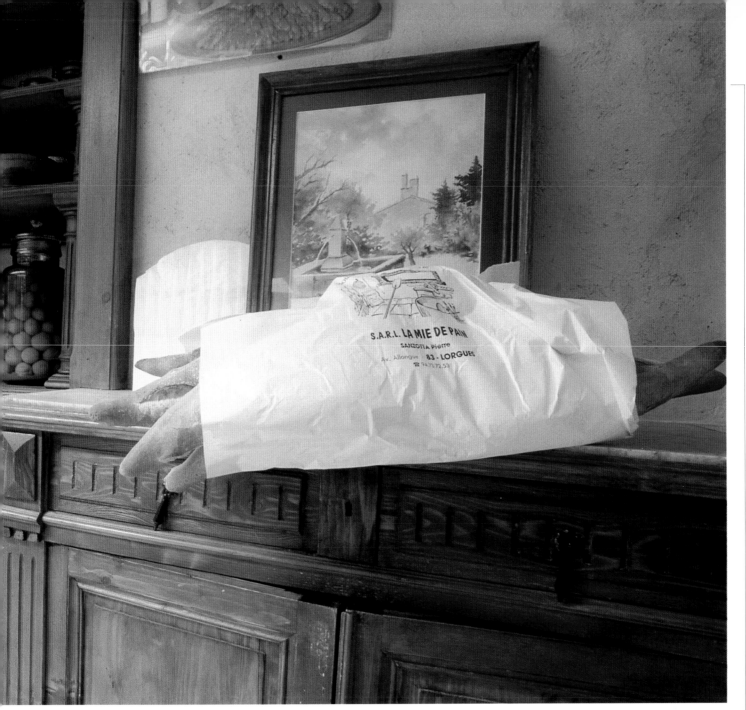

Asperges vertes de pays à la mousseline d'asperges sauvages des oliviers et aux morilles sauvages

4 PERSONNES

450 g d'asperges vertes	23 cl de crème fleurette
12 têtes d'asperge sauvage	6 petites morilles coupées
1 cuillerée à soupe d'huile	en deux (utilisez des
d'olive	morilles séchées à défaut
4 cuillerées à soupe de beurre	de fraîches)

Parez les asperges sauvages et coupez-les en deux. Pochez 6 à 8 minutes les moitiés supérieures dans l'eau bouillante, jusqu'à ce qu'elles soient juste tendres. Enlevez-les du feu, égouttez-les, mettez-les dans un saladier d'eau glacée. Égouttez-les à nouveau.

La belle cuisine d'un homme qui sait ce qu'il veut.

Coupez les asperges vertes en petits morceaux et faites-les revenir dans l'huile d'olive et dans 2 cuillerées à soupe de beurre jusqu'à ce qu'elles soient tendres.

Ajoutez à la poêle le beurre restant ; lorsqu'il est bien fondu, ajoutez la crème fleurette et faites cuire à feu vif, en remuant constamment jusqu'à consistance épaisse et lisse. Ajoutez les asperges sauvages sautées, les demi-morilles et continuez la cuisson jusqu'à ce que l'ensemble soit bien chaud.

PRÉSENTATION

Disposez les têtes d'asperge (5-6 par personnes) sur des assiettes chauffées. Nappez de mousseline d'asperges sauvages et de champignons, et servez immédiatement.

Lapin, ou râble de lièvre, sauce poivrade, Chez Bruno

4 PERSONNES

1 lapin et demi découpé	perforer la peau)
(ou un râble de lièvre,	sel et poivre du moulin
désossé par le boucher	herbes de Provence séchées
à partir des côtes sans	

La sauce poivrade à base de poivre (voir page 26) est traditionnellement utilisée en Provence pour apprêter le gibier, ou pour relever d'une saveur de gibier un rôti d'agneau ou de bœuf. Cette marinade à base de vin est particulièrement adaptée pour le gibier, le lapin, le perdreau, le faisan ou le chevreuil. La superbe recette de marinade de Bruno est préparée avec deux bouteilles de cabernet-sauvignon rouge, réduites au quart pour donner une sauce délicieuse et hautement colorée.

Râble de lièvre, sauce poivrade, Chez Bruno.

La farce de Bruno pour le lapin ou le lièvre

Bruno prépare une farce pour le lièvre, raffinée mais un peu onéreuse, je le crains ; il utilise du veau et du travers de porc haché, des truffes noires en dés, du foie gras, et assaisonne le tout d'herbes de Provence sèches ou d'une poudre aromatique semblable à celle présentée en page 18. On peut plus simplement farcir le râble de veau et de poitrine de porc hachés, assaisonner de sel, de poivre du moulin, d'herbes séchées de Provence, et laisser l'étonnante et intense saveur de la sauce poivrade de Bruno faire le reste.

450 g de veau haché	200 g de foie gras
400 g de travers haché de	(facultatif)
porc	herbes sèches de Provence
150 g de truffes noires en	(ou poudre aromatique,
dés (facultatif)	page 18)
bouillon de veau	

PRÉPARATION DU LAPIN

Mettez les morceaux du lapin (ou le râble désossé du lièvre) sur une feuille de film transparent. Assaisonnez bien de sel, de poivre noir du moulin et d'herbes sèches de Provence.

Si vous utilisez du lièvre et voulez le farcir avec la farce spéciale de Bruno, préparez la farce en mélangeant le veau et le travers de porc hachés avec les truffes en dés et le foie gras. Assaisonnez de sel, de poivre noir du moulin et des herbes séchées de Provence

(ou de poudre aromatique), et farcissez le lièvre avec cette préparation savoureuse.

Donnez une forme de rôti en refermant les côtés du râble sur la farce. Maintenez-le bien fermé et ficelez-le comme un rôti.

CUISSON DU RÂBLE DE LIÈVRE FARCI

Mettez le lièvre dans une grande cocotte ; couvrez avec le bouillon de veau et amenez à couvert à ébullition sur feu doux. Laissez cuire le lièvre à couvert 1 heure et demie.

CUISSON DU LAPIN OU DU LIÈVRE SANS FARCE

Assaisonnez généreusement les morceaux de lapin (ou le râble de lièvre) de sel, de poivre noir et des herbes de Provence séchées ; enveloppez-les dans le film transparent, fermez bien et faites pocher dans le bouillon de veau 1 heure et demie.

PRÉSENTATION

Sortez la viande de la cocotte ; ôtez la ficelle. Détaillez le lièvre en tranches ou dressez les morceaux de lapin sur un plat de service chauffé. Nappez le lapin ou le lièvre de sauce chaude (voir page ci-contre) et servez immédiatement.

Sauce poivrade
au cabernet-sauvignon

Os et abats de lapin, de lièvre ou de chevreuil	1 bouquet garni (persil, thym, feuille de laurier, vert de poireau)
4 cuillerées à soupe d'huile d'arachide	24 baies de genièvre
4 gousses d'ail écrasées	4 clous de girofle
1 cuillerée à café de thym sec	2 bouteilles de cabernet-sauvignon rouge, ou une bouteille de vin rouge de Provence corsé
2 feuilles de laurier	
4 carottes	
2 oignons	bouillon de veau ou de bœuf
10 échalotes	
3 pieds de céleri	50 g de beurre coupé en petits cubes
1 poireau	
24 grains de poivre noir	

Tranchez grossièrement les os et les abats. Dans une grande cocotte, faites sauter les os dans l'huile d'arachide avec l'ail, le thym et les feuilles de laurier. Ajoutez les carottes, les oignons, les échalotes, le céleri, le poireau, le bouquet garni et les épices, et faites cuire 20 minutes à feu moyen, en remuant de temps en temps.

Ajoutez le vin rouge ; amenez à ébullition ; écumez le liquide et faites cuire à feu vif 30 minutes jusqu'à réduction des trois quarts.

Ajoutez le bouillon de veau ou de bœuf pour couvrir les os et les aromates. Laissez cuire 2 minutes pour que les saveurs se mélangent. Puis passez la préparation à travers un tamis fin dans une cocotte propre ; remettez sur le feu et faites réduire jusqu'à obtention de la consistance désirée. Réservez jusqu'à utilisation.

Au moment de servir, amenez de nouveau la sauce à ébullition. Ôtez-la du feu et incorporez le beurre au fouet, morceau par morceau.

Préchauffez le four à 190 °C.

PRÉPARATION DES CARRÉS AUX POMMES

Posez les carrés de pâte sur une plaque à pâtisserie ; piquez-les à la fourchette et faites-les cuire 5 minutes au four préchauffé. Enlevez du four et, si la pâte a trop levé pendant la cuisson, aplatissez-la doucement avec une spatule. Laissez-la refroidir.

PRÉPARATION DU MÉLANGE AUX POMMES

Faites revenir les tranches de pomme dans le beurre et le sucre jusqu'à ce qu'elles commencent à prendre couleur. Enlevez du feu et laissez refroidir.

CUISSON DES CARRÉS AUX POMMES

Nappez chaque carré de pâte cuit à blanc d'une couche de pommes sautées ; remettez au four préchauffé et faites-les cuire 20 minutes jusqu'à ce que les pommes soient croustillantes et dorées.

PRÉPARATION DU CARAMEL CHAUD

Faites fondre le beurre à feu doux dans une petite casserole en remuant sans arrêt avec une cuillère en bois. Quand le beurre a fondu (et avant qu'il ne change de couleur), incorporez le sucre en continuant à remuer à feu doux jusqu'à ce que le caramel prenne une riche couleur.

Enlevez la casserole du feu et incorporez-y délicatement la crème fleurette en remuant la préparation sans arrêt jusqu'à homogénéisation. Remettez sur feu doux 5 minutes de plus en remuant sans arrêt.

PRÉSENSATION

Dressez chaque carré aux pommes sur une assiette à dessert chauffée, nappez de sauce au caramel chaud, couronnez d'une boule de crème glacée à la vanille et servez immédiatement.

Gourmandise de Mémé Mariette
au caramel

4 PERSONNES

4 carrés de pâte feuilletée, de 12 cm chacun	2 pommes Granny Smith pelées, vidées et en tranches fines
4 cuillerées à café de beurre fondu	2 cuillerées de sucre

CARAMEL

100 g de beurre	50 cl de crème fleurette
150 g de sucre en poudre	

Glace minute

ENVIRON 1/2 LITRE

20 cl de lait	1 gousse de vanille brisée
30 cl de crème fleurette	4 jaunes d'œufs
75 g de sucre en poudre	

Amenez à ébullition le lait, la crème fleurette, le sucre et la gousse de vanille, en remuant sans arrêt. Enlevez du feu et incorporez au fouet les jaunes d'œufs, un à un. Passez la préparation au tamis, versez-la dans une sorbetière et mettez-la au congélateur.

5 Les villages

VIANDE, VOLAILLE ET GIBIER

Si vous étudiez attentivement la carte du sud de la France, en suivant les chaînes de montagnes qui s'arquent au-dessus de Saint-Tropez et de Fréjus, vous découvrirez une multitude de petits villages à flanc de collines, nichés sur les contreforts de la Haute-Provence : Callian, Fayence et Seillans sont de ravissants villages blottis dans les collines entre Draguignan et Grasse. Plus loin, vers l'est, au-delà de Cannes, il y a Mougins et Peillon. À l'ouest, en remontant vers le Luberon, vous verrez sur la carte des noms magiques : Bonnieux, Lacoste, Ménerbes et Oppède-le-Vieux. Il faut aller visiter ces villages haut perchés sur leurs pics. Vous y rencontrerez la Provence éternelle. Les oliviers argentés y émaillent les collines arides, les vignes noires et blanches et les vergers plantés de pruniers, d'abricotiers et d'amandiers dessinent le rythme des vallées. C'est aujourd'hui un pays riche qui semble promettre une vie insouciante et des plaisirs hédonistes, autour d'un verre de rosé glacé et d'une assiette de délicieuses petites olives noires ratatinées, baignées dans des herbes hachées et un soupçon d'huile d'olive extra-vierge, l'une des fiertés de la Provence. Pas besoin d'être riche pour avoir ce qu'il y a de mieux en Provence.

Imaginons que vous possédiez une petite maison au milieu des vignes, à la lisière d'un de ces charmants villages de l'arrière-pays, comme Cotignac ou Sillans-la-Cascade. Elle aurait une terrasse bien sûr, à demi abritée sous une treille, pour les déjeuner tranquilles en plein air. Ce serait merveilleux si la maison s'ouvrait sur la mer ou vers la citadelle d'un village voisin. Lors de mon dernier

du ciel

séjour en Haute-Provence, je suis tombé amoureux de la plaine qui s'allonge au pied de Lacoste, dominé par l'architecture grise et dépouillée du château du XIᵉ siècle. Ici, je le savais, je pourrais avoir le temps de préparer une daube de bœuf cuite pendant cinq heures dans les cendres de la cheminée comme autrefois en Camargue, avec sa sauce riche, sombre, parfumée au vin rouge de Lirac et aux herbes des garrigues, à l'ail et au zeste d'orange séché (qui lui donne une senteur orientale), et sa viande si fondante qu'on peut la couper à la cuillère. Je pourrais aussi cuisiner le gigot de sept heures du célèbre médecin de Marseille, ou encore le train de lièvre rôti, mariné douze heures (marinade de râble de lièvre servie avec une sauce piquante au vin rouge), qu'on trouve dans le livre de cuisine de Marius Morard, chef au Palace Hôtel de la Réserve (ainsi nommé à cause de son vivier à homards), près de Marseille.

Tandis que je traversais le paysage pluvieux et noyé de brume du Luberon, je faisais l'inventaire des saveurs que je pourrais célébrer : *lous crous*, ces raviolis provençaux (un héritage des Romains), accompagnement traditionnel de la daube — un grand plat de terre cuite de raviolis farcis de blettes, d'épinards, d'oseille, de basilic et de cerfeuil, nappé des trois fromages râpés de frais, qui évoquent la Provence même s'ils y sont importés : le gruyère, le hollande et le parmesan. Et je me rappelais aussi le goût amer et piquant du *mesclun*, la salade récoltée par les bergers dans les collines. Tout comme le berger arabe aujourd'hui emporte avec lui des petits sacs de papier froissés pleins de sel, de cumin, de thé vert et de gros morceaux de sucre concassé, le berger provençal glissait dans sa besace une tomate, un petit morceau de fromage de chèvre, une petite bouteille à bouchon de liège contenant son huile d'olive, et une miche de pain ronde et fraîche. C'est là l'ancêtre direct du parfait déjeuner provençal : une tomate en tranches ramassée de frais au potager, une salade d'herbes mélangées arrosée d'huile d'olive, un morceau de fromage de chèvre et un morceau de pain cuit à la maison, le tout arrosé d'un ou deux verres de vin bien frais.

Des plaisirs de ce genre sont vieux comme le monde. Le propriétaire d'un caïque grec devait en avoir l'expérience, tout comme le légionnaire romain ou le potier italien de Salerne, au XIXᵉ siècle. Ces nourritures simples et joyeuses sont aussi naturelles en Provence aujourd'hui qu'avant la naissance du Christ.

Dans les collines au-delà de la Côte, vous rencontrerez la Provence traditionnelle. Autrefois, les bergers provençaux emportaient dans leur besace une tomate, un petit morceau de fromage de chèvre, une bouteille à bouchon de liège remplie de leur propre huile d'olive et une miche de pain croustillant : le parfait repas provençal.

Les produits de la basse-cour et des forêts

Les petits villages de l'arrière-pays n'étaient pas, jusqu'à ces dernières années, très bien ravitaillés en viandes et poissons. Ils devaient, le plus souvent, se contenter d'une tournée hebdomadaire du boucher et du poissonnier. La basse-cour et la chasse fournissaient les compléments indispensables au maigre régime de la région. La Provence a longtemps été pauvre, brûlée par un soleil torride pendant les mois d'été et assaillie par le mistral froid durant l'hiver.

Le régime alimentaire des habitants — mis à part les produits cultivés par les petits propriétaires des alentours — ne variait pas beaucoup pour ceux qui ne pouvaient pas ou ne voulaient pas ramasser les herbes fraîches des collines et récolter les champignons sauvages ou les truffes dans les garrigues et les forêts de chênes.

Les hommes prenaient du temps sur le travail à la ferme, à la boutique de village ou au bureau pour chasser les lapins et les lièvres, les rares gibiers à plume, ou les petites grives sauvages aujourd'hui protégées par la loi, bien qu'on en trouve encore une dans le délicieux pâté parfumé au laurier, au thym et au genièvre.

Les petits cafés-restaurants dans les villages comme Grimaud ou Ramatuelle s'enorgueillissent toujours de

Dans les villages des collines, les petits cafés-restaurants s'enorgueillissent toujours de terrines maison ou de civets de lièvre, de lapin ou, parfois, de sanglier.

terrines maison à base de lapin de garenne ou de lièvre, ou peut-être d'un civet (un ragoût de lapin ou de lièvre à l'ancienne, ou de porcelet, avec une sauce longuement mitonnée, épaissie au dernier moment par le sang de l'animal assaisonné d'un peu de vinaigre). On trouve encore des sangliers dans les forêts de chênes et, de temps en temps, les familles de certains chasseurs se délectent de délicieuses côtelettes de marcassin ou d'une selle de sanglier cuite avec des truffes noires.

Les cuisiniers provençaux savent préparer de manière délicieuse les abats et les « bas morceaux » — les pieds et paquets par exemple, ces tendres petits paquets à base de tripes de mouton enveloppés dans le gras-double, cuits avec des pieds d'agneau dans une sauce au vin blanc et aux aromates ; ou encore, la *caille*, une sorte de « haggis » à base de foie haché et de tripes, épicée comme du gibier et enveloppée dans une crépine avant d'être cuite dans un bouillon léger. Servie chaude, la caille est délicieuse lors d'un souper campagnard. On la sert parfois froide, en guise de hors-d'œuvre, dans certains restaurants provençaux élégants comme La Bonne Auberge à Antibes. La *fressure* est assez proche (sans doute d'origine arabe puisqu'on en rencontre une variante au Maroc). C'est un ragoût de foie, de cœur, de mou et de tripes de porc cuits dans une sauce pimentée, très aromatisée aux herbes et aux épices.

Récemment, j'ai voyagé plusieurs semaines en Provence avec des amis photographes, et nous nous sommes régalés dans les petits villages à l'écart de la Côte, faisant étape dans les meilleurs hôtels de la région, de La Bonne Étape à Château-Arnoux au charmant hôtel-restaurant de La Valmoraine, près des Baux, et séjournant un mois dans une petite bastide dominant la vallée près de Saint-Antonin-du-Var, un petit village perdu dans les montagnes.

Lorsque nous ne faisions pas nos délices de grands plats de poissons méditerranéens mijotés dans un jus couleur safran et aromatisés aux herbes, nous nous régalions de succulentes daubes de bœuf, cuites lentement, jusqu'à fondre sous la fourchette, dans des sauces brunes parfumées à l'orange et au vin rouge de Camargue, ou encore de brouillades crémeuses aux œufs frais, garnies de truffes, de faisan, de coq de bruyère ou de canard sauvage rôtis au feu de bois.

Deux semaines durant, nous avons ainsi fréquenté les restaurants de la Côte cités par le *Guide Michelin*,

mais aussi les petits restaurants perdus au milieu des lavandes dans les collines de Haute-Provence. Entre les repas, nous flânions dans les petites rues tortueuses des vieux villages, visitant les églises et les petits musées provençaux consacrés à la peinture, à la poésie et même à la truffe.

Peut-être le plus amusant était-il de visiter les marchés des villages, avec leurs étalages de produits frais venus directement de la campagne, de mercerie, de chaussures, et même quelques antiquaires. Je dois avouer que nous passions la plus grande partie de notre temps aux terrasses des cafés, en plein soleil, à siroter des verres de pastis glacé ou de rosé frais de Bellet, Bandol et Taradeau. C'est là que nous avons appris qu'observer les gens depuis la terrasse d'un café tranquille est un des grands plaisirs de la vie.

Et nous avons aussi trouvé le temps de tomber amoureux d'Arles, d'Aix-en-Provence et, finalement, par-dessus tout, de ce carrefour singulier entre Orient et Occident qu'est Marseille. Nous nous y sommes promenés la nuit sous les étoiles, nous émerveillant de nous sentir, ici, si proches des guerriers grecs, romains et arabes qui, peut-être, eux aussi, avaient aimé les vents chauds et parfumés venus de la mer et des collines.

Côtelettes d'agneau grillées au feu de braises

4 PERSONNES

CÔTELETTES

12 petites côtes d'agneau dans le filet	huile d'olive

FEU DE PETIT BOIS

bois des collines	thym ou romarin sec
branches de thym et de romarin des collines	3 ou 4 pommes de pin
sel et poivre noir du moulin	1 poignée de grains de poivre noir

Enduisez d'huile chaque face des côtelettes et assaisonnez de sel et de poivre noir du moulin.

Préparez un feu dans une cheminée ou sur un barbecue. Faites brûler le bois pour obtenir une bonne couche de braises ; ajoutez alors les pommes de pin, les branches de thym et de romarin. Lorsque les flammes sont éteintes, posez les côtelettes sur le gril et répandez une poignée de poivre noir en grains sous la viande.

Faites cuire les côtelettes 3 minutes de chaque côté pour que la viande soit tendre, et saupoudrez-les d'un peu de thym ou de romarin sec au moment de les retourner.

Gigot à la provençale

1 gigot d'agneau de 2,7 kg	700 g de pommes de terre pelées et coupées en rondelles
1 cuillerée à soupe de beurre	
6 gousses d'ail	sel et poivre noir du moulin
4 à 6 cuillerées à soupe de persil haché fin	30 cl de bouillon de volaille relevé

Demandez au boucher de parer et de ficeler le gigot. Préchauffez le four à 150 °C.

Beurrez une cocotte large (ou un plat à gratin) de la taille du gigot et frottez-la légèrement avec une gousse d'ail coupée. Pelez les pommes de terre, coupez-les en tranches épaisses et disposez-les au fond du plat en les faisant se chevaucher. Salez et poivrez abondamment. Hachez fin le reste d'ail et parsemez-en les pommes de terre avec le hachis de persil. Placez le gigot cru par-dessus et mouillez avec le bouillon de volaille.

Enfournez et faites rôtir 1 h 15 à 1 h 30 dans le four si vous aimez la viande rosée et tendre. Si vous préférez l'agneau plus cuit, prolongez le temps de cuisson.

Épaule d'agneau farcie

1 épaule d'agneau	sel et poivre noir du moulin
huile d'olive	

FARCE

225 g de chair à saucisse	2 cuillerées à soupe de beurre
1/2 oignon d'Espagne, haché fin, revenu dans 2 cuillerées à soupe de beurre	2 cuillerées à soupe d'huile d'olive
1 cuillerée à soupe de persil haché fin	225 g d'épinards hachés, revenus au beurre
1 œuf entier battu	sel et poivre noir du moulin
jus de citron	baies de genièvre
farine complète	grains de poivre noir

Demandez au boucher de désosser et de parer l'épaule d'agneau afin de pouvoir la rouler.

Préchauffez le four à 150 °C.

Badigeonnez l'agneau d'huile d'olive, salez et poivrez. Arrosez la viande de jus de citron.

PRÉPARATION DE LA FARCE

Dans un grand saladier, mettez la chair à saucisse, l'oignon haché fin et revenu dans le beurre jusqu'à ce qu'il soit translucide, le persil haché fin, l'œuf entier battu et les épinards revenus. Salez, poivrez et ajoutez les épices. Mélangez le tout avec soin. Posez cette farce sur la viande. Roulez l'épaule et cousez-la avec de la ficelle fine.

Farinez la viande et placez-la dans un plat à rôtir avec 2 cuillerées à soupe de beurre et autant d'huile ; faites rôtir 1 heure et demie à 2 heures dans le four préchauffé, en arrosant fréquemment avec le jus.

Selle d'agneau à l'arlésienne

1 selle d'agneau
beurre ramolli
sel et poivre noir du moulin
romarin écrasé

42,5 cl de bouillon de bœuf corsé
1 cuillerée à soupe de beurre

GARNITURE

6 cuillerées à soupe de champignons hachés et 2 cuillerées à soupe de persil et de truffes hachés, revenus au beurre
1 cuillerée à soupe de farine complète

6 courgettes moyennes
6 tomates coupées en tranches
1 oignon doux haché fin
brins de thym
6-8 gousses d'ail en chemise
huile d'olive

Préchauffez le four à 190 °C.

Enduisez l'agneau de beurre ramolli et saupoudrez-le de sel, de poivre et de romarin.

Placez la selle dans un plat à rôtir, versez-y 15 cl d'eau puis enfournez et faites rôtir 1 heure en arrosant souvent.

Sortez le rôti du four ; dégraissez le plat ; ajoutez le bouillon de bœuf et du beurre manié fait d'une cuillerée à soupe de beurre travaillé en pâte lisse avec 1 cuillerée à soupe de farine complète. Faites chauffer à feu vif en grattant les sucs attachés au fond du plat pour obtenir une sauce lisse et épaisse. Passez et réservez au chaud.

Détaillez chaque courgette en 4 ou 5 tranches dans la longueur, sans les détacher, pour obtenir un éventail. Placez une tranche de tomate dans chaque intervalle. Posez la selle d'agneau partiellement cuite dans un plat à rôtir huilé, sur un lit d'oignons hachés fin, avec les brins de thym et les gousses d'ail. Salez et poivrez. Entourez la selle des courgettes farcies et mettez un filet d'huile. Reprenez la cuisson au four 45 minutes environ (comptez 35 minutes par kilo et 15 minutes par livre).

Selle d'agneau à l'arlésienne.

PRÉSENTATION

Dressez l'agneau sur un grand plat chaud. Disposez les courgettes farcies à un bout et les pommes de terre sautées à l'autre. Parsemez les légumes du mélange de champignons, persil et truffes haché fin et revenu au beurre. Garnissez de cresson.

Servez la sauce à part.

125

Gigot d'agneau piqué d'ail,
d'anchois et de romarin,
cru (à gauche) et cuit (ci-contre).
La ratatouille accompagne
délicieusement la richesse de la
viande.

Gigot d'agneau piqué d'ail, d'anchois et de romarin

1 gigot d'agneau (2,7 kg environ)	4 cuillerées à soupe d'huile d'olive
4 grosses gousses d'ail détaillées en 24-32 tranches	sel et poivre noir du moulin poivre de Cayenne
6-8 filets d'anchois coupés en 24-32 morceaux	6-8 cuillerées à soupe de vin rouge
24-32 petits brins de romarin	4-6 cuillerées à soupe de beurre en petits dés

GARNITURE

brins de romarin (facultatif)

Préchauffez le four à chaleur modérée (200 °C). Avec la pointe d'un couteau de cuisine bien aiguisé (ou l'extrémité d'une brochette métallique), faites 6 ou 8 entailles de 2,5 cm sur quatre lignes équidistantes, puis insérez un petit morceau d'anchois et un d'ail dans chaque entaille ; pour finir, insérez un petit brin de romarin.

Mettez le gigot d'agneau dans un plat à gratin ovale bien beurré. Enduisez la viande d'huile d'olive et assaisonnez abondamment de sel, de poivre noir du moulin et de poivre de Cayenne. Faites rôtir 1 h 15 à 1 h 30 au four préchauffé, en arrosant la viande de temps en temps avec le jus de cuisson. Si vous préférez l'agneau moins rosé, augmentez le temps de cuisson. Dix ou quinze minutes avant la fin de la cuisson, si vous le souhaitez, entourez le gigot de brins de romarin. Poursuivez la cuisson jusqu'à ce que la viande soit tendre.

Quand la viande est cuite, transférez-la dans un plat tenu au chaud et laissez-la reposer 10-15 minutes dans le four ouvert avant de la découper.

Dégraissez le jus du plat. Versez le vin rouge et grattez les sucs attachés au fond et sur les bords. Incorporez en fouettant le beurre coupé en petits dés. Rectifiez l'assaisonnement en ajoutant un peu de sel, de poivre du moulin et de poivre de Cayenne, et servez aussitôt.

Daube de mouton

4-6 PERSONNES

1,250 kg d'épaule d'agneau désossée	bardes de lard
	fines tranches de bacon

MARINADE

2 oignons en tranches	1 oignon doux en tranches
4 carottes en tranches	1 gousse d'ail hachée fin
1 bouquet garni (thym, persil et laurier)	60 cl de bouillon de bœuf corsé
sel et poivre noir du moulin	2-4 cuillerées à soupe de concentré de tomates
60 cl de vin rouge	
4 cuillerées à soupe d'huile d'olive	2 cuillerées à soupe de persil haché fin
100 g de lard fumé coupé en petits dés	

Détaillez l'agneau en gros dés de même taille. Bardez les morceaux de fines bardes de lard et de bacon et placez-les dans un grand saladier ou une cocotte en terre avec l'oignon émincé, les carottes en dés, un bouquet garni, le sel, le poivre et le vin rouge. Laissez mariner toute une nuit.

Préchauffez le four à 150 °C.

Sortez l'agneau de la marinade et égouttez-le. Faites chauffer l'huile dans une cocotte, faites-y revenir les dés de lard fumé et l'oignon jusqu'à ce qu'il soit transparent. Ajoutez alors l'agneau et faites dorer le tout, en remuant de temps en temps. Ajoutez l'ail haché. Mouillez avec la marinade que vous aurez fait réduire de moitié. Ajoutez 60 cl de bouillon de bœuf corsé et le concentré de tomates.

Couvrez la cocotte d'un papier d'aluminium puis posez le couvercle. Faites cuire 3-4 heures dans le four préchauffé. Sortez la cocotte du four, dégraissez le dessus du plat, parsemez du hachis de persil et servez dans la cocotte.

Daube de mouton à l'avignonnaise

4-6 PERSONNES

1,250 kg de gigot d'agneau	4 oignons d'Espagne hachés
farine complète	2 gousses d'ail hachées
sel et poivre noir du moulin	zeste séché d'1 orange
1 morceau de bacon de 225 g	2 feuilles de laurier
	2 clous de girofle
6 cuillerées à soupe d'huile d'olive	2 brins de thym
	60 cl de vin blanc sec

Détaillez l'agneau en gros dés de même taille. Farinez-les ; salez et poivrez généreusement.

Coupez le bacon en tranches épaisses (6 mm d'épaisseur environ) puis en bâtonnets de 6 mm. Faites-les dorer dans l'huile d'olive. Retirez-les et réservez.

Faites ensuite revenir l'agneau en plusieurs fois dans l'huile jusqu'à ce qu'il soit doré uniformément. Retirez-le et réservez.

Faites revenir l'oignon haché et l'ail dans le reste d'huile jusqu'à ce qu'ils soient translucides. Replacez alors l'agneau et le bacon dans la cocotte avec le zeste d'orange, le laurier, les clous de girofle, le thym et le vin blanc sec. Assaisonnez de sel et de poivre du moulin et faites mijoter à couvert 1 heure à 1 heure et demie, jusqu'à ce que la viande soit tendre. Rectifiez l'assaisonnement et servez.

Grillade des mariniers du Rhône

4 PERSONNES

Dans cette recette à la manière des mariniers du Rhône, la viande est cuisinée sur un lit d'oignons émincés ; on ajoute ensuite les aromates et le vin rouge. On y laisse mijoter la viande jusqu'à devenir fondante. Ce n'est pas une grillade, mais plutôt un braisé des mariniers aux oignons et au vin rouge. On y joint parfois des anchois pour corser la préparation, comme ici, à la manière des Romains, qui ajoutaient le *garum salarum* (une essence distillée de poisson séché au soleil) aux ragoûts de bœuf et de veau.

1 tranche de rumsteck de 6,5 cm d'épaisseur	gros sel poivre du moulin
3 cuillerées à soupe d'huile d'olive	3 cuillerées à soupe de beurre

MARINADE

6 cuillerées à soupe d'huile d'olive	poivre concassé
2 cuillerées à soupe de vinaigre de vin rouge	4 cuillerées à soupe de persil plat haché
4 cuillerées à soupe de cognac	1/2 cuillerée à café de thym séché
gros sel	1/2 cuillerée à café de romarin séché
3 cuillerées à soupe de beurre	1 bouquet garni (1 feuille de laurier, un brin de thym, 1 brin de persil, 1 morceau de céleri de 2 cm)
3 cuillerées à soupe d'huile d'olive	
3 gros oignons doux émincés	1/2 bouteille de vin rouge
3 gousses d'ail écrasées	6 filets d'anchois hachés

GARNITURE

50 g de beurre en petits dés, roulés dans le persil haché

Frottez la viande des deux côtés avec le gros sel et le poivre noir moulu. Laissez-la en attente 1 heure pour qu'elle se parfume.

Entre-temps, rassemblez tous les ingrédients de la marinade dans un grand plat à gratin ou dans un plat à rôtir de bonne taille.

Placez-y la viande en la retournant une ou deux fois. Faites-la mariner un jour ou deux au réfrigérateur en la tournant à plusieurs reprises pour qu'elle s'imprègne bien de la marinade.

CUISSON

Faites chauffer l'huile d'olive et le beurre dans une poêle large ou dans une sauteuse. Mettez-y la moitié des oignons émincés et remuez-les une fois. Posez la viande dessus. Mouillez la marinade, ajoutez l'ail et

le bouquet garni et couvrez du reste d'oignons. Faites cuire 45 minutes à couvert et à feu très doux.

En fin de cuisson, dans une sauteuse de taille moyenne, amenez le vin rouge à ébullition. Ôtez le vin chaud du feu et mouillez-en le contenu de la cocotte. Il doit juste recouvrir la viande. Ajoutez les anchois hachés et poursuivez la cuisson 1 heure ou plus à feu très doux pour que la viande soit fondante.

PRÉSENTATION

Placez la viande sur un plat de service tenu au chaud et faites réduire la sauce des trois quarts à feu très vif. Découpez la viande en biais, en tranches de 1 cm d'épaisseur. Nappez-la de la sauce réduite et parsemez-la des dés de beurre roulés dans le hachis de persil. Servez aussitôt.

Bœuf en daube à l'ancienne

6 PERSONNES

C'est une daube inhabituelle dans la mesure où la viande est cuite — comme un rôti en cocotte — en un seul morceau roulé. Elle est découpée au dernier moment.

1,5 kg de rumsteck maigre roulé	4 tomates pelées, épépinées et concassées
3 gousses d'ail coupées en deux	4 échalotes hachées fin
100 g de poitrine de porc demi-sel	2 gousses d'ail hachées fin 12 oignons grelots
3 cuillerées à soupe d'huile d'olive	100 g de champignons coupés en quatre
	4 brins de persil
sel et poivre noir du moulin	30 cl de bouillon de bœuf

MARINADE

3 tranches de citron	3 cuillerées à café de fines herbes (ciboulette, estragon, persil)
1 feuille de laurier	
1 brin de thym	
15 cl de vin blanc sec	3 cuillerées à café d'huile d'olive
poivre noir du moulin	

À l'aide d'un couteau pointu, pratiquez 6 incisions sur le dessus de la viande et glissez-y les demi-gousses d'ail.

Dans une cocotte en fonte de la taille de la viande, préparez la marinade. Rassemblez les tranches de citron, le laurier, le thym et le hachis de fines herbes, le vin et l'huile d'olive, et assaisonnez selon votre goût de quelques tours de moulin à poivre. Remuez pour mélanger tous les ingrédients. Placez la viande roulée dans la marinade, couvrez-la et laissez 12 heures au réfrigérateur, en la retournant de temps en temps.

Préchauffez le four à 120 °C.

Découennez la poitrine de porc et coupez-la en dés ; conservez la couenne. Dans une cocotte assez grande pour contenir la viande, faites chauffer l'huile d'olive et faites-y revenir les dés de porc 5 minutes, le temps qu'ils soient dorés, en les tournant à l'aide d'une spatule. Retirez-les à l'écumoire et réservez-les.

Égouttez le morceau de viande et séchez-le dans du papier absorbant. Réservez la marinade. Salez et poivrez généreusement la viande. Placez-la dans la cocotte et faites-la dorer de tous les côtés dans le reste d'huile. Retirez-la et réservez-la au chaud.

Garnissez le fond de la cocotte des couennes de porc. Posez le bœuf par-dessus, entouré des lardons revenus, des échalotes hachées, des tomates épépinées et concassées, des oignons grelots, des champignons coupés en quatre et des brins de persil. Passez la marinade réservée sur le morceau de bœuf roulé et incorporez-y le bouillon de bœuf. Assaisonnez selon votre goût en sel et poivre du moulin.

Couvrez la cocotte et enfournez-la. Laissez cuire 6 heures dans le four préchauffé.

Sur une planche à découper, coupez la viande en tranches épaisses. Dressez-les sur un plat tenu au chaud, entourez des légumes et nappez du jus de cuisson.

Bœuf en daube à la provençale.

Bœuf en daube à la provençale

6-8 PERSONNES

2 kg de bœuf maigre	225 g de poitrine de porc
2 oignons émincés	maigre coupée en dés
2 carottes émincées	1 oignon d'Espagne coupé
1 bouquet garni (2-3 brins	en quartiers
de thym et de persil et	4 clous de girofle
1 feuille de laurier)	zeste d'une orange
30 cl de vin rouge	30 cl de bouillon de bœuf
4 cuillerées à soupe de	ou d'eau chaude
cognac	100 g d'olives dénoyautées
4 cuillerées à soupe d'huile	sel et poivre noir du moulin
d'olive	

Détaillez la viande en cubes de 2,5 cm et placez-les dans un grand saladier ou une cocotte en terre avec les oignons et les carottes émincés, le bouquet garni, le sel, le poivre noir du moulin, le vin rouge et le cognac. Faites-les mariner 5 à 6 heures en remuant de temps en temps.

Faites chauffer l'huile dans une poêle et faites fondre les dés de lard et roussir les quartiers d'oignon dans la graisse. Égouttez la viande en réservant le jus de la marinade, et faites-la revenir avec les oignons et le lard jusqu'à ce qu'elle soit dorée, en secouant la poêle de temps en temps. Ajoutez ensuite les gousses d'ail et le zeste d'orange. Mouillez avec la marinade que vous aurez fait réduire de moitié. Ajoutez 30 cl de bouillon de bœuf ou d'eau chaude. Couvrez la cocotte de papier d'aluminium et de son couvercle. Enfournez et laissez cuire 3-4 heures à feu très doux (120-130 °C). Sortez la cocotte du four et dégraissez la surface. Ajoutez les olives et rectifiez l'assaisonnement. Poursuivez la cuisson 30 minutes. Servez dans la cocotte.

129

Daube de bœuf à la feignasse

4 OU 6 PERSONNES

Très curieusement, cette recette de daube du paresseux ne comprend pas de liquide. La viande (avec les oignons d'Espagne) fournit à elle seule assez de sauce pour ce plat très facile à préparer. Traditionnellement, la daube était cuite dans la braise d'une cheminée, les braises étant rassemblées autour de la cocotte où la viande mijotait doucement. Je prépare toujours la daube de cette manière délicieusement archaïque. À ceux qui préfèrent un mode de cuisson plus moderne, je conseille une cuisson au four à feu très doux, ce qui donnera le même résultat.

1,4 kg de bœuf dans le jarret, détaillé en cubes de 5 cm
1 morceau de lard non fumé de 450 g
3 oignons d'Espagne émincés
3 cuillerées à soupe d'huile d'olive
farine complète

3 cuillerées à soupe de beurre
gros sel et poivre du moulin
1-2 gousses d'ail
zeste séché d'une orange
2 clous de girofle
bouquet garni (2 brins de thym, 4 brins de persil, 2 feuilles de laurier)

Coupez le lard en gros dés. Mettez-les avec les oignons émincés, l'huile d'olive et le beurre dans une cocotte et faites-les revenir jusqu'à ce qu'ils soient transparents. Farinez les cubes de viande. Placez-les dans la cocotte et poursuivez la cuisson en remuant sans arrêt jusqu'à ce que la viande ait bruni. Ajoutez alors le gros sel et quelques tours de moulin à poivre, l'ail, le zeste d'orange, les clous de girofle et le bouquet garni. Posez une assiette à soupe épaisse pleine d'eau sur la cocotte pour la fermer hermétiquement et placez-la 2 heures et demie-3 heures au milieu des braises (ramenez les braises tout autour de la cocotte), en rajoutant de l'eau dans l'assiette si besoin est.

Vous pouvez aussi placer la cocotte dans le four préchauffé à feu très doux (120-130 °C) et la faire cuire 2 heures et demie-3 heures.

Daube de bœuf à la feignasse.

Les pieds et paquets marseillais

Les pieds et paquets sont une des grandes spécialités de la cuisine marseillaise. Les pieds sont des pieds de mouton nettoyés avec soin, et les « paquets » sont de petits paquets alléchants de gras-double frotté de citron et farci d'un mélange très relevé de lard maigre haché, de porc demi-sel, de tripes, de persil, d'ail et d'oignon. Préparé par Suzon Hézard, charmante cuisinière propriétaire du restaurant Le Relais des Templiers à Montfort, juste derrière Carcès, c'est un vrai plat campagnard pour de solides fourchettes. Le petit restaurant de Suzon, installé au rez-de-chaussée d'une étroite maison de village, propriété autrefois des Chevaliers du Temple, est un lieu de rêve. Son unique salle ne contient que cinq ou six tables rapprochées pouvant accueillir dix-huit convives. La façade du restaurant donne directement sur la petite rue du centre du village. Il y a un petit bar (deux personnes

Le petit restaurant de Suzon est le rêve de tous les cuisiniers provençaux : une unique salle de 5 ou 6 tables ouvrant directement sur la rue. Derrière le bar, une petite cuisine ouverte sur la salle, et équipée d'une vaste cheminée du XIXᵉ siècle et d'un modeste fourneau 1930. C'est là que Suzon préside aux festivités.

peuvent y tenir à peu près confortablement) et une cuisine exiguë qui, en dehors d'une énorme cheminée du onzième siècle où Suzon prépare ses ragoûts et grille viandes et gibiers, abrite simplement un petit poêle 1930, un évier et un modeste plan de travail dissimulé derrière un comptoir ouvrant sur la salle à manger. Les invités sont donc toujours de la fête et Suzon est la maîtresse des réjouissances. Sans doute était-ce la même chose à l'époque des Templiers.

Le Relais des Templiers est l'un de ces restaurants campagnards où l'on mange à la fortune du pot. Il n'y a pas de menu, simplement le choix des trois plats que Suzon a décidé de servir ce jour-là. Lors de ma dernière visite (il était deux heures trente de l'après-midi), j'ai commencé par une délicieuse terrine de lièvre, accompagnée d'un pot de petits cornichons mai-

son et d'oignons au vinaigre, d'une corbeille de pain frais, d'une grosse motte de beurre fermier et d'une bouteille de Cuvée de Papé *(sic)* de Sainte-Croix-de-Montfort. En plat principal, il y avait un steak au poivre à la provençale, steak grillé dans l'âtre, accompagné de pommes de terre sautées, dorées et fondantes, surmonté d'un abondant hachis d'ail et de persil plat.

Venaient ensuite une délicieuse salade de pays aux pignons et, en dessert, une crème caramel (servie dans une simple terrine en terre cuite), suivie d'une crêpe à l'orange : deux épaisses galettes pliées, saupoudrées de sucre, arrosées de liqueur à l'orange et décorées d'un quartier d'orange non pelé.

Suzon est célèbre dans toute la région pour ses ban-quets préparés sur commande à des prix extrêmement raisonnables. Vous pouvez choisir votre menu par téléphone parmi les spécialités suivantes : brouillade aux truffes du pays, fricassée de volaille aux cèpes, pot-au-feu à la provençale, pieds et paquets marseillais, gratin de langoustines et soufflé aux trois fromages.

Il est intéressant de noter que Le Relais des Templiers est plus qu'un restaurant, c'est une petite auberge avec trois ravissantes chambres provençales hautes de plafond, chacune avec sa salle de bains carrelée. Celle où j'ai logé lors de mon dernier passage en Provence a un poêle à bois, un grand lit de cuivre qui occupe le centre de la pièce, quelques meubles du dix-neuvième siècle agréables et une fenêtre longue et basse percée dans les vieux murs épais.

Pieds et paquets, Relais des Templiers

Pour préparer des pieds et paquets, il vous faut commander des tripes d'agneau fraîches et 12 pieds d'agneau à votre boucher. La plupart des bouchers vous les fourniront nettoyés et prêts à cuire, si vous les commandez deux ou trois jours à l'avance.

tripes d'agneau fraîches	4 gousses d'ail
12 pieds d'agneau	2 brins de thym
1/2 citron	2 brins de persil
6 tranches de lard	2 feuilles de laurier
1 oignon d'Espagne haché fin	2 clous de girofle
le blanc de 2 poireaux haché fin	1 tranche de jambon cuit de 1,5 cm haché fin
4 tomates pelées, épépinées et concassées	sel et poivre noir du moulin
1 oignon d'Espagne coupé en quatre	30 cl de bouillon de bœuf ou d'agneau relevé
	30 cl de vin blanc sec
	Cognac (facultatif)

FARCE

150 g de lard demi-sel (mis à tremper 2 h dans l'eau froide pour ôter l'excès de sel) haché fin	1 bouquet de persil haché fin
	2 gousses d'ail haché fin
tripes coupées en morceaux (voir ci-dessous)	sel et poivre noir du moulin

PRÉPARATION DES PAQUETS

Lavez les tripes et frottez-les avec le citron sur les deux faces. Rincez avec soin. Placez les tripes dans une sauteuse ; couvrez d'eau froide et faites cuire à petits bouillons. Écumez le liquide de cuisson. Retirez le récipient du feu. Égouttez les tripes et laissez-les refroidir pour les manipuler facilement. Coupez-les en carrés de 10 cm de côté.

Dans un saladier de taille moyenne, mettez le lard demi-sel haché fin avec les chutes de tripes (coupées en fines lanières) et le hachis d'ail et de persil. Salez et donnez quelques tours de moulin à poivre, selon votre goût. Mélangez bien en rajoutant du persil haché si la farce n'est pas assez verte.

Étalez les carrés de gras-double sur une surface propre. Garnissez-les de farce et roulez-les, en attachant soigneusement chaque paquet farci aux herbes et aux tripes avec de la ficelle. Réservez.

CUISSON DES PIEDS ET PAQUETS

Préchauffez le four à 110 °C. Garnissez le fond d'une cocotte en fonte des tranches de lard. Dans une poêle, faites revenir dans l'huile d'olive l'oignon haché fin et les blancs de poireau jusqu'à ce que les légumes aient changé de couleur. Mettez-les sur les tranches de lard et posez la cocotte sur feu moyen pour que le gras du lard grésille.

Lorsque le lard a rendu sa graisse, ajoutez les tomates pelées, épépinées et concassées, l'ail, l'oignon coupé en quatre, le thym, le persil, les feuilles de laurier et les clous de girofle. Installez les pieds lavés et les paquets farcis sur ce lit d'aromates. Parsemez du hachis de jambon cuit. Assaisonnez généreusement de sel et de poivre du moulin, mouillez avec le bouillon (30 cl d'eau et de vin blanc, et un peu de cognac si vous le souhaitez).

À feu moyen, portez le jus de cuisson à ébullition. Enfournez la cocotte et laissez cuire 3-4 heures dans le four préchauffé. Les pieds et les paquets doivent être fondants.

Le Relais des Templiers, situé au rez-de-chaussée d'une vieille maison villageoise ayant appartenu aux Templiers, est l'un de ces restaurants campagnards où l'on mange à la fortune du pot. Il n'y a pas de menu mais simplement les trois plats que Suzon choisit chaque jour de servir.

Rôti de porc aux légumes farcis

6-8 PERSONNES

1 carré de porc dans l'échine (6-8 côtelettes)	sel et poivre noir du moulin
6 champignons secs	1/2 cuillerée à café d'herbes de Provence séchées
2 grosses gousses d'ail	

LÉGUMES FARCIS

3 cuillerées à soupe d'oignon haché fin	15 g de beurre
225 g de chair à saucisse	1/2 cuillerée à café d'estragon et de ciboulette hachés fin
6 cuillerées à soupe de parmesan râpé	6 grosses tomates mûres
1 cuillerée à soupe de persil haché fin	175 g de gros champignons

Demandez au boucher de désosser et de parer l'échine afin qu'elle soit plus facile à découper une fois rôtie.

Faites tremper les champignons secs 30 minutes dans l'eau chaude. Mettez-les avec leur eau de trempage dans une petite casserole et faites cuire à feu doux jusqu'à ce qu'ils soient souples et gonflés et que l'eau de cuisson soit presque totalement évaporée. Ôtez toutes les parties dures des queues.

Réservez trois des champignons. Coupez les autres en 4 lanières, soit 12 lanières en tout. Détaillez une gousse d'ail en 12 morceaux. Réservez les autres.

Pesez l'échine de porc et calculez le temps de cuisson (comptez 1 h 15-1 h 30 par kilo et 35-40 minutes par livre). Pratiquez 12 incisions profondes dans la graisse du porc avec la pointe d'un couteau aiguisé et introduisez-y une lanière de champignon et une tranche d'ail. Assaisonnez l'échine de quelques tours de moulin à poivre. Parsemez des herbes de Provence séchées sur le gras uniquement. Laissez la viande reposer 2 heures à température ambiante afin qu'elle s'imprègne des parfums et se réchauffe.

Préchauffez le four à 230 °C.

Placez le porc dans un plat à rôtir et faites-le cuire au four 20 minutes puis ramenez la température du four à 150 °C et poursuivez la cuisson selon le temps calculé, en arrosant la viande de temps en temps avec son jus. Vous devrez peut-être ajouter une ou deux cuillerées d'eau pour éviter que le jus de cuisson ne se dessèche et ne brûle.

Pendant ce temps, préparez les légumes farcis. Hachez finement les gousses d'ail qui restent. Faites fondre le beurre dans une petite casserole et faites-y revenir l'oignon et l'ail hachés fin 3-4 minutes, le temps qu'ils soient fondants. Laissez refroidir. Hachez fin les champignons mis de côté et placez-les dans un saladier avec les oignons et l'ail refroidis, la chair à saucisse, le parmesan, le persil, l'estragon et la ciboulette. Mélangez avec soin. Salez et poivrez à votre goût.

Retirez le dessus des tomates et épépinez-les en veillant à ne pas les déchirer. Salez légèrement l'intérieur puis retournez-les sur une grille pour qu'elles s'égouttent. Essuyez les champignons et détachez leurs queues. Garnissez champignons et tomates de farce en lissant soigneusement le dessus.

Environ 45 minutes avant la fin de la cuisson du porc, mettez les tomates farcies autour de la viande et, 15 minutes plus tard, ajoutez les champignons.

Sortez le rôti du four et placez-le dans un plat chaud, entouré des tomates et des champignons farcis. Jetez l'excès de graisse du plat puis arrosez le rôti et les légumes farcis du jus de cuisson. Servez aussitôt.

Carré de porc à la provençale

6-8 PERSONNES

1 échine de porc	huile d'olive
8-12 feuilles de sauge	6 cuillerées à soupe de vin blanc sec
sel et poivre noir du moulin	2-3 gousses d'ail
thym et laurier	

Demandez au boucher de désosser et de ficeler l'échine. À l'aide d'un couteau bien pointu, pratiquez à la surface de petites incisions pour y introduire les feuilles de sauge. Assaisonnez de sel et de quelques tours de moulin à poivre, de thym écrasé et de laurier. Aspergez la viande d'un filet d'huile d'olive et laissez-la reposer 12 heures au moins pour qu'elle absorbe tous les parfums.

Lorsqu'elle est prête, préchauffez le four à 180 °C. Placez le porc dans une cocotte en fonte. Ajoutez l'eau, le vin blanc sec et l'huile d'olive. Écrasez les gousses d'ail du plat de la main et mettez-les dans le liquide de cuisson. Enfournez et faites rôtir la viande (comptez 1 h 15-1 h 30 par kg et 35-40 minutes par livre) jusqu'à ce qu'elle soit tendre.

Côtes de veau à la niçoise

4 PERSONNES

4 côtes de veau
farine complète aromatisée
huile d'olive

16 olives noires dénoyautées
4 cuillerées à soupe de
basilic frais ciselé

SAUCE NIÇOISE

2 cuillerées à soupe d'huile
d'olive
1 oignon d'Espagne haché
fin
4 gousses d'ail
sel et poivre noir du moulin

800 g de tomates en
conserve avec leur jus
2 cuillerées à soupe de
concentré de tomates
6 feuilles de basilic frais,
finement hachées

Passez rapidement les côtes de veau dans la farine aromatisée et faites-les sauter 5 minutes dans l'huile d'olive en les retournant une fois. Elles doivent se colorer légèrement.

PRÉPARATION DE LA SAUCE NIÇOISE

Faites chauffer dans une poêle de taille moyenne l'huile d'olive pour y cuire pendant 10 minutes l'oignon haché fin et l'ail. L'oignon doit être souple et transparent.

Ajoutez les tomates en conserve avec leur jus, le concentré de tomates, le basilic haché fin, le sel et quelques tours de moulin à poivre. Amenez à ébullition, baissez le feu et laissez mijoter 1 heure environ à découvert, en remuant de temps en temps. Vous devez obtenir environ 60 cl de sauce. Goûtez et ajoutez sel et poivre au besoin.

Versez la sauce niçoise sur les côtes de veau dans la sauteuse. Laissez mijoter à couvert 15 minutes, le temps que la viande soit tendre. Dressez sur un plat de service chaud et décorez avec les olives noires dénoyautées et le basilic déchiqueté. Servez aussitôt.

Aillade de veau

4 PERSONNES

1 kg de veau maigre pris
dans le jarret
saindoux
huile d'olive
4 cuillerées à soupe de
chapelure blanche
4 cuillerées à soupe de
concentré de tomates

12 grosses gousses d'ail frais
pelées et blanchies à l'eau
bouillante 2 minutes à
couvert
sel et poivre noir du moulin
poivre de Cayenne
12,5 cl de vin blanc sec

Coupez le veau en cubes de 2,5 cm. Dans une grande poêle, faites revenir la moitié de la viande dans une cuillerée à soupe de saindoux et une cuillerée à soupe d'huile d'olive jusqu'à ce que les dés de viande soient dorés de tous côtés. Retirez-les à l'aide d'une écumoire et réservez-les.

Répétez l'opération avec la viande restante en ajoutant un peu de saindoux et d'huile d'olive si nécessaire. Retirez les dés de viande avec l'écumoire et mettez-les de côté.

Dans une cocotte en fonte propre, faites chauffer une cuillerée de saindoux et une cuillerée d'huile d'olive. Mettez-y les dés de veau, la chapelure, les gousses d'ail blanchies et le concentré de tomates. Faites cuire à feu doux 5-7 minutes, sans cesser de remuer.

Assaisonnez de sel et de quelques tours de moulin à poivre et de poivre de Cayenne. Mouillez avec le vin blanc et 5 cl d'eau et laissez mijoter à couvert 1 heure à feu très doux, en ajoutant une ou deux cuillerées à soupe d'eau si nécessaire. La sauce doit devenir très épaisse et napper le veau et l'ail. Servez avec du riz blanc.

Poulet aux olives

4 PERSONNES

1 poulet de 1,250 kg
2 cuillerées à soupe d'huile d'olive

sel et poivre noir
cresson frais

GARNITURE À LA TAPENADE

100 g de lard maigre haché fin
2 cuillerées à soupe d'huile d'olive
1 gros oignon d'Espagne haché fin
2 gousses d'ail
36 olives noires hachées
1/2 poivron rouge coupé en petits dés

4 filets d'anchois hachés
2 cuillerées à soupe de persil plat haché
1-2 cuillerées à soupe de thym haché
2 cuillerées à soupe de câpres égouttées
sel et poivre noir du moulin
un peu de piment

PRÉPARATION DE LA GARNITURE À LA TAPENADE

Dans une grande poêle, faites revenir le lard maigre dans l'huile d'olive, en remuant, jusqu'à ce qu'il grésille. Ajoutez l'oignon haché et l'ail et poursuivez la cuisson en remuant sans cesse jusqu'à ce que les légumes soient transparents.

Ajoutez les olives hachées et les dés de poivron rouge ainsi que les filets d'anchois, le persil, le thym et les câpres égouttées et poursuivez la cuisson 3-4 minutes, le temps que tous les parfums de la tapenade se mélangent. Salez, poivrez abondamment, ajoutez le piment, puis transférez le mélange dans un saladier de taille moyenne à l'aide d'une écumoire.

CUISSON DU POULET

Préchauffez le four à 220 °C. Enduisez le poulet d'huile d'olive, salez et poivrez à votre goût. Posez le poulet sur une grille et faites-le rôtir 1 heure dans le four préchauffé, en arrosant de temps en temps avec le jus de cuisson.

Sortez le poulet du four. Enlevez la ficelle et laissez en attente 10 minutes. Pendant ce temps, réchauffez la tapenade. Réservez-la au chaud. Découpez le poulet et dressez les morceaux sur un plat chaud. Garnissez de bouquets de cresson et de petits tas de tapenade.

Poulet sauté Pont du Gard

4-5 PERSONNES

1 poulet de 1,5 kg coupé en morceaux
6-8 brins de thym frais ou 2 cuillerées à café de thym sec
6-8 tranches de lard non fumé, une par morceau de poulet
1 gros oignon coupé en quatre

2 gousses d'ail hachées
3 grosses tomates blanchies, pelées, épépinées et concassées
40 cl de vin blanc sec
sel et poivre noir du moulin
200 g d'olives noires dénoyautées et coupées en deux
25 g de persil haché

Enveloppez chaque morceau de poulet dans une tranche de lard avec un brin de thym ou une pincée de thym sec. Fixez le lard avec une pique à cocktail, dans le sens de la longueur.

Versez l'huile d'olive dans une grande cocotte en fonte, sur feu moyen, et faites revenir les morceaux de poulet sur chaque face. La viande doit être légèrement cuite.

Ajoutez les oignons, l'ail et les tomates et mouillez avec le vin blanc. Laissez mijoter à couvert 25 minutes. Retirez le couvercle, salez et poivrez de quelques tours de moulin et poursuivez la cuisson 8-10 minutes à feu un peu plus vif pour que la sauce réduise. Ajoutez les olives noires, parsemez du hachis de persil et servez.

Les basses-cours ont toujours fourni un appoint bienvenu au régime alimentaire. Les recettes traditionnelles de poulet, y compris le poulet aux olives (ci-contre), peuvent servir pour d'autres volailles comme les pigeons ou les pintades.

Pigeons aux petits pois à la provençale

4 PERSONNES

4 pigeons dodus, prêts à
 rôtir

4 tranches épaisses de lard
 non fumé

3 cuillerées à soupe de
 beurre

3 cuillerées à soupe d'huile
 d'olive

2 oignons d'Espagne hachés

30 cl de bouillon de volaille

sel et poivre noir

bouquet garni (2 brins de
 thym, 2 brins de persil,
 1 morceau de céleri)

50 g de lard demi-sel coupé
 en petits dés

2 carottes pelées et coupées
 en tronçons

225 g de petits pois écossés

1/4 de cuillerée à café de
 thym sec

1/2 feuille de laurier

Préchauffez le four à 170 °C.

Essuyez les pigeons, à l'intérieur et à l'extérieur, avec
un chiffon humide. Bardez chaque oiseau d'une tranche de lard maintenue à l'aide d'une brochette piquée
à travers les ailes.

Dans une cocotte en fonte, faites chauffer 2 cuillerées à soupe de beurre et 2 cuillerées à soupe d'huile
d'olive. Faites-y dorer les pigeons de tous côtés. Ôtez-
les de la cocotte et réservez. Dans le gras qui reste dans
la cocotte, faites dorer la moitié des oignons pendant
10 minutes.

Mettez à nouveau les pigeons dans la cocotte. Versez
le bouillon et le bouquet garni. Salez et poivrez à votre
goût. Enfournez et faites cuire à couvert 1 heure, le
temps que les pigeons soient cuits mais toujours fermes.

Dans une sauteuse en fonte, faites fondre le reste de
beurre et d'huile d'olive et faites-y revenir à feu doux
la seconde moitié des oignons hachés. Ajoutez les dés
de lard demi-sel et faites revenir encore 10 minutes à
feu doux, le temps que les oignons aient pris une belle
teinte dorée. Incorporez alors les petits pois écossés et
poursuivez la cuisson 5 minutes à feu très doux en
remuant fréquemment. Mouillez le tout avec 30 cl
d'eau, ajoutez le thym, le laurier et quelques tours de
moulin à poivre. Amenez à ébullition puis baissez le
feu. Laissez cuire à couvert 20 minutes. Retirez la sauteuse du feu.

Quand les pigeons sont cuits, sortez-les de la cocotte.
Retirez les brochettes et coupez les pigeons en deux dans
le sens de la longueur. Coupez le lard en fines lanières.

Mélangez les petits pois au jus de cuisson de la cocotte.
Placez les demi-pigeons au milieu des petits pois et ajoutez les lanières de lard. Remettez la cocotte dans le four
et poursuivez la cuisson pour que les pigeons soient bien
chauds et très tendres. Servez aussitôt.

Pigeons aux petits pois
à la provençale.

Lapin à la sauvage

4-6 PERSONNES

Les cuisiniers

provençaux ont toujours

su faire avec des

ingrédients simples des

plats délicieux. Les

pigeons aux petits pois

à la provençale (à

gauche) et le lapin à la

sauvage utilisent les

produits de la chasse et

ceux du potager.

1 jeune lapin
4 cuillerées à soupe d'huile
d'olive
4 cuillerées à soupe de marc
de Provence
2 cuillerées à soupe de
beurre

8-12 grosses gousses d'ail
bouillon relevé fait avec les
os et les parures du lapin
(la tête si vous l'avez) et
un bouillon concentré de
volaille

MARINADE

4 cuillerées à soupe d'huile
d'olive
4 cuillerées à soupe de
vinaigre de vin rouge
1 cuillerée à café de thym
frais, romarin et sauge

hachés
2 zestes d'orange séchés
2 feuilles de laurier
1/4 de noix muscade râpée
gros sel et poivre noir du
moulin

PRÉPARATION DU LAPIN

Quarante-huit heures avant de servir le lapin, découpez-le. Dans un grand plat à gratin ou un plat à rôtir, mettez l'huile, le vinaigre de vin rouge, les fines herbes hachées, le zeste d'orange séché et la noix de muscade râpée. Assaisonnez abondamment de gros sel et de poivre noir du moulin.

Placez les morceaux de lapin dans la marinade. Mélangez le tout avec soin et placez au réfrigérateur pendant 48 heures en remuant de temps en temps.

CUISSON DU LAPIN

Préchauffez le four à 190 °C.

Faites chauffer l'huile dans une grande cocotte. Ajoutez-y les morceaux de lapin que vous faites dorer sur tous les côtés. Chauffez le marc de Provence dans une louche en métal jusqu'à ce qu'il bouillonne. Versez-le sur les morceaux de lapin et flambez. Puis versez le bouillon bien relevé (ou du bouillon et de l'eau) à mi-hauteur des morceaux de lapin. Poursuivez la cuisson jusqu'à l'ébullition du liquide. Couvrez la cocotte d'une feuille d'aluminium. Enfournez et laissez cuire 30 minutes, le temps que la viande soit tendre.

CUISSON DES GOUSSES D'AIL

Pendant ce temps, faites blanchir les gousses d'ail en changeant l'eau à deux reprises. Égouttez.

Dans une poêle de taille moyenne, faites fondre le beurre. Ajoutez les gousses d'ail blanchies et faites revenir dans le beurre chaud en remuant de temps en temps. L'ail doit commencer à se colorer. Avec une écumoire, ajoutez au lapin et poursuivez la cuisson jusqu'à ce que la viande soit tendre.

141

Soupe de lapin

4-6 PERSONNES

1 ou 1 1/2 lapin coupé en beaux morceaux	gros sel et poivre noir du moulin
herbes de Provence séchées	

BOUILLON

2 tranches de bacon entrelardé	2 grosses gousses d'ail en chemise
1 tranche de lard demi-sel	30 cl de vin blanc sec
1 tranche de lard fumé cru	1 gros oignon d'Espagne piqué de 2 clous de girofle
1 bouquet garni (thym, romarin, persil)	
2 feuilles de laurier	

GARNITURE

1/2 petit chou de Milan	4 pommes de terre nouvelles de 7,5 cm-10 cm de long
1/2 petit céleri-rave	
4 branches de céleri	2 cuillerées à soupe de persil plat haché grossièrement
4 petites carottes	
4 tomates	

Coupez le lapin en beaux morceaux. Frottez-les avec le gros sel, le poivre du moulin et les herbes de Provence séchées. Laissez reposer 1 heure pour que la viande s'imprègne des parfums.

Dans une marmite, faites un bouillon avec le bacon haché, le lard demi-sel et le lard fumé, le bouquet garni, les feuilles de laurier et l'ail. Mouillez avec un bon litre d'eau et le vin blanc sec ; portez à ébullition. Écumez et ajoutez les morceaux de lapin et l'oignon (piqué de clous de girofle), et laissez cuire à couvert à feu doux jusqu'à ce que le lapin soit cuit mais ferme.

GARNITURE

Retirez les feuilles extérieures du chou. Coupez le chou en lanières de 6 mm. Lavez et égouttez bien.

Épluchez le céleri-rave, les carottes, les pommes de terre et lavez le céleri-branche. Coupez tous les légumes en petites lanières de 7 cm de long. Pelez les tomates, épépinez-les et concassez leur chair.

Faites cuire tous les légumes 10 minutes environ dans un peu de bouillon ; ils doivent être *al dente*. Réservez-les au chaud.

PRÉSENTATION

Faites chauffer les morceaux de lapin dans un peu de bouillon. Mettez les morceaux dans une soupière chaude. Garnissez des légumes chauds, ajoutez les tomates et le persil. Servez aussitôt.

Soupe de lapin.

Cul de lapin au basilic

4 PERSONNES

900 g de lapin (une fois vidé)	2 oignons moyens émincés
2-3 cuillerées à café de basilic frais haché fin	4 tomates moyennes concassées
2 cuillerées à soupe de moutarde de Dijon	2 gousses d'ail hachées
beurre ramolli	1/4 de cuillerée à café de thym sec
sel et poivre noir du moulin	1 feuille de laurier écrasée
50 g de lard demi-sel en fines tranches	15 cl de vin blanc sec
	2-3 cuillerées à café de farine complète

Coupez le lapin en 8 portions. Préchauffez le four à 230 °C.

Mélangez le basilic frais avec 2 cuillerées à soupe de moutarde et 2 cuillerées à soupe de beurre ramolli.

Salez et poivrez les morceaux de lapin et enduisez-les légèrement de moutarde au basilic. Enveloppez chaque morceau dans une tranche de lard demi-sel maintenue par une pique à cocktail.

Choisissez une marmite assez large pour contenir le lapin en une seule couche. Beurrez-la et garnissez le fond d'une couche d'oignons et de tomates émincés. Parsemez du hachis d'ail, du thym, de la feuille de laurier concassée et d'un peu de sel et de poivre du moulin. Mettez la viande sur le lit de légumes.

Enfournez et laissez cuire 10 minutes à découvert ; les morceaux de lapin doivent se colorer. Sortez la cocotte du four et baissez le feu à 170 °C.

Mouillez avec le vin blanc sec, couvrez la marmite et remettez au four 40-45 minutes ; la viande doit être tendre. Retirez les piques en bois et la tranche de lard. Dressez les morceaux de lapin sur un plat et remettez-les au four.

Passez le contenu de la cocotte à travers un tamis fin au-dessus d'une sauteuse en pressant les légumes sur les bords du tamis avec le dos d'une cuillère pour en extraire le jus.

Mélangez la farine complète avec 2 cuillerées à soupe d'eau froide et formez une pâte lisse que vous mouillez avec 2-3 cuillerées à soupe de sauce. Ajoutez le reste de la sauce. Portez à ébullition et laissez mijoter 2-3 minutes ; la sauce doit épaissir et perdre le goût de farine.

Nappez les morceaux de lapin et servez aussitôt.

ESCALE

Roger Vergé
Le Moulin de Mougins

La visite d'un restaurant gastronomique est une grande expérience : Bocuse à Lyon, Senderens et Robuchon à Paris, Roger Vergé dans le sud de la France. Le restautant sera-t-il à la hauteur de sa réputation ? Le service et l'accueil seront-ils dignes de la qualité de la cuisine ? La même attention sera-t-elle apportée à la nourriture et au cadre ?

Mais une question m'importe davantage : découvrirai-je ici une saveur dont je me souviendrai longtemps, qui m'enchantera tant que, des années plus tard, je reconnaîtrai le plat à son parfum et le comparerai à d'autres mets extraordinaires que j'ai déjà goûtés ?

Dès ma première visite au Moulin de Mougins dirigé par Roger Vergé, la réponse a été «oui» à toutes les questions. Pourtant, les risques étaient grands. C'était à l'heure du déjeuner, le dimanche de Pâques, alors que chacun se presse dans le restaurant de son choix avec de vieux amis. Des familles réunies avec les grand-mères et les enfants. Les restaurants affichent complet, les cuisines sont surchauffées et les serveurs débordés.

Le Moulin ne faisait pas exception à la règle. Les familles y étaient venues en grand nombre ; les touristes représentaient la planète entière et des groupes d'hommes d'affaires se reposaient là après — et avant — leurs rendez-vous à Cannes ou à Nice. Mais le succès fut total, dès l'instant où nous avons poussé la porte.

Le Moulin est situé dans un jardin ombragé au pied de la colline de Mougins, en retrait de la Côte, de son agitation et de ses bruits. Il est aussi un peu à l'écart des petites rues animées de la vieille ville, devenue aujourd'hui un lieu très touristique, un ensemble de maisons anciennes magnifiquement restaurées qu'il faut visiter si l'on voyage dans le sud de la France. Le restaurant de Roger Vergé aurait pu céder au piège du tourisme. Par miracle, il n'en est rien.

Il règne au Moulin une atmosphère familiale. On devine que Denise Vergé cultive les fleurs et s'est occupée de la décoration. Roger Vergé, tout en veillant sur la cuisine, vient souvent dans la salle à manger, pour saluer ses nombreux amis et les habitués, accueillir les nouveaux venus, les mettant à l'aise comme un bon hôte au cours d'une réception privée. Son beau-fils, Serge Chollet, aide Roger à diriger les cuisines animées. C'est une affaire de famille, chacun y veille.

Roger Vergé a un esprit inventif et sa cuisine est des plus délicieusement surprenantes de la Côte. Manger au Moulin est une expérience rare, inoubliable. Même un dimanche pascal, comme le jour de ma première visite. La salle à manger y est confortable et d'une beauté simple, le service irréprochable, les vins suggérés par le sommelier, parfaits. Tous les plats relèvent d'un style culinaire particulier — celui de Vergé —, évitant tous les snobismes, les sauces compliquées et les associations invraisemblables, pour laisser place à la qualité essentielle et à la saveur des produits.

Quand les guides gastronomiques affirment que c'en «est fini de la nouvelle cuisine et que les restaurateurs vont maintenant revenir à la cuisine de leurs ancêtres», Roger Vergé semble surpris. «Je n'ai pas de problème, dit-il dans un sourire. Je n'ai jamais changé. Je reste dans le vrai.»

Sa polenta est la meilleure qui soit. Son secret : il

commence par faire revenir les échalotes dans du beurre, puis il verse en pluie la polenta dans le mélange beurre-échalote et il tourne jusqu'à ce que le corps gras parfumé ait imprégné la farine de maïs, comme pour un *risotto*. Ce geste simple fait toute la différence.

Toute sa cuisine est ainsi faite de gestes nés de l'expérience, qu'il s'agisse du secret de sa sauce pour les huîtres (un soupçon de citron, d'orange et d'aneth) ou des ingrédients de son salmis de pigeon (chocolat amer et cannelle). L'essentiel quand on prépare une sauce est de ne pas l'alourdir avec de la graisse, dit-il, mais d'utiliser un mélange d'huile de noisette et d'huile d'olive, avec un soupçon de beurre pour adoucir le plat. Dans le poisson, il aime ajouter un doigt de vermouth ou des quantités égales de Noilly Prat et de cassis. Un peu de sauternes dans la sauce du homard, en fin de cuisson, relève la douceur du crustacé.

Selon Vergé, les cuisiniers d'aujourd'hui sont revenus avec délice à l'usage des amandes et du chocolat, aux concentrés de jus de fruits et de légumes pour épaissir et parfumer les sauces, et aux épices arabes comme la cannelle, le poivre, le curcuma, le cumin et le safran, comme si tous ces parfums connus depuis le Moyen Âge étaient nouveaux. Il en résulte un mélange subtil de saveurs chaudes et de parfums discrets qui donnent à la cuisine actuelle sa personnalité.

Les sauces de Vergé sont suaves, il n'y a pas d'autre mot. C'est une élaboration légère, comme un «camaïeu» subtil et discret de saveurs unies dans un mélange savant. La sauce de cette délicieuse entrée faite d'une fragile fleur de courgette dorée, farcie d'une mousse au foie gras et d'un hachis de truffes noires de Provence, en est un exemple typique. D'une riche couleur ivoire, brillante et relevée, elle est légèrement épaissie d'une réduction de jus de légumes et de vin, avec adjonction de beurre fouetté au dernier moment, ce qui lui donne sa richesse et sa très grande légèreté. Son parfum de miel s'attarde dans la bouche, un léger mélange de champignons sauvages, de vin blanc, de beurre et du concentré de jeunes légumes.

Un autre plat, une salade de fins pétales de noix de Saint-Jacques fraîches, cuites d'un seul côté pour préserver leur tendreté naturelle et leur parfum, est

Salade de noix de Saint-Jacques.

servi avec des fines tranches d'artichaut et une sauce au beurre parfumée d'un concentré de jus d'orange.

Parmi les spécialités de Roger Vergé — et parce qu'il faut choisir —, j'en retiendrai deux.

La première est une *cassolette* de suprêmes et de cuisses de pigeonneaux, revenus dans un mélange de beurre et d'huile puis mijotés dans une sauce salmis à base de vin rouge, de cognac et d'aromates. Un soupçon de chocolat amer et de cannelle donne à la sauce une belle couleur sombre. L'autre plat, les *aumônières de volaille*, est aussi simple et délicieux. Les aumônières de suprêmes de poulet sont aplaties et farcies d'une quenelle faite de blanc de poulet haché cru, de crème fraîche, de blanc d'œuf, de jus de truffes et de truffes noires hachées, pochées dans du bouillon de volaille et servies avec une sauce veloutée parfumée au porto et au vin blanc.

Salade de noix de Saint-Jacques

4 PERSONNES

12 noix de Saint-Jacques fraîches	15 cl de jus d'orange
4 artichauts	190 g de beurre
jus et zeste d'1/2 citron	poivre blanc
175 g de feuilles fraîches d'épinards (ou de belles feuilles de mâche)	2 cuillerées à soupe d'huile d'olive
225 g de tomates	crème fraîche
2 oranges	4 brins de cerfeuil ou d'aneth

PRÉPARATION DES ARTICHAUTS

À l'aide d'un couteau bien pointu, coupez toutes les feuilles à la même hauteur que les plus petites. Retirez les feuilles du pourtour une à une. Faites une entaille circulaire pour ôter celles qui sont le plus près du cœur. Parez la tige et le fond.

N'oubliez pas de plonger les artichauts dans de l'eau légèrement citronnée (jus et zeste d'un demi-citron) pour éviter qu'ils ne noircissent.

CUISSON DES ARTICHAUTS

Portez à ébullition une grande marmite d'eau salée additionnée du jus d'un demi-citron. Plongez les artichauts préparés et laissez cuire à petits bouillons 30 minutes pour qu'ils soient juste tendres. Égouttez.

À l'aide d'un petit couteau, retirez le foin des artichauts. Coupez les fonds en fines lamelles et réservez.

GARNITURE AUX ÉPINARDS OU À LA MÂCHE

Lavez les feuilles d'épinards ou de mâche à grande eau. Ôtez les tiges dures et les feuilles jaunies ou abîmées. Égouttez avec soin et séchez dans un torchon.

Pelez et épépinez les tomates, coupez-les en petits dés. Pelez les oranges en ôtant bien toutes les membranes blanches. Puis, au-dessus d'un saladier et à l'aide d'un couteau de cuisine très pointu, pelez les quartiers d'orange à vif en récupérant tout le jus.

Dans une petite sauteuse, à feu vif, faites réduire le jus d'orange de moitié. Retirez la sauteuse du feu et incorporez-y au fouet 150 g de beurre coupé en dés. Assaisonnez de sel et de poivre noir du moulin et réservez au chaud.

Dans une poêle anti-adhésive, faites chauffer l'huile d'olive et ajoutez les épinards ou la mâche égouttés ; assaisonnez de sel et de quelques tours de moulin à poivre. Faites sauter les légumes 1-2 minutes. Égouttez dans un tamis et réservez.

Coupez chaque noix de Saint-Jacques en 4 fines rondelles. Posez-les sur un plat allant au four. Salez et poivrez.

CUISSON DES NOIX DE SAINT-JACQUES

Mettez le reste du beurre dans la grande poêle anti-adhésive. Posez les noix de Saint-Jacques en une seule couche et faites cuire à feu très vif 30 à 40 secondes, sans remuer. Égouttez-les immédiatement. Ajoutez leur jus de cuisson au beurre à l'orange avec un peu de crème fraîche pour épaissir et alléger la sauce.

PRÉSENTATION

Dressez les feuilles d'épinards ou la mâche en cercle sur les assiettes chaudes. Disposez les artichauts émincés autour. Au centre de l'assiette, dressez les noix de Saint-Jacques en rosette en les faisant légèrement se chevaucher (côté doré dessus), nappez à la cuillère un peu de sauce et, pour finir, décorez d'un quartier d'orange et de brins de cerfeuil ou d'aneth. Servez aussitôt.

Malfatis au fromage de Saint-Moret, sauce à la crème de basilic

4 PERSONNES

300 g de Saint-Moret
70 g de farine complète
1 œuf entier

sel et poivre blanc
huile

SAUCE À LA CRÈME DE BASILIC

6 cuillerées à soupe d'eau
100 g de beurre en dés
sel et poivre blanc

4 cuillerées à soupe de
basilic frais haché

PRÉPARATION DES MALFATIS

Dans un grand bol, travaillez ensemble le fromage, la farine et l'œuf. Assaisonnez généreusement de sel et de poivre blanc et battez jusqu'à obtention d'un mélange homogène.

Formez avec le mélange une longue saucisse sur du papier huilé. Roulez en tassant pour avoir une forme régulière et mettez au frais. Au moment de pocher les malfatis, sortez la « saucisse » du réfrigérateur et laissez à température ambiante. Retirez le papier et coupez la « saucisse » en tranches de 2,5 cm.

Pochez à l'eau bouillante salée 10 minutes. Retirez à l'écumoire et réservez au chaud.

PRÉPARATION DE LA SAUCE À LA CRÈME DE BASILIC

Dans une petite casserole, mélangez l'eau et la crème fraîche et portez à ébullition. Incorporez les dés de beurre en fouettant le mélange jusqu'à ce qu'il devienne lisse et épais.

Ajoutez le basilic haché et assaisonnez de sel et de poivre. Réservez au chaud.

PRÉSENTATION

Roulez les malfatis dans la sauce à la crème de basilic pour qu'ils soient bien nappés. Servez-les aussitôt, garnis de tomates pelées, épépinées et concassées, et d'olives noires.

Malfatis au fromage de Saint-Moret, sauce à la crème de basilic.

Aumônières de volaille, Moulin de Mougins

4 PERSONNES

4 suprêmes de poulet

BOUILLON DE VOLAILLE

1 carcasse de poulet coupée en morceaux

1 cuillerée à soupe d'huile d'olive

1 cuillerée à soupe de beurre

6 cuillerées à soupe d'échalotes hachées

1 pincée de thym écrasé

1 feuille de laurier

1 cube de bouillon de volaille

FARCE À LA CRÈME

100 g de blanc de poulet cru (ou des restes de blanc de poulet cru)

20 cl de crème fraîche

2 blancs d'œufs

sel et poivre noir

25 g de truffes noires hachées fin (ou des champignons noirs séchés mis à tremper dans un peu de porto, égouttés et hachés fin)

SAUCE VELOUTÉE AU PORTO

la moitié du bouillon de volaille

15 cl de vin rouge

6 cuillerées à soupe de porto

2-4 cuillerées à soupe de beurre

PRÉPARATION DU BOUILLON DE VOLAILLE

Faites revenir la carcasse concassée et les abats de poulet dans un mélange d'huile d'olive et de beurre jusqu'à ce qu'ils soient brunis. Ajoutez l'échalote et l'ail haché ainsi que le thym, le laurier, et faites sauter le tout jusqu'à ce que les légumes soient transparents. Ajoutez le cube de bouillon de volaille et 1,7 litre d'eau et poursuivez la cuisson 45 minutes à feu modéré, en écumant de temps en temps. Retirez du feu et passez au-dessus d'une casserole propre. Réservez.

PRÉPARATION DE LA FARCE À LA CRÈME

Travaillez les blancs de poulet crus et la crème fraîche au mixeur pour obtenir un mélange lisse. Ajoutez les blancs d'œufs et continuez à travailler le mélange jusqu'à ce qu'il ait doublé de volume. Assaisonnez généreusement de poivre et de sel. Incorporez le hachis de truffes noires (ou de champignons noirs).

PRÉPARATION DES AUMÔNIÈRES

Ouvrez les suprêmes en deux pour obtenir un grand morceau. Aplatissez les suprêmes placés entre deux feuilles de film plastique. Étalez-les sur une planche et garnissez-les de farce en leur centre. Donnez-leur une forme bien ronde et enveloppez-les dans du film plastique.

Aumônières de volaille, Moulin de Mougins.

CUISSON DES AUMÔNIÈRES

Préchauffez le four à 180 °C. Disposez les aumônières dans une grande cocotte en porcelaine à feu ou en terre cuite. Mouillez avec la moitié du bouillon de volaille. Fermez la cocotte en scellant le couvercle d'un cordon de pâte fait de farine et d'eau. Placez la cocotte au four et laissez cuire 45 minutes.

PRÉPARATION DE LA SAUCE VELOUTÉE

Ajoutez le vin rouge et le porto à 12,5 cl de bouillon de volaille et faites réduire, en remuant constamment : il ne devra plus rester que les sucs. Mouillez avec le reste du bouillon de volaille. Baissez le feu et laissez mijoter jusqu'à ce que le liquide ait réduit de moitié. Retirez du feu et incorporez les dés de beurre en fouettant pour obtenir une sauce épaisse et lisse. Réservez au chaud.

PRÉSENTATION

Pour un bel effet, apportez la cocotte scellée sur la table et ouvrez-la devant les convives. Servez une aumônière par personne. À la cuillère, faites un cordon de sauce veloutée autour de chaque aumônière et garnissez des légumes de votre choix. Au Moulin de Mougins, les aumônières sont servies avec des cœurs d'artichaut coupés en dés et des raviolis farcis de ricotta.

Pêches et poires au vin de poivre et au miel de lavande

6 PERSONNES

50 cl de porto rouge
zestes d'orange et de citron
  parés avec soin
1 gousse de vanille
2 cuillerées à soupe de
  poivre en grains (dans un
  petit nouet de mousseline)
1 bâton de cannelle

1 bouteille de vin rouge
  d'une belle couleur
  sombre
5 cuillerées à soupe de miel
  de lavande (ou d'acacia)
6 feuilles de laurier
6 pêches jaunes
6 grosses poires Williams

PRÉPARATION DU SIROP AU VIN ET AU POIVRE

Dans une grande casserole, mettez le porto, les zestes de citron et d'orange, la gousse de vanille, les grains de poivre et le vin rouge. Faites bouillir à petits bouillons. Écumez et incorporez le miel dans le liquide chaud. Retirez la casserole du feu. Ajoutez les feuilles de laurier et laissez les parfums se mélanger pendant que vous préparez les fruits.

PRÉPARATION DES FRUITS

Dans une autre casserole, portez à ébullition un bon litre d'eau. Placez-y les pêches et, lorsque l'ébullition a repris, poursuivez la cuisson 2 minutes à feu moyen, puis retirez du feu et ôtez la peau des pêches dans les abîmer. À l'aide d'un épluche-légumes, pelez les poires en veillant à retirer le moins de chair possible.

CUISSON DES FRUITS

Mettez les pêches dans le liquide chaud que vous ferez bouillir à petits bouillons. Au bout de 10 minutes, vérifiez la cuisson des fruits avec la pointe d'un couteau ou d'une brochette métallique. Prélevez les pêches avec une écumoire en faisant attention de ne pas les abîmer et placez-les dans un saladier peu profond. Conservez au réfrigérateur jusqu'au moment de servir.

Placez les poires pelées dans le liquide chaud. À la reprise de l'ébullition, comptez 10 minutes et vérifiez la cuisson des fruits. Prélevez les fruits avec une écumoire. Placez-les dans un saladier peu profond et conservez-les au réfrigérateur avec les pêches.

Retirez les grains de poivre, le laurier et la gousse de vanille du sirop. Réservez. Réduisez le sirop à la consistance souhaitée à feu vif. Laissez refroidir à température ambiante puis placez au réfrigérateur avec les pêches et les poires.

PRÉSENTATION

Décorez chaque poire d'une feuille de laurier (pour imiter les feuilles de poirier). Coupez le bâton de cannelle en six morceaux égaux et décorez-en les pêches (pour imiter les queues des fruits). Nappez les fruits d'un peu de sirop réduit. Si vous le souhaitez, parsemez les pêches de quelques grains de poivre. Servez aussitôt.

Les pêches
et les poires
au vin de poivre
et de miel
de lavande.

6 Les marchés

LÉGUMES :
PLATS PRINCIPAUX
ET GARNITURES

La cuisine provençale répond bien au désir actuel de retrouver une alimentation saine et équilibrée. Comme la diététique moderne, elle met l'accent sur les fruits et les légumes frais (consommés le plus vite possible après la cueillette), sur les viandes, les poissons et les volailles légèrement grillés, sur l'utilisation, enfin, de l'huile d'olive extra-vierge et des herbes aromatiques.

Au cours des dix dernières années, la grillade est devenue un des modes de cuisson les plus recherchés et les nouveaux restaurants à la mode cuisinent souvent au feu avec des bois rares comme le pommier ou le caroubier. Les cuisiniers provençaux en font autant depuis des siècles avec les branches d'olivier, les sarments de vigne et les branches taillées des arbres fruitiers, préparant ainsi des repas sains et exquis en quelques minutes. Les viandes, les poissons et les volailles que l'on fait griller rapidement après les avoir enduits d'huile d'olive, saupoudrés de thym, de romarin, de sauge ou de sarriette écrasés, et d'un peu d'ail haché et de poivre en grains concassé, constituent des plats excellents pour le goût et pour la santé. Quelquefois, on jette sur le feu des branches de laurier sec, du fenouil, une gousse ou deux d'ail frais ou un zeste d'orange séché pour donner davantage d'arôme.

Il suffit de se promener sur n'importe quel marché de Provence pour comprendre que la cuisine provençale ne peut qu'être saine. Tout y est si parfait : les tomates d'un rouge brillant aux formes irrégulières, les asperges vert pâle et les petits artichauts vert foncé à pointes violettes. Les poivrons verts et les aubergines d'un noir brillant côtoient les courges rondes, les grosses citrouilles et les doux

de Provence

petits oignons roses. Les cébettes vertes (à mi-chemin entre l'oignon de printemps et l'oignon) et le mesclun, ce mélange délicieux de jeunes pousses de salade, promettent toutes les possibilités d'une alimentation équilibrée.

Pendant très longtemps, la cuisine provençale était essentiellement familiale et n'était pas une cuisine de restaurant. Mais, aujourd'hui, un groupe de chefs cuisiniers prend la relève et crée de nouvelles traditions à travers toute la région. Beaucoup d'entre eux ne se contentent pas de suivre ou d'adapter les vieilles recettes, ils créent, à partir des beaux légumes, des fruits, des poissons et du gibier qu'offre la région, de nouveaux plats attirants qui seront le patrimoine de demain. Cette rencontre des vieux « chefs-d'œuvre » culinaires et des créations récentes fait de la cuisine provençale l'une des expériences gastronomiques les plus passionnantes au monde.

Sur le marché hebdomadaire, il y a généralement un étalage de pâtes fraîches où vous pouvez choisir parmi les multiples variétés de raviolis et de nouilles aux œufs frais. Il y a aussi un étalage d'épices et d'herbes qui attire toujours les touristes photographes. Celui où je m'arrête peut-être le plus fréquemment, c'est l'étalage, au marché de Lorgues, de la belle Méditerranéenne aux yeux noirs qui vend *harissa*, petits légumes en saumure et toutes les sortes d'olives dont on peut rêver.

On trouve chaque semaine, sur le marché, des poissons frais, de la morue séchée et une très grande variété d'herbes sèches et d'épices. À côté, le petit confiseur vante les mérites de ses pots de confiture et de marmelade brillamment colorés, aux parfums fabuleux. Elles sont les meilleures de la région ; il vend aussi des petits paniers de framboises sauvages cueillies à la main et des asperges sauvages de saison. L'huile d'olive italienne est en vente sur tous les marchés dans des bouteilles de provenance locale : un mélange particulier avec une étiquette dorée est bien en évidence (même sur les tables du célèbre Chantecler au Négresco de Nice et au restaurant de Don Camillo de Franck Cerutti). D'Italie proviennent aussi de délicieuses petites tomates sur leurs sarments et des courgettes rondes, à suspendre dehors et à farcir avec du riz et des crustacés avant de les cuire au four.

La ratatouille

Il y a plus de quarante ans, lors de mon premier séjour en Provence, j'ai découvert un mélange merveilleusement coloré et savoureux de légumes — aubergines, courgettes, tomates, oignons et ail — macérés dans l'huile et appelé *ratatouille*. Depuis cette première dégustation, dans un des petits cafés-restaurants sur le port de Saint-Tropez, la ratatouille incarne pour moi le vrai goût de la Provence.

Aujourd'hui, je sers la ratatouille de bien des façons : chaude en entrée, un œuf frit posé sur les légumes luisants, baignés dans une huile d'olive odorante, avec juste une pointe d'ail frais, d'oignon doux et d'herbes qui évoquent la Provence ; ou froide, cuisinée dans une gelée au safran, les légumes brillant légèrement dans le jus ambré, et le safran accompagnant parfaitement leur saveur robuste.

Une version simplifiée de la ratatouille froide suggère que les légumes cuits doivent être remués dans une vinaigrette légère aux herbes et à l'ail et associés à une salade de riz au safran servie froide. Vous pouvez aussi utiliser une ratatouille bien épicée pour farcir des tomates ou des poivrons verts croustillants.

Servie juste sortie de la poêle, en garniture d'une omelette baveuse ou d'œufs légèrement brouillés (une sorte de piperade provençale), c'est une entrée mystérieuse ou le plat unique d'un déjeuner léger. J'aime également servir les légumes coupés plus fin en accompagnement de côtelettes d'agneau grillées au feu de bois, d'un bar ou d'une daurade farcie de couscous coloré au safran, ou comme lit délicieux de poissons grillés sur des sarments de vigne.

J'ai un jour fait une centaine de kilomètres pour pouvoir manger ce plat de légumes simples et, aujourd'hui encore, chaque fois que je prends le chemin de la Méditerranée, je me rends en pèlerinage en Provence pour avoir «ma dose» de ratatouille.

Je ne prépare plus la ratatouille selon la tradition provençale, les légumes cuits à l'étouffée dans l'huile. Je préfère faire mijoter l'oignon, l'ail, les aubergines, les poivrons et les courgettes séparément dans la meilleure huile d'olive que je puisse trouver, jusqu'à ce que les légumes réduisent sans prendre couleur. Alors, je les rassemble, j'ajoute de beaux quartiers de tomates et je saupoudre le tout de fines herbes hachées.

Ratatouille

4 PERSONNES

8 cuillerées à soupe d'huile d'olive	4-6 tomates bien mûres, pelées, épépinées et coupés en quartiers
2 oignons d'Espagne émincés	sel et poivre noir
2 poivrons verts en dés	1 cuillerée à soupe de persil haché
2 aubergines en dés	1 pincée de marjolaine ou d'origan
2 courgettes débitées en tranches de 1,2 cm	1 pincée de basilic
1 grosse gousse d'ail écrasée	

Faites chauffer l'huile d'olive dans une grande poêle, ajoutez l'oignon émincé et faites-le sauter jusqu'à ce qu'il soit transparent. Ajoutez les dés de poivrons et d'aubergines et, 5 minutes après, les courgettes et les tomates. Les légumes ne doivent pas frire mais cuire à l'étouffée dans l'huile, c'est-à-dire mijoter 30 minutes à feu doux dans une cocotte couverte.

Salez, poivrez et ajoutez le hachis de persil, la marjolaine ou l'origan, le basilic et l'ail écrasé. Laissez cuire encore 10-15 minutes à découvert. La ratatouille doit être bien mélangée et ressembler à un ragoût de légumes. Servez chaud dans la marmite ou froid, en entrée.

Ma ratatouille

4 PERSONNES

Pour ma ratatouille, qui est une version plus croquante, j'utilise les mêmes ingrédients mais les légumes mijotent séparément quelques minutes seulement.

Faites chauffer 2 cuillerées à soupe d'huile d'olive dans une poêle. Faites revenir les oignons et les poivrons verts jusqu'à ce que les oignons soient transparents. Baissez le feu et poursuivez la cuisson des légumes 5 minutes. Assaisonnez. Réservez les légumes dans un saladier.

Faites chauffer 2 autres cuillerées d'huile d'olive dans la poêle. Mettez l'ail et les aubergines et faites revenir le tout, en remuant, jusqu'à légère coloration des aubergines. Baissez le feu et poursuivez la cuisson 5 minutes. Assaisonnez et réservez dans le saladier.

Faites chauffer 2 autres cuillerées d'huile d'olive dans la poêle. Faites cuire les courgettes 5 minutes. Ajoutez les quartiers de tomate et poursuivez la cuisson 3 minutes de plus jusqu'à ce que les légumes commencent à s'assouplir. Assaisonnez et versez dans le saladier.

PRÉSENTATION

Réunissez les légumes dans une cocotte et réchauffez-les. Rectifiez l'assaisonnement. Saupoudrez de persil haché et de basilic et servez aussitôt.

Il y a plus de quarante ans, lors de mon premier séjour en Provence, j'ai découvert un mélange merveilleusement coloré et savoureux de légumes macérés dans l'huile d'olive, aubergines, courgettes, tomates, oignons et ail, appelé ratatouille. Depuis cette première dégustation, la ratatouille incarne pour moi le vrai goût de la Provence.

155

Tomates farcies à la ratatouille

6 PERSONNES

moitié de la quantité de ratatouille prévue dans la recette de la p. 154	2-3 cuillerées à soupe de vinaigre de vin
6-8 cuillerées à soupe d'huile d'olive	sel et poivre noir du moulin
moutarde	6 grosses tomates bien mûres
	persil finement haché

Préparez la ratatouille selon la recette de la page 154 et conservez-la au froid.

Mélangez l'huile d'olive et le vinaigre de vin, assaisonnez de sel, poivre noir du moulin et moutarde. Versez la ratatouille en remuant.

Plongez les tomates une par une dans l'eau bouillante et pelez-les. Coupez le dessus et retirez la chair et les pépins avec soin. Couvrez les tomates ainsi préparées d'un film plastique et conservez au réfrigérateur.

Au moment de servir, farcissez les tomates du mélange à la ratatouille et saupoudrez de persil.

Les légumes farcis de Provence

S'il est une manière d'apprêter les légumes typiquement provençale, c'est bien la recette des *farcis*, ces petits légumes qui sont sans doute une survivance culinaire de la présence des Arabes dans le sud de la France car on les prépare ainsi, aujourd'hui encore, dans toutes les villes du Maroc, de Fès à Agadir.

Les cuisiniers provençaux farcissent les légumes — aubergines, courgettes, tomates, oignons, pommes de terre colorées au safran — d'un mélange fait de la chair hachée des légumes, de viande de veau finement hachée, de fromage râpé, d'herbes et d'épices. On peut aussi farcir des demi-aubergines avec des oignons, de l'ail et des tomates, à la manière orientale. On farcit les gros oignons avec de l'ail, de l'oignon et de la chapelure aux herbes. Les feuilles de chou sont farcies de restes de viande cuite et hachée et de riz aromatisé avec de la sauge, de l'oignon, de l'ail et du persil.

Les farcis peuvent se servir chauds ou froids, en entrée, en plat principal et même en accompagnement d'un rôti d'agneau (p. 195). Jean-Claude Guillon, à l'hôtel Bel-Air de Saint-Jean-Cap-Ferrat, sert des petits farcis avec son carré d'agneau rôti. Ses farcis sont garnis d'un mélange de jambon haché fin, parfumé au safran, et de ratatouille aromatisée d'un hachis de basilic et d'ail, d'huile d'olive et parmesan râpé.

Au cours des années, j'ai goûté beaucoup de variantes sur le thème des farcis : artichauts farcis d'un coulis de tomates auquel on avait ajouté de la viande hachée (très semblable à une riche sauce bolognaise) ; oignons farcis avec des blettes hachées parfumées à l'oignon, à l'ail et aux herbes ; cœurs de laitue farcis aux herbes et à la chapelure parfumée à l'anchois ; pommes de terre farcies de petit salé coupé en dés et de persillade provençale (un mélange plutôt sec d'oignon haché fin, d'ail, de persil et de basilic associé à de la chapelure fraîche mouillée d'un peu d'huile) ; petites courges rondes, comme des courgettes, farcies de dés de potiron, d'aromates et de riz dans une sauce au fromage.

Aujourd'hui, un groupe de chefs cuisiniers prend la relève et donne un nouvel élan à la cuisine provençale. Ils utilisent amoureusement les beaux légumes, les fruits, les poissons et le

gibier de la région, et créent le patrimoine culinaire de demain.

Farcis

6 PERSONNES

6 courgettes	huile d'olive
6 petites aubergines	sel
6 oignons moyens	beurre
6 petites tomates	

FARCE PROVENÇALE

225 g de veau haché	1 œuf entier battu
50 g de lard demi-sel coupé en dés	2 cuillerées à soupe de parmesan râpé
1 oignon d'Espagne haché	6 cuillerées à soupe de riz cuit à l'eau
huile d'olive	
1-2 gousses d'ail écrasées	pulpe des tomates et des aubergines
estragon et persil frais hachés fin	sel et poivre noir

Faites pocher les courgettes et les oignons entiers 1 minute à l'eau bouillante. Coupez le haut des tomates, des aubergines et des oignons. Évidez les légumes et conservez la chair des aubergines et des tomates pour la farce.

FARCE

Préchauffez le four à 190 °C. Faites revenir les viandes et l'oignon dans l'huile d'olive. Dans un saladier, mélangez les autres ingrédients et ajoutez-les aux viandes et à l'oignon. Salez et poivrez à votre goût. Faites revenir le tout quelques minutes, en remuant constamment, puis farcissez les légumes du mélange.

Disposez les légumes farcis dans un plat à gratin badigeonné d'un peu d'huile. Garnissez tous les légumes d'une noix de beurre, enfournez-les et faites-les cuire 30 minutes au four.

Chou farci *(lou fassoum)*

6-8 PERSONNES

Dans les cuisines des anciennes fermes provençales des environs de Grasse, il y avait toujours un filet spécial pour faire *lou fassoum*, ce délicieux chou farci de Provence et l'une des meilleures recettes de la cuisine de Grasse. Remplacez ce filet par une mousseline bien propre.

feuilles d'un chou de Milan blanchies	1 petit paquet de petits pois surgelés
1 gros oignon jaune haché	225 g de chair à saucisse
huile d'olive	100 g de porc demi-sel finement haché
100 de vert de blettes ou d'épinards hachés	2 œufs entiers battus
2 grosses tomates bien mûres pelées, épépinées et hachées	sel et poivre noir
2 gousses d'ail hachées	2,2 l de bouillon de pot-au-feu (ou bouillon de bœuf corsé)
piment écrasé	

Étalez la mousseline humide sur le plan de travail. Placez dessus les feuilles de chou blanchies en plusieurs couches pour obtenir un large cercle.

PRÉPARATION DE LA FARCE

Hachez fin le reste des feuilles de chou blanchies et mettez-les dans un grand saladier. Faites revenir l'oignon haché dans 2 cuillerées à soupe d'huile d'olive jusqu'à ce qu'il soit transparent. Ajoutez le vert des blettes ou des épinards hachés et poursuivez la cuisson 1-2 minutes sans cesser de remuer. Mélangez au chou haché. Ajoutez les tomates et l'ail, les petits pois, la chair à saucisse, le lard demi-sel haché et les œufs battus. Assaisonnez de sel, de poivre du moulin et de piment écrasé. Mélangez bien.

CUISSON DU CHOU FARCI

Garnissez de cette farce le centre des couches de feuilles de chou. Rabattez les feuilles extérieures sur la farce puis ramenez la mousseline autour pour former un ballon. Attachez soigneusement.

Portez le bouillon de pot-au-feu à ébullition. Placez le chou farci dans le bouillon et laissez mijoter à feu doux 2 heures environ, en ajoutant un peu de bouillon ou d'eau si nécessaire.

PRÉSENTATION

Égouttez le chou en réservant le bouillon pour un autre usage. Retirez la mousseline. Coupez le chou farci en tranches épaisses et dressez-les sur un plat chaud. Servez, comme à Grasse, avec la sauce parfumée d'une daube de bœuf, ou avec une sauce tomate légère.

Capounets

4-6 PERSONNES

Cette recette de chou farci est typiquement niçoise.

1 chou de Milan de taille moyenne	2 œufs entiers battus
450 g de bœuf, d'agneau ou de porc rôti	sel et poivre noir du moulin
1 gros oignon jaune haché	1 piment rouge écrasé
huile d'olive	2-4 cuillerées à soupe de gruyère râpé
feuilles de 2-3 branches de persil haché	12,5 cl de bouillon relevé
1 gousse d'ail hachée	12,5 cl de sauce tomate relevée

PRÉPARATION DU CHOU

Ôtez toutes les feuilles extérieures abîmées. Puis prélevez 10-12 grandes feuilles que vous ferez blanchir à l'eau légèrement salée. Retirez-les à l'aide d'une écumoire et égouttez.

Faites blanchir le reste du chou dans la même eau jusqu'à ce qu'il soit tendre. Retirez et égouttez.

FARCE

Hachez grossièrement les feuilles de chou entières et mélangez-les à la viande de votre choix. Faites revenir l'oignon haché dans 2 cuillerées à soupe d'huile d'olive jusqu'à ce qu'il soit transparent. Ajoutez le persil haché et l'ail ainsi que les œufs battus, et assaisonnez de sel, de poivre noir et de piment écrasé. Le mélange doit être très relevé. Mettez-le dans un grand saladier et ajoutez le gruyère râpé. Mélangez de nouveaux.

LES CAPOUNETS

Garnissez chaque feuille de chou de 4 cuillerées à soupe de farce. Roulez les feuilles en forme de paquets maintenus à l'aide d'une pique à cocktail.

Dans une grande poêle, faites revenir les petits paquets à l'huile d'olive jusqu'à ce qu'ils soient dorés de tous côtés. Couvrez avec le bouillon relevé et faites mijoter 10 minutes. Ajoutez alors la sauce tomate et poursuivez la cuisson le temps que les feuilles de chou soient tendres. Servez aussitôt.

Les tians

L e *tian* est aussi un plat typiquement provençal. On appelle *tian* des couches de légumes gratinés, arrosés d'huile d'olive, saupoudrés d'herbes de Provence et cuits au four dans un plat en terre cuite vernissé de forme ovale (le tian). Tous les légumes coupés en tranches peuvent entrer dans la composition du *tian* : les aubergines, les tomates et les courgettes, les oignons et les pommes de terre ; ou un ensemble de légumes verts (épinards, blettes et oseille) ou encore du potiron et de la courge en dés, des haricots blancs et des lentilles. Les tians à base de poireaux, de blettes et de cardons sont traditionnellement servis à Noël avec des petits croûtons et une crème parfumée à l'anchois.

Aujourd'hui, ces gratins de légumes sont cuits dans le four familial, mais, autrefois, la plupart des cuisinières les préparaient à la maison et les apportaient au boulanger pour qu'il les cuise avec les rôtis d'agneau ou de porc à la boulangère quand il avait achevé sa fournée.

Tian à la provençale

4-6 PERSONNES

4 petites aubergines	4 cuillerées à soupe de
4 petites courgettes	persil haché fin
2 poivrons verts	thym et marjolaine
2 poivrons rouges	beurre
2 poivrons jaunes	4 cuillerées à soupe de
4 gousses d'ail hachées fin	chapelure
8 tomates	

Coupez les aubergines et les courgettes en fines lanières et faites-les revenir séparément dans l'huile d'olive. Coupez les poivrons en rondelles et faites-les revenir. Quelques minutes avant la fin de la cuisson, saupoudrez les courgettes et les aubergines de 2 gousses d'ail

Tian à la provençale, un gratin d'aubergines, de courgettes, de tomates et de poivrons en tranches alternées.

hachées fin et de 2 cuillerées à soupe de persil, de thym et de marjolaine.

Coupez les tomates en grosses rondelles. Placez-les dans un grand plat à gratin beurré et faites-les cuire à la provençale saupoudrées du reste d'ail, de persil et de chapelure.

Disposez les légumes cuits dans un grand plat à gratin, les tomates au centre, les aubergines d'un côté et les courgettes de l'autre. Entrecroisez les rondelles de poivrons rouges, verts et jaunes sur les légumes. Faites dorer au gril et servez aussitôt. Ce plat est également délicieux consommé froid.

Les pommes de terre

M ême les pommes de terre ont un autre goût en Provence. Les bintjes et les belles de Fontenay si savoureuses font de délicieuses estouffades ou gratins, et de magnifiques purées pour accompagner les rôtis de bœuf ou d'agneau. Associées à des truffes en tranches et à des morilles à la crème, elles composent des entrées parfaites. Essayez-les également en tarte fine ou en galette (un gâteau de pommes de terre d'une grande finesse) pour couronner une poêlée de crevettes sautées, des anchois frais ou des champignons sauvages (voir p. 83 et 194).

Les gratins aux pommes de terre sont particuliers : des couches de pommes de terre nouvelles en tranches très fines, avec le trio des fromages importés et consommés en Provence depuis le dix-huitième siècle (gruyère, hollande et parmesan), nappées de crème fraîche et parsemées d'herbes de Provence sèches, le tout cuit à 170 °C au four.

Lorsque les pommes de terre au goût délicat sont sorties du four, un dernier filet d'huile d'olive fait de cette préparation l'accompagnement parfait d'un filet de porc rôti à la provençale, ou de côtes d'agneau rosées grillées à la braise avec un petit soupçon d'ail et de persil haché pour les parfumer et les colorer. Un généreux hachis d'ail et de persil plat ou un mélange d'herbes de Provence séchées rehausse le parfum de tous ces plats rustiques à base de pommes de terre.

Pommes de terre sautées à l'ail

4-6 PERSONNES

900 g de petites pommes
de terre nouvelles

2 cuillerées à soupe de
beurre

4 grosses gousses d'ail
hachées grossièrement

4 cuillerées à soupe d'huile
d'olive

2 cuillerées à soupe de
persil plat haché

sel et poivre noir du moulin

Lavez les pommes de terre avec soin sans les éplucher.

Faites-les cuire 15 minutes dans un grand volume
d'eau bouillante salée. Égouttez et laissez refroidir.
Coupez les pommes de terre en quartiers et
réservez-les.

Faites fondre le beurre avec l'huile dans une grande
poêle. Ajoutez les quartiers de pommes de terre et
faites-les cuire 5 minutes à feu moyen, en remuant fréquemment. Poursuivez la cuisson à feu vif en tournant les légumes souvent, jusqu'à ce qu'ils soient d'une
belle couleur brun doré. Ajoutez le persil haché et l'ail,
le sel et le poivre noir du moulin, et faites sauter le
tout 3 minutes de plus. Mettez dans un plat de service chaud et servez aussitôt.

Pommes de terre au four à la provençale

6 PERSONNES

12 pommes de terre
moyennes

huile d'olive

sel et poivre noir

herbes sèches de Provence

Lavez les pommes de terre avec soin sans les éplucher.
Préchauffez le four à 200 °C.

Coupez les pommes de terre en deux dans le sens
de la longueur. Avec un couteau de cuisine pointu,
entaillez-les profondément mais sans couper la peau.

Placez les pommes de terre dans un plat à gratin,
la partie coupée vers le haut. Enduisez-les d'un peu
d'huile. Assaisonnez généreusement de sel, de poivre
du moulin et d'herbes de Provence séchées.

Faites-les cuire 30-40 minutes au four jusqu'à ce
qu'elles aient une belle couleur brun doré et soient
tendres.

Les marchés de Provence proposent en
abondance des fruits et des légumes superbes.

Aubergines en barbouillade

6 PERSONNES

4-6 aubergines pelées et coupées en fines rondelles	1 gros oignon d'Espagne émincé
4-6 cuillerées d'huile d'olive	sel et poivre noir du moulin
4-6 tomates bien mûres	4-6 cuillerées à soupe de
2 gousses d'ail	persil plat

Dans une poêle épaisse et large ou dans une cocotte en fonte, faites revenir des tranches d'aubergine en quantité suffisante pour former une couche au fond du plat. Lorsqu'elles sont uniformément dorées, égouttez-les sur du papier absorbant. Répétez l'opération.

Mettez le reste d'huile dans une casserole ou une poêle propre. Placez les tranches d'aubergine dans la casserole, ajoutez les tomates pelées, épépinées et coupées en dés, l'oignon émincé et l'ail, et faites mijoter à feu très doux jusqu'à ce que les légumes soient tendres.

Assaisonnez selon votre goût de sel et de poivre noir du moulin. Saupoudrez de persil haché et servez aussitôt.

Papeton d'aubergines

4 PERSONNES

3 aubergines longues de taille moyenne, soit 450 g environ	huile d'olive
	coulis de tomate (voir p. 24)
sel	cresson pour la garniture

FARCE

15 g de beurre	75 g de jambon cuit finement haché
1 cuillerée à soupe d'huile d'olive	2 grosses tomates, pelées, épépinées et concassées
1 oignon moyen finement haché	1 cuillerée à soupe de persil plat haché
1 gousse d'ail écrasée	1 œuf entier légèrement battu
sel et poivre noir	
75 g de porc cuit	

Essuyez les aubergines avec un torchon sec. Coupez-les en fines tranches sans les peler. Saupoudrez-les de sel et placez-les 30 minutes dans une passoire pour les débarrasser de leur amertume.

PRÉPARATION DE LA FARCE

Dans un petit poêlon, faites chauffer le beurre et l'huile. Lorsque le beurre est fondu, faites revenir l'oignon haché fin 5 minutes en remuant de temps en temps avec une cuillère en bois. Ajoutez l'ail, le porc

Poivrons verts, tomates et aubergines, la «sainte trinité» qui est la base de tant de plats de légumes délicieux.

cuit haché menu, le jambon, les tomates et le persil. Assaisonnez à votre goût en sel et poivre du moulin et faites revenir le tout 5 minutes.

Retirez le poêlon du feu. Laissez refroidir puis incorporez l'œuf battu. Rincez soigneusement les tranches d'aubergine à l'eau froide et séchez-les dans du papier absorbant pour ôter le maximum d'eau.

CUISSON DES AUBERGINES

Dans une grande poêle, faites chauffer 4 cuillerées d'huile d'olive et faites revenir le tiers des aubergines 2 minutes de chaque côté jusqu'à ce qu'elles soient brun doré, en les retournant à l'aide d'une spatule. Retirez-les et égouttez-les sur du papier absorbant. Répétez l'opération pour les aubergines restantes en utilisant 2-4 cuillerées à soupe d'huile pour chaque fournée.

Préchauffez le four à 180 °C.

Huilez un moule de 60 cl que vous borderez avec des tranches d'aubergine de taille égale en gardant le reste pour la farce. Couvrez les aubergines d'une couche de viande. Recouvrez celle-ci d'une couche d'aubergines et continuez ainsi jusqu'à épuisement des ingrédients. Terminez par une couche d'aubergines.

Dites seulement « Provence »

à n'importe quel amoureux

de la cuisine et il vous répondra

sûrement en évoquant la bouillabaisse,

l'aïoli, la ratatouille et la salade

niçoise. Il se souviendra avec émotion

de cette gastronomie venue du fond

des âges.

Couvrez le moule d'une assiette ou d'une feuille d'aluminium. Placez le moule dans un plat à rôtir rempli d'eau jusqu'à mi-hauteur du moule. Faites cuire 1 heure.

Démoulez sur un plat chaud. Versez autour le coulis de tomates chaud. Garnissez de petits bouquets de cresson et servez aussitôt.

Pommes d'amour à la marseillaise
4-6 PERSONNES

4 grosses tomates bien mûres, coupées en deux par le milieu	4 cuillerées à soupe de persil plat haché
4 cuillerées à soupe d'huile d'olive	4 cuillerées à soupe d'ail haché fin
4 cuillerées à café de sucre	sel et poivre noir

Faites chauffer l'huile dans une poêle à fond épais. Placez les demi-tomates, partie coupée sur le fond. Faites cuire à couvert 30 minutes à feu moyen. Retirez du feu. Retournez les tomates. Saupoudrez-les d'un mélange de persil plat haché fin et d'ail ; puis ajoutez un peu de sucre et de sel et poursuivez la cuisson à couvert 20 minutes.

Avant de servir, saupoudrez de poivre noir du moulin. Servez aussitôt.

Pommes d'amour à la provençale
4 PERSONNES

La recette traditionnelle des tomates à la provençale diffère de celle de Marseille. Cette fois-ci, les tomates — plus petites et coupées elles aussi en deux par le milieu — sont cuites à feu très vif de sorte qu'elles caramélisent un peu et ont un goût frit. Mais la différence principale, c'est que l'ail et le persil sont ajoutés en fin de cuisson, leur parfum rustique ressortant ainsi davantage.

12 petites tomates bien mûres coupées en deux par le milieu	3 cuillerées à soupe de persil haché fin
6 cuillerées à soupe d'huile d'olive	3 cuillerées à soupe d'ail haché fin
	sel et poivre noir du moulin

Faites chauffer l'huile dans une poêle à fond épais. Placez les demi-tomates, partie coupée vers le haut, dans la poêle et faites-les cuire à couvert 20 minutes. Retournez-les et poursuivez la cuisson 20 minutes. Retournez-les de nouveau et parsemez-les d'ail et de persil haché, de sel et de poivre noir du moulin. Couvrez et faites cuire 2 minutes de plus. Servez aussitôt.

ESCALE

Famille Gleize

La Bonne Étape,
Château-Arnoux

Le voyageur qui fait une halte à La Bonne Étape à Château-Arnoux, sur la route Napoléon, à mi-chemin entre Grenoble et Nice, est bien inspiré. Cela vaut vraiment la peine de faire un détour pour passer une ou deux nuits dans cette charmante auberge tenue par Pierre et Arlette Gleize et leur fils Jany. L'ancien Hôtel de la Gare de cette ville proche de Sisteron a été transformé par la famille Gleize en un petit château aux chambres confortables, avec une salle à manger élégante et un bar accueillant. Dès qu'on passe la porte, on sent qu'on arrive dans une entreprise familiale confortable et sans affectation.

La région autour de Château-Arnoux, aride et belle, est un pays de miel, d'huile d'olive et d'amandes. Les seules industries sont celles du nougat et des calissons ou, alors, de distillation de la lavande. Et la ville ne s'anime que le jour où le marché hebdomadaire installe ses étalages sur la place de la République et où les fermiers viennent des collines voisines vendre le miel pour fabriquer les calissons, la lavande pour la distillerie ou les petits fromages de chèvre appelés *banons* ou *picodons*.

Le temps est changeant et, pendant l'hiver, le mistral souffle dans la vallée. « C'est le carrefour des quatre vents », prévient Pierre Gleize. Quand vous sentez le mistral souffler du nord-est, vous savez que vous êtes en Provence.

Château-Arnoux est entouré de petits villages qui fabriquent d'excellents produits régionaux. Banon (850 habitants) semble sortir tout droit d'un conte de fées, avec ses petites maisons de pierre, ses fontaines et ses boutiques que l'on ferme, le soir, par des volets bleus. Sur le petit marché hebdomadaire, de vieilles paysannes proposent les petits fromages de Banon frais et crémeux, vieux de deux ou trois jours, et juste décorés de quelques brins d'herbes fraîches.

La Bonne Étape ne pratique pas la nouvelle cuisine, mais la bonne chère glorieuse et sensuelle que les gens de la campagne française ont toujours aimé manger. Les « gastronomes » à la mode peuvent aller ailleurs se régaler de suprêmes de canard rosé dressés en éventail dans une mare de purée de framboise ou se gorger d'un plateau-dégustation de desserts difficilement reconnaissables. Les Gleize, père et fils, travaillent avec modestie à rendre hommage aux produits de leur région.

Vous ne pouvez manquer de succomber à la simplicité rustique de leurs sauces claires, légères, épaissies non avec du beurre, de la crème ou de la farine, mais avec de simples réductions de jus de cuisson, avec des légumes tels que les poireaux, les oignons ou le fenouil. Leurs sauces ont le goût d'une cuisine vivante et piquante qui chante les herbes de la garrigue, et les fruits de la treille et des oliveraies qui entourent la ville.

Il est difficile de trouver deux hommes plus simples, plus joyeux et plus amusants que les Gleize père et fils. Ils vivent pour leur métier, sans excès, sans prétention. Leur cuisine est proche de la terre, le soleil méditerranéen touche tout ce qui entre dans leurs casseroles. Sous leur direction, le restaurant est devenu le temple des parfums uniques de cette partie du monde, mais le père et le fils ne sont en aucune manière passéistes. Tous deux ont le sens de la mesure et l'équilibre des classiques mais leur cuisine est imprégnée d'une vivacité et d'une sensibilité très ouvertes au rythme d'aujourd'hui.

La cuisine provençale a toujours produit une nourriture saine et le menu de La Bonne Étape en témoigne, que ce soit la *salade de cèpes crus* sur un lit de mesclun ramassé dans le jardin juste avant d'être apporté à table, ou le *consommé à l'ail, à la sauge et à l'œuf poché* avec ses curieux pistils de safran et ses débris de pétales de rose (voir p. 95). J'aime également leur mer-

Salade de cèpes au mesclun.

veilleuse soupe d'hiver à la campagnarde, la *soupe de potiron* (servie dans le fruit) et la *soupe d'épeautre* (voir p. 98 et p. 97).

Les autres spécialités à découvrir sont la *roulade de lapereau à l'hysope*, les *tolènes farcies aux herbes vertes et aux pignons de pin* et le fabuleux dessert de la maison, la *crème glacée au miel de lavande*.

Salade de cèpes au mesclun

PAR PERSONNE

1 cèpe frais de taille moyenne

1 poignée de mesclun, avec la plus grande variété de feuilles possible, assaisonnée d'une

vinaigrette très parfumée

sel et poivre noir

jus d'1/2 citron

2 cuillerées à soupe d'huile d'olive extra-vierge

Il importe que le cèpe soit aussi ferme et frais que possible et qu'il n'ait pas trempé dans l'eau.

Nettoyez le cèpe avec un torchon en le débarrassant de toute impureté.

Tournez le mesclun dans une vinaigrette bien parfumée. Dressez-le au centre d'une assiette.

Puis, avec un couteau très pointu, coupez le cèpe en fines lamelles que vous dressez en dôme sur le mesclun.

Assaisonnez de sel et de poivre du moulin et d'un filet de jus de citron. Mouillez d'une bonne quantité d'huile d'olive (la valeur de 2 cuillerées à soupe) pour couvrir les tranches de cèpe.

Raviolis aux herbes et aux cèpes

8 PERSONNES

PÂTE

450 g de farine complète

2 œuf entiers

15 g de sel

3 cuillerées à soupe d'huile d'olive

1 verre d'eau

FARCE

225 g d'épinards

225 g de blettes

50 g de persil haché

100 g de cèpe haché

4 cuillerées à soupe d'huile d'olive

2 gousses d'ail hachées fin

50 g de parmesan râpé

15 g de feuilles de basilic frais hachées fin

sel et poivre noir du moulin

GARNITURE

1 petit cèpe

PRÉPARATION DE LA PÂTE

Tamisez la farine et formez un puits sur le plan de travail. Mettez tous les autres ingrédients au centre du puits et travaillez petit à petit la farine du bout des doigts pour obtenir une pâte lisse et souple. Envelop-

Jany Gleize ramasse le mélange des jeunes feuilles de salades délicates (à gauche) pour composer le mesclun traditionnel (ci-contre).

pez-la dans du film plastique ou dans du papier d'aluminium et laissez-la reposer 1 heure au réfrigérateur.

PRÉPARATION DE LA FARCE

Placez les blettes et les épinards lavés dans une casserole avec le persil. Couvrez juste d'eau et portez à ébullition. Transférez les légumes blanchis dans un grand tamis ou une grande passoire et rafraîchissez-les sous le robinet. Égouttez et séchez soigneusement pour enlever le plus d'eau possible.

Dans une grande poêle, faites revenir les champignons dans 2 cuillerées à soupe d'huile d'olive jusqu'à ce qu'ils changent de couleur ; ajoutez les légumes préparés et l'ail haché. Mélangez avec soin. Puis ajoutez le hachis de basilic, le parmesan râpé et le reste d'huile d'olive. Mélangez à nouveau. Retirez du feu et posez le mélange sur une planche à hacher. Hachez très fin.

Assaisonnez généreusement de sel et poivre du moulin.

PRÉPARATION DES RAVIOLIS

Divisez la pâte en deux parts égales. Abaissez sur une surface farinée pour obtenir une pâte aussi fine qu'une feuille de papier. C'est important, sinon les raviolis seront lourds.

Coupez la pâte en bandes de 5 cm de large. Posez des cuillerées à café de farce tous les 5 cm. Humidifiez les bords de la pâte entre les petits tas de farce (servez-vous de vos doigts). Couvrez la bande de pâte d'une

Raviolis aux herbes et aux cèpes.

autre bande. Puis, à l'aide de vos doigts, pressez sur la farce et sur les bords et séparez les raviolis en petits carrés bien nets à la roulette à pâtisserie.

CUISSON

Dans une grande marmite, mettez l'eau, 2 cuillerées à soupe d'huile d'olive, 1 demi-cuillerée de sel et faites bouillir à gros bouillons. Jetez-y les raviolis et faites-les pocher à feu moyen. S'ils sont très fins, 5 minutes suffiront. S'ils sont plus épais, comptez quelques minutes de plus. Lorsqu'ils remontent à la surface, ils sont cuits.

Égouttez-les avec soin puis séchez-les sur une serviette pliée. Servez les raviolis dressés en rond sur des assiettes chaudes. Placez au centre de l'assiette un petit cèpe que vous aurez fait sauter dans du beurre et nappez-le d'un peu de beurre fondu parfumé d'une goutte de jus de citron.

Loup poêlé sauce aux fruits de Provence « dénostitin »

4-6 PERSONNES

Cette élégante préparation du loup poêlé à la tapenade est relativement simple à réaliser. C'est un grand classique de la cuisine provençale, qui tire sa note haute cuisine d'une sauce subtile aux parfums multiples. À La Bonne Étape (photo ci-contre), elle est accompagnée d'une garniture pleine d'esprit : une châtaigne en trompe l'œil, faite de pommes de terre en purée, de truffes noires et de spaghettis frits.

4-6 filets de loup (150 g chacun)	2-3 cuillerées à soupe de tapenade (maison ou achetée toute préparée)
1 œuf entier battu	
15 g de farine de maïs	

SAUCE AUX FRUITS DE PROVENCE

1/4 de gousse d'ail, hachée fin	15 cl de coulis de tomate (voir p. 24)
25 g de carottes râpées fin	2 cuillerées à soupe de chocolat amer fondu
1/2 cuillerée à café de zeste de citron râpé	15 g d'amandes râpées
2 cuillerées à soupe d'huile d'olive	75 g de pommes à couteau pelées, épépinées et hachées fin
4 cuillerées à soupe de vin blanc sec	1 petit morceau de zeste d'orange sec
4 cuillerées à soupe de fumet de poisson	1 pincée de safran
4 cuillerées à soupe de lait	sel et poivre noir du moulin

PRÉPARATION DE LA SAUCE

Dans une sauteuse, faites revenir l'ail haché fin, la carotte râpée et le zeste de citron dans l'huile d'olive jusqu'à ce que les légumes soient tendres. Ajoutez alors le vin blanc et le fumet de poisson et portez à ébullition, en grattant les sucs au fond de la sauteuse. Ajoutez le coulis de tomates, le chocolat fondu, les amandes et la pomme râpés, le zeste d'orange et le lait. Assaisonnez avec le safran, le sel et le poivre du moulin. Portez le mélange à ébullition. Faites cuire à couvert 30 minutes à feu doux jusqu'à ce que la sauce réduise de moitié, en ajoutant un peu de liquide (vin blanc sec et/ou lait) si la sauce devient trop épaisse.

Transvasez la sauce dans le bol d'un mixeur et mixez jusqu'à obtention d'une sauce lisse. Puis passez-la au tamis fin dans une casserole propre. Couvrez et réservez au chaud.

CUISSON DU POISSON (1)

Nappez les filets de poisson avec la tapenade. Puis faites-les cuire dans une poêle anti-adhésive, à feu vif, pendant 3 minutes de chaque côté.

CUISSON DU POISSON (2)

Enduisez d'œuf battu les deux côtés du poisson. Passez-le dans la farine de maïs et faites sauter les filets dans une poêle anti-adhésive à feu vif : comptez 3 minutes par côté. Décorez chaque filet de tapenade.

PRÉSENTATION

Nappez le fond des assiettes chaudes de sauce chaude (3-4 cuillerées à soupe par assiette). Dressez un filet de loup au centre et placez de chaque côté des pommes de terre coupées en tranches et cuites dans un peu de coulis de tomates au safran, ainsi que quelques fèves.

PRÉPARATION DE LA GARNITURE

Une garniture composée d'une truffe accompagne ce plat. Si vous souhaitez la réaliser pour une grande occasion, voici les instructions de Jany Gleize : pour chaque « châtaigne », formez une petite boule de purée de pommes de terre. Insérez dans chaque petite boule une petite truffe noire afin d'imiter la châtaigne dans sa bogue. Puis garnissez la petite boule de petits morceaux de spaghettis crus. Au dernier moment, faites frire les « châtaignes » jusqu'à ce que les spaghettis soient croquants et dorés.

Vous pouvez aussi farcir des olives noires de tapenade et en garnir la purée de pommes de terre pour remplacer les truffes. C'est tout aussi charmant et beaucoup moins onéreux.

Loup poêlé sauce aux fruits de Provence « dénostitin », dans la cuisine de La Bonne Étape.

Crème glacée au miel de lavande

POUR 90 CL

12,5 cl de miel de lavande **60 cl de crème fraîche**
4 jaunes d'œufs **1 gousse de vanille**
30 cl de lait

Faites chauffer le miel de lavande jusqu'à ce qu'il devienne liquide. Ôtez du feu.

Fouettez les jaunes d'œufs en mousse de couleur jaune paille. Puis, en fouettant moins vite, ajoutez peu à peu le miel liquide et chaud.

Dans une casserole de taille moyenne, faites bouillir la crème et le lait avec une gousse de vanille. Retirez la gousse et ajoutez petit à petit le lait et la crème chauds au mélange œufs-miel, en fouettant sans arrêt.

Mettez le mélange obtenu dans une casserole propre et faites chauffer à feu moyen jusqu'à ce que le mélange nappe le dos d'une cuillère en bois : comptez 8 minutes environ. Évitez de laisser bouillir, ce qui ferait cailler le mélange. Passez au-dessus d'un saladier propre et faites refroidir.

POUR GLACER

Versez le mélange refroidi dans le récipient de la sorbetière que vous laisserez tourner (selon le mode d'emploi de votre appareil) environ 20 à 25 minutes.

À La Bonne Étape, Pierre et Jany Gleize font une cuisine sensible, mettant en valeur les meilleurs produits de la région. L'une de leurs spécialités est la crème glacée au miel de lavande, un délicieux dessert maison.

7 Les chefs de

SUCRERIES, DESSERTS ET GÂTEAUX

La Côte d'Azur peut se vanter d'avoir plus de millionnaires (ou supposés tels) au mètre carré que n'importe quel autre lieu de villégiature en France, à l'exception peut-être de l'aristocratique Deauville. Avec son climat exquis, son histoire pleine de princes, d'artistes célèbres, de courtisans infâmes et de flambeurs légendaires des banques de Monte-Carlo,

cette région est presque devenue britannique depuis que, au XVIIIᵉ siècle, Tobias Smollet arriva à Nice avec sa famille. C'était en 1763. Près d'un siècle plus tard, Lord Brougham mettait à la mode la Riviera en s'établissant à Cannes. En quelques années, plus de trente demeures appartenant à des Anglais étaient construites autour du petit port de pêche. Les Anglais avaient, à l'époque, presque envahi Nice : cent familles vivaient là à cette époque, et la Promenade des Anglais, construite en 1822, est une des merveilles de la Côte.

Le célèbre casino de Monte-Carlo ouvrit ses portes en 1856 et attira vers la petite ville de nombreux visiteurs titrés, des banquiers, des courtisans, des aventuriers, qui vinrent d'un peu partout pour y jouer. Mais la Côte d'Azur était, pour les Anglais, un lieu de résidence d'hiver jusqu'à ce que, à l'époque du jazz, de jeunes écrivains américains, Ernest Hemingway, Scott Fitzgerald et leurs amis, les Murphy, la mettent à la mode durant les mois d'été.

Les Français ont fini par découvrir ce qu'ils avaient toujours eu sous les yeux et sont arrivés en nombre : Jean Cocteau, André Fraigneau, Boris Kochno et les danseurs des Ballets russes de Monte-Carlo établirent leurs quartiers à l'hôtel Splendide de Villefranche-sur-Mer. Suzy Solidor ouvrit une boîte de nuit dans le vieux Cannes. Mistinguett et Colette s'établirent à Saint-Tropez. La Côte d'Azur, ses somptueuses propriétés, ses yachts immaculés, ses voitures de course, son superbe climat, ses arbres

174

la Côte

tropicaux et ses grands hôtels — véritables palaces tout au long du littoral — devinrent un pays de légende qui, aujourd'hui encore, attire les foules. Parmi les palaces de la Côte, c'est l'hôtel Bel Air que je préfère. Situé à l'extrémité du promontoire de Cap-Ferrat, c'est un endroit luxueux avec ses hectares de superbes jardins et sa vaste piscine qui semble suspendue au-dessus de la mer, l'eau se mêlant au bleu du ciel méditerranéen. Un funiculaire privé vous amène sans effort à la piscine et à son restaurant en terrasse, vous privant cependant d'une promenade à travers les superbes jardins exotiques. J'aime la fraîcheur de l'hôtel, ses terrasses ombragées, ses halls de marbre aux meubles superbes et aux bouquets de fleurs séchées étonnants, ses suites confortables, son atmosphère calme et sereine au milieu de l'agitation de la Côte.

Les spacieuses terrasses à l'ombre des pins parasols sont un lieu idéal pour savourer des petits déjeuners tranquilles, des déjeuners informels se prolongeant dans l'après-midi, ou des dîners aux chandelles, avec vue sur les lumières de Monte-Carlo ou d'Antibes. Depuis 1974, le chef Jean-Claude Guillon préside aux destinées de l'immense cuisine de l'hôtel.

Aujourd'hui, toute la Côte a de grands restaurants dirigés par de grands chefs, tout comme à la Belle Époque : parmi les plus connus, citons Guy Cibois au Gray Albion de Cannes, Alain Ducasse à l'Hôtel de Paris à Monte-Carlo, Dominique Le Stanc au restaurant Chantecler, à l'hôtel Negresco de Nice et Jean-Jacques Jouteux dans son restaurant Le Provençal à Saint-Jean-Cap-Ferrat. Chacun de ces chefs est original. Vous découvrirez dans leurs restaurants quelques-uns des plats les plus excitants du monde. Leur cuisine, influencée par la qualité des produits locaux et par la saine simplicité des traditions de Provence, est sûre d'elle-même, recherchée mais sans prétention.

Les desserts de Provence

La meilleure manière d'achever un repas en Provence est de déguster les délicieux fruits frais de la région — les cerises de Lauris et Lourmarin, les raisins de table du Thor près de Carpentras, les figues de Marseille et les prunes de Brignoles — et un morceau de fromage, que ce soit un de ces délicieux chèvres, un *banon* ou un *picodon*, servi avec des herbes et un peu d'huile d'olive. Vous pouvez aussi essayer un sorbet de fruits frais ou une crème glacée accompagnée de tranches de pêches fraîches du Gard ou des baies de l'été. Les belles figues violettes, grillées et caramélisées d'un peu de sucre, sont délicieuses servies chaudes, accompagnées de crèmes glacées à la vanille ou à la cannelle. Vous pouvez aussi prendre une petite tarte chaude faite d'un glaçage de tranches de figues ou de pommes, cuites sur de minces cercles de pâte, ou, plus traditionnellement, une tarte aux tranches d'orange ou de citron — dont la pâte mince est faite à l'huile d'olive, ou à l'huile et au beurre mélangés, et dont on ne pèle pas les fruits pour que les peaux brunies par la cuisson au four conservent leur goût amer et que les fruits cuits aient un goût spécifique et une texture élastique. C'est aussi la région des fameux melons de Cavaillon. On les sert entiers, glacés, après avoir enlevé leur calotte. Au cours de l'été long et chaud, un melon permet de terminer n'importe quel repas : sa chair dense est si parfumée et il n'est jamais trop mûr.

Les sucreries et les pâtisseries à l'ancienne sont mises en valeur par la cuisine de campagne de la Provence d'aujourd'hui. La *tarte au potiron*, la *tourte de blettes* (ou *torta de blea* de l'ancienne Provence, tarte aux blettes, crème pâtissière, pignons et parfois glaçage de peau d'orange) et la *frangipane* (tourte aux amandes garnie d'une crème épaissie d'amandes moulues) viennent tout droit du Moyen Âge. Les *bugnes* — beignets légers de pâte croustillante, saupoudrés de sucre glace et entassés dans un panier couvert d'un tissu blanc — sont aussi populaires que les *oreillettes*, à la pâte mince

PAGES PRÉCÉDENTES Un somptueux assortiment des desserts de Jean-Jacques Jouteux au restaurant Le Provençal (dans le sens des aiguilles d'une montre, de gauche à droite) : clafoutis aux raisins, melon glacé, soufflé au citron, crêpes dentelle, macaronnade de chocolat, crème brûlée et assiette glacée de fruits frais.

comme du papier, parfumées à la fleur d'oranger, servies chaudes saupoudrées de sucre glace et parfois de pignons rôtis. Sans oublier le *tian au lait d'Avignon* parfumé à l'orange, un flan crémeux ou gratin de lait et d'œufs (le mot *tian* vient du plat à gratin en terre cuite utilisé pour préparer ce dessert délicatement parfumé).

La *poumpo* (ou *pompe à l'huile*) est un dessert traditionnel de Provence. Elle est souvent le centre des treize desserts servis à chaque festin du réveillon de Noël provençal. L'huile d'olive (qui lui donne son nom) remplace le beurre dans une pâte riche et sucrée garnie de fruits confits en dés.

La *tarte tropézienne* est un biscuit coupé en deux horizontalement et garni d'une crème aux œufs épaisse, vanillée, le dessus couronné de miettes d'amandes étant plus caractéristique de l'Alsace-Lorraine que de la Provence. On dit d'ailleurs qu'elle a été créée par un cuisinier né en Alsace et travaillant en Provence.

Les *calissons d'Aix* — losanges en forme d'amandes faits d'amandes moulues, de melon confit, et nappés d'un glaçage royal à la vanille — font de merveilleux petits fours, tout comme les carrés de nougat blanc (parfumés au miel de lavande, aux noix de pistaches et aux amandes hachés) et le nougat noir (cuit à température plus haute pour obtenir le parfum caramel noir et le croustillant traditionnel).

Clafoutis aux raisins

4 PERSONNES

20-24 grains de raisins blancs épépinés	4 œufs
25 cl de lait	175 g de sucre en poudre
13 cl de crème fleurette	50 g de farine
1/4 de gousse de vanille	beurre

Préchauffez le four à 250 °C.

Dans une casserole de taille moyenne, amenez à ébullition le lait et la crème avec la gousse de vanille. Enlevez du feu, laissez refroidir. Enlevez la gousse de vanille.

Dans un saladier de taille moyenne, battez les œufs et le sucre jusqu'à consistance légère et crémeuse. Puis incorporez la farine, peu à peu. Beurrez 4 moules à tarte individuels ou des ramequins profonds et posez-y 5 à 6 grains de raisins blancs sans pépins.

Incorporez au fouet la préparation à la vanille au mélange d'œufs, de sucre et de farine. Quand le mélange est homogène, nappez-en les moules à tartes. Faites cuire 10 à 12 minutes au four.

Soufflé au citron

4 PERSONNES

4 jaunes d'œufs	3 cuillerées à soupe de
100 g de sucre en poudre	farine
zeste râpé et le jus	4 blancs d'œufs
d'1 gros citron	beurre ramolli

Préchauffez le four à 200 °C.

Dans un saladier de taille moyenne, travaillez en crème les jaunes d'œufs et le sucre.

Ajoutez le zeste finement râpé et le jus d'un citron. Puis continuez à fouetter.

Dans un autre saladier, montez les blancs en neige ferme.

PRÉPARATION DES MOULES À SOUFFLÉ

Beurrez 4 moules à soufflé individuels. Faites 4 « collerettes » pour les moules avec des morceaux de papier d'aluminium pliés. Beurrez un côté de la feuille pliée, placez le côté beurré à l'intérieur, fermez la collerette avec un trombone.

Incorporez peu à peu les blancs en neige à la préparation pour le soufflé, garnissez les moules à la cuillère et mettez-les au four. Réduisez la température à 190 °C et laissez cuire 20 à 25 minutes, jusqu'à ce qu'ils aient bien monté. Servez immédiatement.

Assiette glacée de fruits frais

POUR 1 LITRE

framboises, groseilles,	d'abricots, de prunes ou
myrtilles, cerises et	de nectarines
tranches de melon,	

SORBET AUX FRAMBOISES

50 cl de pulpe de framboise	500 g de sucre en poudre
50 cl d'eau	jus d'1 ou 2 citrons

PRÉPARATION DU SORBET AUX FRAMBOISES

Dans une casserole de taille moyenne, amenez à ébullition le mélange d'eau et de sucre. Faites cuire en remuant de temps en temps jusqu'à ce que le sucre soit complètement dissous. Enlevez du feu et laissez refroidir.

Dans un saladier, mélangez la pulpe de framboises tamisée et le sirop. Ajoutez le jus de citron. Mélangez bien. Versez dans une sorbetière et faites glacer selon le mode d'emploi de votre appareil.

PRÉSENTATION

Disposez artistiquement les fruits en tranches (melon, abricots, prunes ou nectarines) sur un côté de l'assiette à dessert. Puis mettez des fruits frais de l'été (framboises, fraises, myrtilles, cerises) en petits tas séparés. Juste avant de servir, couronnez d'une petite boule de sorbet. Servez immédiatement.

Crêpes dentelle

4 PERSONNES

60 g de farine	23 cl de lait
2 petits œufs	beurre
4-6 cuillerées à soupe de	1/2 cuillerée à café
crème pâtissière (selon la	d'essence de vanille
recette)	

Dans un saladier, mélangez au fouet la farine et les œufs jusqu'à obtention d'un mélange homogène. Dans un autre saladier, mélangez le lait et l'essence de vanille.

Dans une petite poêle, faites chauffer 2 cuillerées à soupe de beurre jusqu'à ce qu'il soit doré. Ajoutez le lait et incorporez à la crème pâtissière. Versez ensuite dans la préparation de farine et d'œufs.

CUISSON DES CRÊPES

Faites fondre la moitié d'1 cuillerée à café de beurre dans une poêle anti-adhésive. Versez 1 petite louche de pâte en veillant à ce que la pâte s'étale bien. Faites cuire la pâte sur un côté ; le fond doit commencer à boursoufler et le dessous être bien brun (pour obtenir l'effet de dentelle, il faut que la poêle soit très chaude).

Retournez la crêpe et faites cuire l'autre côté de même. Enlevez de la poêle, pliez en quatre et gardez au chaud.

Crème pâtissière

1 jaune d'œuf	1 cuillerée à café de
15 cl de lait	maïzena mélangée à
4 cuillerées à soupe de sucre	1 cuillerée à café d'eau
en poudre	

Dans une casserole au bain-marie, battez le jaune d'œuf avec le lait. Ajoutez le mélange de maïzena et d'eau, le sucre, et faites cuire au-dessus de l'eau légè-

rement frémissante, en remuant sans arrêt à la cuillère en bois, jusqu'à ce que la sauce nappe le dos d'une cuillère. Ne laissez pas bouillir le mélange. Enlevez du feu. Laissez refroidir et utilisez comme ci-dessus.

Macaronnade de chocolat

4 PERSONNES

100 g de chocolat amer	4 jaunes d'œufs
50 g de beurre	100 g de sucre en poudre
1 cuillerée à café de café	4 blancs d'œufs
soluble	

Préchauffez le four à 150 °C.

Dans une casserole au bain-marie, faites fondre le beurre et le chocolat. Incorporez le café soluble. Enlevez du feu. Dans un saladier, battez vivement les jaunes d'œufs et le sucre. Le mélange doit être légèrement coloré et faire ruban.

Dans un autre saladier, montez les blancs d'œufs en neige. Incorporez peu à peu le beurre et le chocolat fondus dans le mélange aux œufs et sucre, puis ajoutez la préparation aux blancs en neige.

Versez le mélange dans 4 moules à soufflé et faites cuire 30 minutes au four.

Les tartes provençales aux fruits

Les tartes provençales aux fruits sont habituellement réalisées avec des fonds de tarte, en pâte feuilletée ou à base d'huile d'olive, cuits à blanc quelques minutes seulement sur une grille à pâtisserie, puis recouverts de minces tranches de fruits frais de saison : abricots, pêches, figues, pommes, poires, prunes et même citrons et oranges. Les tartes au citron sont un peu plus compliquées à préparer que les autres, car il est nécessaire de faire cuire sur feu très bas les minces tranches de citron et d'orange dans un sirop avant de les disposer en cercles concentriques se chevauchant sur les fonds de tartes. Cette manière de procéder attendrit les peaux et réduit l'acidité des citrons, donnant une tarte douce-amère vraiment délicieuse.

Fond de tarte
pour tartes provençales aux fruits

—

1 paquet (375 g) de pâte feuilletée, à la température de la pièce

PRÉPARATION DES FONDS DE TARTE

Faites une abaisse de pâte de 6 mm d'épaisseur, coupez-la en carrés (ou cercles) d'environ 10-13 cm de diamètre. Mettez la pâte sur la tôle à pâtisserie. Piquez-la avec les dents d'une fourchette (pour empêcher tout boursouflement pendant la cuisson à blanc), laissez reposer 30 minutes au réfrigérateur.

CUISSON À BLANC DES FONDS DE TARTE

Préchauffez le four à 200 °C. Sortez la pâte du réfrigérateur et faites cuire 5 à 7 minutes dans le four préchauffé. Si la pâte gonfle durant la cuisson, aplatissez-la doucement avec une spatule ou le dos d'une cuillère en bois. Enlevez du four et laissez refroidir.

Tarte au citron ou à l'orange

—
4 PERSONNES
—

4 fonds de tarte cuits à blanc comme ci-dessus
3-4 citrons ou petites oranges
200 g de sucre en poudre
25 cl d'eau

confiture d'abricots diluée dans un peu d'eau ou de marc de Provence
sucre glace
crème fouettée ou crème fraîche (facultatif)

PRÉPARATION DES TRANCHES D'ORANGE OU DE CITRON

Lavez bien les citrons ou les petites oranges avec une brosse et coupez-les en tranches fines.

Dans une poêle ou une sauteuse, mélangez le sucre et l'eau, et faites cuire à feu moyen, en remuant constamment, jusqu'à obtention d'un sirop. Mettez les tranches d'orange ou de citron dans le sirop et laissez mijoter 40 à 50 minutes à très basse température ; les peaux doivent être tendres et les liquides doivent être réduits en sirop concentré.

PRÉPARATION DES TARTES POUR LA CUISSON

Préchauffez le four à 200 °C. Disposez les tranches de citron (ou d'orange) en les faisant se chevaucher sur les fonds de tarte et en laissant une bordure d'1/2 centimètre. Mettez au four et laissez cuire 15 minutes. Enlevez du four et badigeonnez de la préparation d'abricots. Saupoudrez de sucre glace. Servez immédiatement.

Tarte aux figues fraîches,
Hôtel Bel Air

—
4 PERSONNES
—

4 fonds de tarte cuits à blanc
12-16 figues mûres

100 g de sucre cristallisé
sucre glace

Préchauffez le four à 220 °C.

Pelez les figues à l'aide d'un couteau de cuisine bien aiguisé et coupez-les en tranches. Disposez en dôme les tranches de figue sur les fonds de tarte. Saupoudrez de sucre cristallisé et faites cuire 20 minutes au four jusqu'à ce que les figues soient légèrement caramélisées. Saupoudrez de sucre glace. Servez immédiatement sur des assiettes à dessert chauffées.

Tatin de pêches jaunes avec son coulis de framboises, Hôtel Bel Air

4 PERSONNES

4 ronds de pâte feuilletée de la taille de 4 moules à tarte individuels (avec fond amovible)

4 pêches jaunes

2 cuillerées à soupe de beurre ramolli

4 cuillerées à soupe de sucre cristallisé

SIROP À LA VANILLE

200 g de sucre cristallisé (plus de 4 cuillerées à

soupe bien pleines) 23 cl d'eau

COULIS DE FRAMBOISES

23 cl de purée de framboises

crème fraîche ou yaourt

2-4 cuillerées à soupe de sucre en poudre

La veille, pochez les pêches 10 à 20 minutes dans le sirop vanillé jusqu'à ce qu'elles soient tendres. Laissez-les refroidir dans le sirop, pelez-les et remettez-les dans le sirop. Réservez.

Pour la cuisson, faites chauffer le four à 225 °C. Badigeonnez généreusement l'intérieur des moules à tarte de beurre ramolli et saupoudrez de sucre cristallisé. Coupez les pêches en tranches et disposez au fond du moule les tranches en cercles concentriques se chevauchant. Recouvrez des ronds de pâte.

Faites cuire les tartes 20 minutes au four. Ouvrez la porte du four et mettez les moules sur la tôle du fond du four afin de caraméliser les jus de pêches (5 minutes environ). Démoulez ensuite rapidement, en les retournant pour que les pêches caramélisées soient sur le dessus.

Si les pêches ne sont pas caramélisées, arrosez-les d'un peu de sucre et mettez-les sous le gril quelques secondes jusqu'à ce qu'elles brunissent.

PRÉPARATION DU COULIS DE FRAMBOISES

Pendant la cuisson des tartes aux pêches, préparez le coulis de framboises avec un caramel clair de 4 cuillerées à soupe de sucre. Incorporez-le à la purée de framboises et amenez à ébullition. Passez le mélange au mixeur, tamisez et mettez au froid.

PRÉSENTATION

Dressez les tartes, pêches sur le dessus, sur 4 assiettes à dessert. Nappez un côté de l'assiette d'un peu de coulis de framboises. Décorez si vous le désirez d'un peu de crème fraîche ou de yaourt.

Tartes aux pommes, aux poires ou aux prunes

4 PERSONNES

4 fonds de tarte cuits à blanc (voir page 181)

3-4 pommes, poires ou prunes

sucre glace

crème fouettée ou crème fraîche (facultatif)

Préchauffez le four à 200 °C.

Coupez les fruits en quatre, sans les peler. Épépinez les pommes ou les poires et dénoyautez les prunes. Coupez-les en tranches minces. Disposez les tranches de fruits en les faisant se chevaucher sur les carrés (ou les ronds) de la pâte à tarte. Laissez un bord d'un bon centimètre.

Faites cuire les tartes 15 minutes au four. Sortez du four et recouvrez de sucre glace. Servez immédiatement les tartes, accompagnées de crème fouettée ou de crème fraîche si vous le désirez.

Tarte tropézienne

4 PERSONNES

BISCUIT

4 œufs

100 g de sucre en poudre

zeste râpé d'1/2 citron

100 g de beurre

75 g de farine

25 g de maïzena

CRÈME PÂTISSIÈRE

43 cl de lait

1 gousse de vanille coupée

5 jaunes d'œufs

100 g de sucre en poudre

2 cuillerées à soupe de farine

1 cuillerée à soupe de maïzena

1 cuillerée à soupe de beurre

kirsch ou eau de fleurs d'oranger

DÉCORATION AUX AMANDES

2 cuillerées à soupe de beurre ramolli

25 g de farine

50 g de sucre

1/2 cuillerée à café de cannelle en poudre

50 g d'amandes hachées

sucre glace

Préchauffez le four à 180 °C.

PRÉPARATION DE LA CRÈME PÂTISSIÈRE

Dans une casserole, mélangez bien le lait et la gousse de vanille pour extraire l'arôme, amenez le mélange à ébullition à feu doux. Laissez infuser à couvert jusqu'à utilisation.

Dans un saladier, travaillez en crème les jaunes d'œufs et le lait. Incorporez au fouet la farine et la maïzena.

Enlevez la gousse de vanille et incorporez petit à petit le lait à la préparation aux œufs, en fouettant jusqu'à obtention d'un mélange bien homogène.

Versez la préparation dans la casserole. Amenez à ébullition à feu moyen, en remuant sans arrêt. Laissez frémir 3 minutes de plus, en battant bien avec une cuillère en bois pour éliminer les grumeaux. Enlevez la casserole du feu. Incorporez le beurre et battez encore 1 minute ou 2 pour refroidir légèrement la crème avant d'ajouter le kirsch ou l'eau de fleurs d'oranger. Passez la crème à l'étamine si c'est nécessaire. Versez-la dans un saladier et couvrez-la. Une fois la crème refroidie, mettez au froid jusqu'à utilisation.

PRÉPARATION DU BISCUIT

Dans un saladier, versez les œufs, le sucre et le zeste râpé du citron. Fouettez pour bien mélanger. Posez le saladier au-dessus d'une casserole d'eau frémissante et continuez à fouetter 10 à 15 minutes ; le mélange doit être pâle, chaud et épais. Enlevez le saladier de la casserole, mixez la préparation à grande vitesse pour qu'elle refroidisse et se solidifie. Faites fondre doucement le beurre au bain-marie. Laissez refroidir.

Tamisez bien la farine et la maïzena et incorporez-les peu à peu dans la préparation jusqu'à ce que le mélange soit homogène. Ajoutez-y le beurre fondu et versez le tout dans un moule à gâteau (de 20 cm de diamètre et de 3,5 cm de profondeur) beurré et fariné. Faites cuire 20 minutes dans le four préchauffé.

PRÉPARATION DE LA DÉCORATION AUX AMANDES

Dans un saladier, mélangez le beurre ramolli, la farine, le sucre, la cannelle en poudre et les amandes hachées et travaillez du bout des doigts.

Sortez le biscuit du four et saupoudrez-le de la préparation aux amandes, puis remettez-le à cuire 25 minutes de plus. Laissez le biscuit refroidir, démoulez-le. Tranchez-le horizontalement en deux. Posez le fond, partie coupée sur le dessus, sur un plat et nappez-le d'une épaisse couche de crème pâtissière. Recouvrez avec l'autre partie du biscuit. Mettez au froid. Juste avant de servir, saupoudrez le dessus du biscuit d'un peu de sucre glace tamisé.

185

Frangipane aux fraises

PÂTE

1 paquet (375 g) de pâte
   feuilletée surgelée, laissée
   à température ambiante

beurre
1 jaune d'œuf mélangé à
   1 cuillerée à soupe de lait

CRÈME À L'ORANGE ET AUX AMANDES

80 g de sucre en poudre
3 œufs
25 cl de lait

40 g de farine
1-2 languettes de zeste
   d'orange

FRANGIPANE

100 g d'amandes moulues
4 cuillerées à soupe de sucre

2 cuillerée à soupe d'eau de
   fleurs d'oranger

DÉCORATION

confiture d'abricots
eau de fleurs d'oranger
fraises fraîches

crème fouettée froide
sucre glace (facultatif)

PRÉPARATION DE LA CRÈME À L'ORANGE ET AUX AMANDES

Dans un saladier de taille moyenne, travaillez les œufs et le sucre en crème. Dans un autre saladier, incorporez le lait à la farine, en fouettant sans arrêt pour former une pâte souple. Mettez-la dans une casserole. Ajoutez le zeste d'orange et faites cuire à feu doux ; le mélange doit épaissir et perdre le goût de farine. Enlevez la casserole du feu et incorporez la sauce dans la préparation aux œufs, en fouettant pour bien mélanger.

Posez le saladier sur une casserole d'eau frémissante et continuez la cuisson, en fouettant sans arrêt, jusqu'à ce que le mélange épaississe de nouveau. Versez dans un saladier propre. Enlevez le zeste d'orange et laissez refroidir en remuant de temps en temps pour empêcher la formation d'une peau.

Dans l'intervalle, mélangez les amandes moulues avec les 4 cuillerées à soupe de sucre et l'eau de fleurs d'oranger. Incorporez dans la préparation et gardez au froid 2 heures.

PRÉPARATION DE LA FRANGIPANE

Préchauffez le four à 190 °C.

Beurrez et farinez légèrement une plaque à pâtisserie. Coupez la pâte feuilletée en deux parts égales. Pétrissez-en une, et faites une abaisse carrée de 30 cm. Puis découpez un cercle de 25 à 30 cm de diamètre. Foncez la plaque à pâtisserie. Nappez de crème froide le centre de la pâte en laissant un bord de 4 cm. Lissez avec le plat d'un couteau. Mouillez au pinceau à pâtisserie humide la pâte non recouverte.

Abaissez la pâte restante en un cercle de même dimension que le premier. Posez-le sur la première abaisse recouverte de crème et scellez les côtés sans trop aplatir la pâte. À l'aide d'un couteau, enlevez les surplus de pâte pour former un cercle parfait, et décorez les côtés à l'aide d'une fourchette.

Avec un couteau pointu, faites 4 à 6 petites entailles sur l'abaisse supérieure pour laisser échapper la vapeur. Badigeonnez la pâte d'un mélange d'œufs battus et de lait et cannelez le dessus avec les dents de la fourchette. Faites cuire 30 minutes dans le four, jusqu'à ce que la pâte soit bien dorée.

Laissez refroidir la frangipane sur une grille à pâtisserie. Badigeonnez-la de confiture d'abricots diluée dans un peu d'eau ou d'eau de fleurs d'oranger, et saupoudrez, selon votre goût, de sucre glace tamisé. Servez accompagné de fraises et de crème.

Des fraises du jardin accompagnent délicieusement la frangipane traditionnelle.

Les fromages de Provence

Aussi loin que remontent mes souvenirs, les repas extraordinaires que j'ai pris en Provence ne s'achevaient jamais par une pâtisserie, mais par un simple plateau de fromages de la région, un saladier de fruits frais brillants et, parfois, un verre de vin cuit velouté.

Le plus souvent, il s'agit ici de fromages de chèvre, servis frais ou affinés, ou entre les deux. Car, en Provence, la plupart sont faits au lait de chèvre ou de brebis, et deviennent plus fermes et plus forts en vieillissant. Chaque amateur a ses préférences, et un plateau idéal comprend toujours des fromages d'âge et d'intensité différents.

Dans un restaurant provençal, un vrai plateau se compose presque entièrement de petits fromages de chèvre ronds, parfumés d'un peu d'ail, de thym ou d'une feuille de laurier. Et même s'ils ne constituent pas réellement une richesse du pays, il existe une grande variété de fromages de chèvre qui sont présentés ou frottés avec des herbes hachées — ce qui fait ressortir leur pleine saveur —, et même parfois avec de l'huile d'olive. J'aime le nom des différentes variétés — *picodons*, *bossons*, *cachats* (mélangés avec du vin, de l'huile et des aromates pour faire le fromage fort du Ventoux), *tommes fraîches à l'huile* et, plus difficiles à trouver, *tommes arlésiennes*.

La *brousse* est un fromage très populaire dans les campagnes. Fait de lait de chèvre frais caillé et égoutté pour séparer le petit-lait, et préparé le jour même — souvent avec du sucre, comme le fromage blanc —, ce fromage léger est excellent en dessert, servi avec des amandes grillées, du sucre cristallisé et quelques fruits en conserve. Jean-Marc Banzo, chef-propriétaire du Clos de la Violette, à Aix-en-Provence, sert la brousse en entrée, le fromage blanc crémeux recouvert de trois garnitures colorées, la tapenade noire, les herbes hachées vertes et les poivrons rouge vif, et il l'accompagne de pain croustillant aux olives.

Le plateau de fromages — surtout s'ils sont de production locale — est un moment important du repas provençal ; il est souvent décoré de feuilles fraîches de figuier ou de feuilles vert brillant d'oranger. Parfois on ajoute des poires fraîches ou des pommes ; ou quelques pieds de céleri et une poignée de noix pour leur ajouter fraîcheur et croustillant.

Dans l'arrière-pays provençal, on présente aussi une autre variété en dessert : il s'agit du fromage frais, crémeux, très léger, servi avec du poivre noir et juste une goutte d'huile d'olive, ou, comme un entremets frais, accompagné de miel de lavande ou d'acacia et de cerises en conserve.

Le banon

Le banon est sans doute le roi des fromages de Haute-Provence. Portant le nom du petit village de Banon, il est toujours préparé selon une recette ancestrale. On le met à sécher dans des petits paniers, puis on le mouille, on le plonge dans un bain aromatique de marc de Provence, on l'enveloppe dans des feuilles de châtaignier des forêts voisines et on le ficelle avec du raphia. Pour l'affiner, on l'entrepose dans une cave froide jusqu'à ce qu'il acquière la saveur forte d'un maroilles ou d'un pont-l'évêque. Les feuilles de châtaignier ne sont pas seulement décoratives, elles jouent le rôle d'agent de conservation et sont essentielles à la saveur du banon, affiné par leur richesse en tanin. J'aime aussi les banons quand ils sont frais, de consistance crémeuse et de saveur douce. Pour les connaître tels qu'ils sont servis en Provence, il vaut mieux les goûter à différents stades d'affinage, pour découvrir des fromages très variés, chacun élégamment enveloppé de son manteau de feuilles de châtaignier.

En Provence, presque tous les fromages sont faits avec du lait de chèvre ou de brebis ; les plus typiques sont les petites tommes de chèvre parfumées à l'ail, au thym ou au laurier.

Les banons sont enveloppés dans des feuilles de châtaignier et entreposés pour affinage dans des caves froides.

E S C A L E

Jean-Claude Guillon

Hôtel Bel Air,
Saint-Jean-Cap-Ferrat

Un grand changement s'est produit ces dernières années dans les grands hôtels de la Côte d'Azur. Désormais — comme à la belle époque d'Escoffier et de Diat —, les grands chefs cuisiniers y ont repris leurs quartiers. Il est devenu inexact que la cuisine des hôtels est assommante et servie dans des salles au luxe impersonnel.

Avec l'arrivée à Monte-Carlo d'Alain Ducasse (Hôtel de Paris — complètement transformé), à Nice de Dominique Le Stanc (hôtel Negresco, restaurant Chantecler) et à Cannes de Guy Cibois (Hôtel Gray Albion), la situation a changé : à nouveau, la clientèle dorée des casinos et des yachts fréquente les grands hôtels pour des dîners placés sous le signe d'une cuisine raffinée.

L'Hôtel Bel Air est un bon exemple de cette évolution. Dissimulé dans la végétation des immenses jardins de la pointe de Cap-Ferrat, il bénéficie d'une des plus belles vues de la Côte. L'hôtel, baptisé à l'origine Grand Hôtel Cap-Ferrat, a été construit en 1912, en même temps que le Negresco à Nice. Tout de suite, il est devenu le rendez-vous de l'élite internationale, avant de servir d'escale hivernale aux grands ducs russes, aux membres de la famille royale britannique, sans oublier les grands de la finance et de l'industrie.

Après la Première Guerre mondiale, le défilé des riches et des grands de ce monde continua mais, cette fois, surtout pendant les mois d'été, quand les Américains mirent à la mode l'habitude de venir sur la Côte jouir du soleil, des bains de mer — et les Français aussi découvrirent, alors, les plaisirs de la saison estivale.

Aujourd'hui, l'hôtel — récemment rebaptisé Hôtel Bel Air — est ouvert toute l'année aux visiteurs de l'été et de l'hiver. Ses chambres et ses suites décorées avec des meubles et des peintures anciennes, ses salles de bains aux marbres rares et son panorama en font, sans conteste, un des lieux de séjour les plus luxueux et les plus agréables de la Côte.

Les grands chefs sont de retour sur la Côte d'Azur. Le cadre somptueux de l'Hôtel Bel Air accueille maintenant Jean-Claude Guillon, raffiné dans l'attention qu'il accorde au moindre détail.

Un des attraits du Bel Air est son restaurant Le Cap, dirigé par Jean-Claude Guillon, qui s'est imposé par le style particulier avec lequel il «travaille» les produits de la région.

Bien qu'il ne soit pas né en Provence (il vient du Nord), Guillon aime vivre et travailler sur la Côte, car, ici, il peut cuisiner une matière excitante pour son esprit inventif, et d'une fraîcheur incomparable — tout arrive en quelques heures des profondeurs de la mer, ou en quelques minutes du jardin potager.

Chez lui, au Bel Air — il tient la barre de la cuisine depuis 1976 —, il veille à l'hospitalité charmante du lieu, assurant le lien entre l'équipe chevronnée de l'hôtel — la vieille garde — et les nouveaux propriétaires. Il est aussi à l'origine de la nouvelle et splendide décoration de l'hôtel et du restaurant, ainsi que de l'installation des nouvelles cuisines. En plus du restaurant de l'hôtel, il supervise le Dauphin, restaurant en terrasse près de la piscine privée du Bel Air.

Guillon prépare pour les deux restaurants des menus raffinés, avec des sauces remarquables. Il accorde une attention toute particulière aux saveurs et aux détails et à l'esthétique de la présentation : ainsi, par exemple, sa *galette de scampis*, assiette délicate de scampis grillés à la poêle, de tranches de champignons sauvages dans un beurre au citron, émergeant d'une couronne dorée de tranches de pommes de terre rissolées bien croustillantes.

Je raffole aussi de ses légumes miniatures farcis d'une mousse à l'ail, aux herbes, au jambon haché et à la chapelure, dont il accompagne son rôti grillé d'agneau à la provençale. Je me suis récemment inspiré d'une des pages du livre de cuisine de Guillon et j'ai servi ces mêmes petits légumes farcis en accompagnement inhabituel de filets en carrés de saint-pierre, cuits seulement 3 minutes dans un four chaud. On peut également les servir seuls, en entrée d'un léger repas du soir.

Guillon est un chef très généreux qui aime surprendre par des saveurs subtiles, savamment nuancées : un soir, il prépara un menu surprise fait de six assiettes différentes de fruits de mer, chacune plus inventive et excitante que la précédente et, lors d'un autre repas — un déjeuner —, il servit cinq desserts différents allant des figues rôties au sucre à une tarte Tatin toute simple, avec des pêches jaunes. Voici quelques-unes de ses recettes.

Le décor «grand hôtel» de la salle à manger de l'Hôtel Bel Air, avec ses tons gris clair, blanc et rose pastel, est un cadre parfait pour la cuisine légère de Jean-Claude Guillon.

Galette de pomme de terre aux scampis

4 PERSONNES

1 pomme de terre de 50 g environ
6 scampis de petite taille
1 cuillerée à soupe de beurre
1 beau cèpe (ou un autre champignon sauvage) d'environ 75 g
huile d'olive extra-vierge
sel et poivre noir du moulin
piment rouge sec écrasé

2 cuillerées à soupe de beurre avec une quantité égale de jus de citron
mélange de feuilles de salades tendres assaisonnées de vinaigrette
4 ciboules finement hachées
1-2 branches de cerfeuil finement hachées

PRÉPARATION DE LA GALETTE AUX POMMES DE TERRE

Pelez la pomme de terre, donnez-lui une forme cylindrique (4 cm de diamètre) et émincez-la. Disposez les tranches minces se chevauchant en cercle dans une poêle anti-adhésive enduite de beurre. Faites cuire la galette jusqu'à ce qu'elle soit dorée des deux côtés.

Dans une deuxième poêle, faites sauter les champignons en tranches dans 1 à 2 cuillerées à soupe d'huile d'olive. Salez et poivrez.

Dans une troisième poêle, faites sauter les scampis dans un peu d'huile d'olive jusqu'à ce qu'elles soient bien chaudes. Assaisonnez de piment rouge et de sel.

PRÉPARATION DU BEURRE AU CITRON

Dans une casserole, faites fondre le beurre avec le jus de citron, et fouettez jusqu'à émulsion.

PRÉSENTATION

Disposez les feuilles de salade sur un côté de l'assiette, la galette de pomme de terre au centre. Recouvrez de champignons et disposez les scampis à côté. Parsemez de ciboules. Nappez les scampis de beurre au citron et décorez avec les branches de cerfeuil.

Carré d'agneau provençal

Ce délicieux carré d'agneau rôti se cuit en deux fois : on le rôtit d'abord pendant 20 minutes, puis on l'enduit d'une pâte provençale faite d'ail finement haché, de persil, de chapelure fraîche et d'huile d'olive, et on le met sous le gril jusqu'à ce que la panure soit dorée. Le rôti se sert entouré de petits légumes — courgettes, tomates, fleurs de courgette et pommes de terre colorées au safran — farcis à la ratatouille et au jambon.

1 carré d'agneau apprêté de 600 g environ

MARINADE

2 brins de thym
2 brins de basilic
2 brins de romarin
15 cl d'huile d'olive
15 cl de bouillon d'agneau (fait avec les os et la parure du carré)

100 g de beurre, en petits dés
2 cuillerées à soupe de persil ciselé
2 cuillerées à soupe de basilic ciselé
sel et poivre du moulin

PANURE PROVENÇALE

2 cuillerées à soupe d'ail finement haché
4 cuillerées à soupe de persil finement ciselé

4 cuillerées à soupe de chapelure
huile d'olive
sel et poivre noir

MARINADE D'AGNEAU

Préparez la marinade la veille en hachant grossièrement les herbes. Ajoutez l'huile d'olive, le sel et le poivre noir du moulin.

Mettez l'agneau dans un plat à gratin en terre cuite ou un plat à rôtir, arrosez avec la marinade. Mettez le plat dans le réfrigérateur et laissez l'agneau mariner de 18 à 24 heures, en le tournant deux ou trois fois.

Vous pouvez préparer à l'avance la farce provençale pour les petits légumes qui, dans cette recette, accompagnent l'agneau.

PANURE PROVENÇALE

Dans un saladier, mélangez les herbes hachées, la chapelure et l'huile d'olive afin de former une pâte. Badigeonnez le rôti de cette pâte et passez-le au gril 5 minutes jusqu'à ce qu'il soit légèrement coloré.

CUISSON DE L'AGNEAU

Préchauffez le four à 240 °C. Faites rôtir l'agneau 20 minutes par livre.

Posez l'agneau sur un plat de service chauffé, ajoutez au jus de cuisson le bouillon d'agneau. Mettez le plat sur un feu vif et menez le jus de cuisson à ébullition, en détachant les petits restes croustillants accrochés au fond et sur les côtés.

Passez le jus dans une casserole propre, incorporez le beurre sur feu vif et au fouet ; la sauce doit être épaisse et lisse. Ajoutez ensuite les herbes finement hachées ; corrigez l'assaisonnement et servez l'agneau immédiatement, accompagné de ses légumes farcis. Servez la sauce aux herbes à part.

Carré d'agneau provençal
et petits légumes farcis.

Les petits légumes farcis

Ces petits légumes provençaux farcis — courgettes de même taille,
tomates, fleurs de courgette et pommes de terre nouvelles — sont tout
désignés pour accompagner un rôti
d'agneau à la provençale tel qu'on
le sert à l'Hôtel Bel Air. La recette
ci-dessous propose pour chaque convive deux petits farcis par variété de
légumes. On peut naturellement en
prévoir plus par convive.

**2 petites courgettes (ou 2 petits
morceaux taillés à chaque extrémité
d'une courgette moyenne ; ils doivent
avoir à peu près la même taille que
les autres légumes)**
2 petites tomates
2 petites pommes de terre nouvelles
2 fleurs de courgette

FARCE

**100 g de ratatouille (25 g de chaque
légume : courgette, aubergine,
oignon et tomate) (voir p. 154)**
25 g de jambon cuit
2 gousses d'ail hachées finement
2-3 feuilles de basilic hachées finement
50 g de persil plat ciselé finement
75 g de chapelure fraîche
huile d'olive
1 bonne pincée de thym et de romarin séchés
sel et poivre noir du moulin
**1 pincée de safran en poudre (pour colorer et parfumer les
pommes de terre)**

PRÉPARATION DE LA FARCE

Dans le bol du mixeur, mélangez la ratatouille cuite,
le jambon et l'ail. Ajoutez le persil et le basilic hachés
finement, la chapelure et un peu d'huile d'olive. Assaisonnez de thym et de romarin secs, de sel et de poivre noir du moulin, et mixez.

PRÉPARATION DES LÉGUMES

Préchauffez le four à 180 °C.

Parez les légumes ; creusez les courgettes, les tomates
et les pommes de terre. Faites cuire *al dente* les courgettes dans l'eau bouillante. Faites cuire les pommes
de terre dans l'eau bouillante à laquelle vous ajoute-
rez une pincée de safran pour colorer et parfumer. Farcissez les légumes avec le mélange à la ratatouille et
au jambon ; enduisez d'huile d'olive et faites cuire
20 minutes au four. Enlevez et gardez au chaud.

195

Croustillant aux fruits rouges

12 CROUSTILLANTS

1 cuillerée à soupe de jus d'orange frais	50 g de sucre glace
	30 g de beurre
zeste râpé d'1 orange	50 g d'amandes moulues
2 cuillerées à soupe de Grand Marnier	2 cuillerées de café de farine

GARNITURE AUX FRUITS ET À LA CRÈME CHANTILLY

20 cl de crème fleurette	50 g de fraises sauvages
1-2 cuillerées à soupe de sucre glace	50 g de framboises
	25 g de groseilles
quelques gouttes d'essence de vanille	25 g de petites fraises

SAUCE AUX FRAMBOISES

100 g de framboises	jus de citron
sucre glace	

Croustillant aux fruits rouges.

PRÉPARATION DES CROUSTILLANTS

Dans un saladier de taille moyenne, mélangez les 7 premiers ingrédients ; laissez reposer pendant 2 heures. Puis prélevez 12 cuillerées à soupe de cette préparation et formez des petites boules. Mettez au froid.

Au moment de la cuisson, mettez 4 petites boules de la préparation sur une plaque de cuisson anti-adhésive et aplatissez-les avec une fourchette trempée dans l'eau froide. Laissez 4 à 5 cm entre chaque boule pour permettre à la préparation de s'étaler durant la cuisson.

Préchauffez le four à 240 °C. Faites cuire les croustillants 2 à 3 minutes dans le four, jusqu'à ce qu'ils dorent. Enlevez-les du four et laissez-les refroidir sur la plaque à pâtisserie avant de les enlever avec une spatule. Recommencez l'opération avec le reste de la préparation.

PRÉPARATION DE LA GARNITURE

Préparez la crème chantilly en fouettant la crème fleurette jusqu'à ce qu'elle épaississe ; incorporez le sucre glace et l'essence de vanille, et fouettez encore. Lavez et égouttez les fruits. Mélangez dans un petit saladier.

PRÉSENTATION

Posez un croustillant sur chacune des 4 assiettes à dessert ; nappez de crème chantilly ; disposez les fruits rouges sur ce lit de crème. Recouvrez avec un deuxième croustillant, ajoutez à nouveau la crème chantilly et les fruits comme ci-dessus ; puis recouvrez avec le croustillant restant. Décorez avec quelques baies et nappez d'un peu de sauce aux framboises le tour du croustillant.

PRÉPARATION DE LA SAUCE

Mélangez les framboises, le sucre glace et le jus de citron, et passez au mixeur ou écrasez pour obtenir une consistance lisse. Tamisez.

Procession de plateaux de figues fraîches à l'Hôtel Bel Air.

8 Le comté

PLAISIRS DE NICE, HIER ET AUJOURD'HUI

Nice a changé au cours des dernières décennies. La jolie ville de carte postale, avec sa Promenade des Anglais étirée comme un long ruban bordé de l'or des plages, ses palmiers tournés vers le ciel d'un bleu à la Matisse et ses vieilles maisons du front de mer, peintes de couleurs vives, s'est métamorphosée en une ville ultra-moderne, symbole de la diversité économique, culturelle et esthétique ; symbole aussi d'une nouvelle Côte d'Azur, un pays de soleil certes, mais largement ouvert sur la recherche, l'industrie et les technologies de pointe.

Gastronomiquement parlant, Nice a un œil fixé sur l'avenir et l'autre amoureusement tourné vers le passé. Le vieux Nice avec ses rues étroites et sombres, serpentant à l'ombre fraîche de la montagne toute proche, fourmille de petites échoppes où vous pouvez acheter des pâtes et de la charcuterie de toute sorte ; où les filets de morue ou de merluche séchés, durs comme la pierre, côtoient les étalages bigarrés d'herbes et d'épices, de légumes et de salade, et où les vendeurs de *socca* et de *torta de blea*, les glaciers, les petits restaurants et les pizzérias occupent tous les coins de rue.

Les petits restaurants — qui ne paient pas toujours de mine mais, pourtant, incarnent le vieux Nice — doivent être recommandés à tous ceux qui découvrent la ville. Vous y trouverez les spécialités traditionnelles d'une cité qui aime la cuisine italienne : la *socca* (une grosse crêpe à la farine de pois chiches, vendue en portions dans la rue) ; la *torta de blea* (une quiche sucrée aux blettes et aux pignons, vendue en portions carrées) ; la *vraie pissaladière* de Nice, tarte plate aux oignons, garnie d'anchois et d'olives noires (je dis *vraie* car il en existe une autre version délicieuse, mais moins authentique, qui contient du parmesan et des tomates) ; la daube de bœuf (et son accompagnement traditionnel de raviolis cuits dans le jus de la daube) ; la *poche de veau* (un estomac de veau ou une épaule farcis de porc,

de Nice

de viande de veau, de fines herbes fraîches et d'aromates) ; la morue ou la merluche (une version plus salée, plus forte, plus rare et plus parfumée), cuite avec des tomates, de l'oignon, de l'ail, des herbes et des olives noires ou des anchois à la niçoise ; et les rougets, les calamars ou les encornets, cuisinés de la même façon.

Si vous souhaitez vous régaler d'un vrai repas niçois dans un vrai restaurant niçois, bruyant et animé, il faut découvrir sur votre plan où se trouvent Le Bateleur, Le Safari, L'Arbolète, Pompon et Marinette, Adrienne à Lou Balico et le Relais des Sportifs. J'aime l'ambiance de ces restaurants, leur atmosphère, le bruit et l'animation qui y règnent, et, surtout, j'aime leur cuisine. Mais il y a aussi le luxe insensé de l'Hôtel Negresco, planté au milieu de la Promenade des Anglais, sur le front de mer, avec sa coupole rose et pointue.

D'autres sites à voir à Nice : le nouveau musée Matisse dans la Villa des Arènes, pour admirer les peintures, les dessins, les gravures, les bronzes et les objets personnels du peintre ; la Galerie des Ponchettes, qui doit devenir le musée Dufy ; la Galerie d'art contemporain, consacrée au travail d'un peintre du XIXᵉ siècle, originaire de Nice, Gustave Adolphe Mossa.

Ici, l'art est présent partout. Quand vous flânez dans les rues étroites du vieux Nice, il vous suffit de lever les yeux pour découvrir les merveilles de l'architecture baroque. L'église de Jésus témoigne de l'influence piémontaise du XVIIIᵉ siècle ; d'un côté de la colline se trouve le quartier des riches, à Cimiez ; de l'autre, le quartier historique des marchands, des fermiers et des lavandières. Ces dernières années, la place Garibaldi a été repeinte dans les chauds coloris de la tradition génoise et piémontaise. Bientôt, ce sera le tour de la Promenade des Anglais, une des attractions les plus élégantes de la Côte d'Azur, construite en 1822. La place Saleya, à deux pas de la mer, est le centre de la vie du vieux Nice. Tous les jours sauf le lundi, réservé à la brocante, s'y tient en plein air un marché aux fleurs et aux produits locaux. Tout autour de la place s'ouvrent des cafés et des restaurants où il est si plaisant de s'asseoir au soleil et d'observer la vie intense du marché.

Vraie pissaladière de Nice

4-6 PERSONNES

225 g de pâte à pain
1,250 g d'oignon jaune
    émincé
2 gousses d'ail hachées fin

2 cuillerées à soupe d'huile
    d'olive
1/2 cuillerée à café d'herbes
    de Provence séchées

GARNITURE

8 filets d'anchois
25 g de petites olives
    niçoises

herbes de Provence séchées
huile d'olive

Faites revenir l'oignon émincé et l'ail haché dans l'huile d'olive ; ils doivent être transparents, légèrement brunis.

Préchauffez le four à 180 °C.

Sur un plan de travail fariné, faites une abaisse de 25 cm de diamètre avec la pâte à pain. Placez-la sur une tôle à pâtisserie légèrement huilée. Garnissez de la préparation aux oignons et d'anchois en croisillons en partant du centre. Parsemez d'olives noires et d'herbes de Provence et aspergez d'huile d'olive.

Faites cuire 40-45 minutes au four.

Ma pissaladière

6 PERSONNES

PÂTE

100 g de farine complète
1 pincée de sel
60 g de beurre en dés

1 œuf entier
1 jaune d'œuf battu avec la
    même quantité d'eau

GARNITURE

6 grosses tomates bien
    mûres
huile d'olive
2 cuillerées à soupe de
    concentré de tomates
3 oignons d'Espagne
2 cuillerées à soupe de
    beurre

1/2 cuillerée à café de
    romarin frais haché
2 cuillerées à soupe de
    parmesan râpé
50 g de filets d'anchois
olives noires dénoyautées
poivre noir moulu

Préchauffez le four à 200 °C.

PRÉPARATION DE LA PÂTE

Tamisez la farine et le sel dans un saladier. Incorporez le beurre du bout des doigts jusqu'à obtention d'un mélange sablé. Fouettez le jaune d'œuf avec une égale quantité d'eau glacée et incorporez à la pâte. Travaillez légèrement pour obtenir une pâte lisse.

Faites une abaisse pour garnir un moule cannelé à fond amovible de 20-22 cm. Piquez le fond de pâte

La vraie pissaladière de Nice. En encadré : Ma pissaladière.

avec les dents d'une fourchette. Mettez au frais. Puis badigeonnez la pâte avec un peu de jaune d'œuf battu et faites cuire au four 10-15 minutes : la pâte doit être cuite sans brunir. Laissez refroidir. Baissez le four à 180 °C.

PRÉPARATION DE LA GARNITURE

Plongez les tomates dans l'eau bouillante pour les peler plus facilement ; épépinez-les et hachez-les. Faites chauffer 4 cuillerées d'huile d'olive dans une poêle ; ajoutez les tomates hachées, le concentré de tomates et le poivre noir moulu. Desséchez la préparation à feu doux, en l'écrasant de temps en temps à la fourchette pour obtenir une purée.

Émincez les oignons et faites-les cuire avec le romarin dans du beurre, à feu doux, jusqu'à ce qu'ils soient dorés.

Saupoudrez le dessus de la pâte de parmesan râpé. Ajoutez les oignons et couvrez-les de purée de tomates. Décorez le centre de la pissaladière d'anchois en croisillons garnis d'une olive noire dénoyautée.

Enduisez légèrement d'huile d'olive et faites cuire 30 minutes environ. Vous pouvez la servir chaude, froide ou tiède.

Pissaladière aux poivrons

6 PERSONNES

1 abaisse de pâte de 20-22 cm, cuite à blanc	2 cuillerées à soupe de parmesan râpé
1 jaune d'œuf battu	

GARNITURE

450 g de tomates mûres, pelées et hachées, ou l'équivalent de tomates en conserve, pelées et hachées	4 cuillerées à soupe de parmesan râpé
	3 oignons d'Espagne pelés et émincés
2 cuillerées à soupe de concentré de tomates	1/2 cuillerée à café de thym séché
1/2 cuillerée à café d'origan séché	4 cuillerées à soupe de beurre
1/2 cuillerée à café de sucre	3 poivrons (1 jaune, 1 rouge, 1 vert)
sel et poivre noir	

Badigeonnez la pâte à moitié cuite de jaune d'œuf. Saupoudrez-la avec 2 cuillerées à soupe de parmesan râpé. Laissez la pâte ainsi préparée dans son moule, sur une tôle à pâtisserie.

Faites chauffer 4 cuillerées à soupe d'huile d'olive dans une sauteuse à fond épais, ajoutez les tomates fraîches (ou en conserve) et le concentré de tomates. Parsemez d'origan séché, de sel et de quelques tours de moulin à poivre. Desséchez le mélange 15 minutes à feu doux, en remuant et en écrasant les tomates avec une cuillère en bois pour obtenir une purée épaisse. Incorporez-y le parmesan râpé. Laissez refroidir.

Faites revenir au beurre le thym séché et les oignons hachés jusqu'à ce qu'ils soient transparents et très souples. Salez et poivrez. Laissez refroidir.

Préchauffez le four à 180 °C et allumez le gril à son maximum.

Lorsque le gril est chaud, placez les poivrons dessous et faites-les griller en les retournant fréquemment, jusqu'à ce qu'ils aient la peau bien noire. Épluchez-les sous le filet de l'eau froide. Coupez-les en deux,

retirez les graines et essuyez-les soigneusement avec du papier absorbant. Coupez les demi-poivrons en trois dans le sens de la longueur.

Garnissez la pâte préparée du mélange aux oignons et étalez une couche uniforme de purée de tomates. Placez dessus les morceaux de poivrons.

Enduisez le dessus de la pissaladière et les poivrons d'huile d'olive et faites cuire au four 30 minutes. Servez chaud ou froid.

Trouchia

4 PERSONNES

C'est une délicieuse omelette verte à base de blettes, de persil plat, de cerfeuil et de basilic.

8 œufs	100-225 g de parmesan râpé
900 g de vert de blettes	sel et poivre noir
1 botte de persil plat	poivre de Cayenne
1 botte de cerfeuil	2-4 cuillerées à soupe d'huile d'olive
1 botte de basilic frais	

Dans un saladier de taille moyenne, battez les œufs en mélange mousseux. Lavez les blettes, le persil, le cerfeuil et le basilic. Essorez soigneusement.

Retirez les côtes de blette, que vous réserverez pour un autre usage. Coupez le vert, le persil, le cerfeuil et le basilic en lanières.

Ajoutez les légumes et le parmesan aux œufs et mélangez le tout avec soin. Assaisonnez de sel, de quelques tours de moulin à poivre et d'une pointe de poivre de Cayenne.

Mettez de l'huile d'olive dans une grande poêle. Versez-y la préparation. Faites cuire à couvert 20 minutes à feu modéré.

Retirez le couvercle et faites glisser l'omelette sur une grande assiette. Ajoutez un peu d'huile dans la poêle et glissez-y délicatement l'omelette pour qu'elle dore légèrement sur l'autre face.

Les panisses

Panisses est le nom niçois des petites crêpes épaisses que l'on prépare dans des petits moules profonds. « Plat du pauvre » typique, parce qu'ils sont à base de farine de pois chiche et d'eau, ces petits gâteaux sont délicieux coupés en tranches et frits dans un peu d'huile d'olive, saupoudrés de sucre et servis avec des fruits en conserve au dessert, ou en petits fours très généreusement poivrés. Ils accompagnent aussi très bien les légumes d'une daube ou d'une fricassée de bœuf, de lapin ou de pigeons.

Panisses à manger avec des légumes ou à l'apéritif

4-6 PERSONNES

1 litre d'eau	225 g de farine de pois
huile d'olive	chiche
beurre fondu	poivre noir du moulin

Dans une sauteuse, mettez l'eau, 2 cuillerées à soupe d'huile et le sel. Portez à ébullition. Puis tamisez peu à peu la farine dans l'eau en remuant constamment.

Poursuivez la cuisson 20 minutes en tournant jusqu'à ce que le mélange épaississe et fasse des bulles. Versez-le dans des petits moules ou des soucoupes profondes bien huilées. Laissez refroidir.

PRÉSENTATION

Démoulez les panisses et détaillez-les en tranches de 2,5 cm d'épaisseur. Faites-les revenir 3 minutes à l'huile d'olive, le temps qu'elles croustillent et dorent. Assaisonnez-les abondamment de poivre et servez-les avec du beurre fondu, avec la sauce d'une daube de bœuf ou de veau, ou avec un poulet à la niçoise.

Panisses en dessert

J'aime bien servir les panisses comme un dessert régional simple et peu onéreux. Suivez la recette ci-dessus, en faisant revenir les panisses à l'huile d'olive, mais saupoudrez-les de sucre en poudre et servez-les très chaudes avec des framboises, des mûres ou des cerises en conserve.

La socca

La *socca* est un gâteau à base de farine de pois chiche cuit au four. C'est le casse-croûte favori des maçons de la région de Nice. Autrefois, les vendeurs de soccas transportaient leurs marchandises de chantier en chantier dans un petit chariot à deux roues surmonté d'un gros tonneau de zinc contenant un feu de charbon de bois qui les conservait au chaud. Les apprentis se chargeaient de porter les parts fumantes aux maçons à l'heure de la pause.

Traditionnellement, la socca se prépare sur un grand plateau — jusqu'à 60 cm de diamètre — et on la cuit dans un grand four à bois semblable à ceux qu'on utilise pour cuire les pizzas ou les tortas dans les rues du vieux Nice. Mais on peut préparer une socca de bonne taille sous le gril d'un four normal préchauffé 30 minutes.

225 g de farine de pois chiche	huile d'olive
55 cl d'eau	1/4 de cuillerée à café de sel
	poivre noir du moulin

Préchauffez le four à 240 °C.

Dans un grand saladier, mettez la farine de pois chiche, l'eau, 2 cuillerées à soupe d'huile d'olive et le sel. Fouettez énergiquement pour obtenir un mélange homogène. Puis passez le mélange au tamis fin pour éliminer tous les grumeaux.

Huilez deux tôles à pâtisserie, et étalez dessus le mélange sur une hauteur de 2,5 cm. Vous ferez cuire les soccas l'une après l'autre.

Au moment d'enfourner, éteignez le four et allumez le gril. Faites cuire la socca près du gril, en crevant à la fourchette les bulles qui se forment à la surface. Quand celle-ci est dorée, ou légèrement brune par endroits, sortez-la du four. Assaisonnez de poivre noir.

La socca doit être molle et humide, avec un parfum robuste. Les Niçois la mangent nature, coupée en carrés de 5 cm. Je l'utilise avec un ragoût de morue salée à la provençale, un homard, des langoustines à la niçoise ou un ragoût de foies de volaille à la provençale.

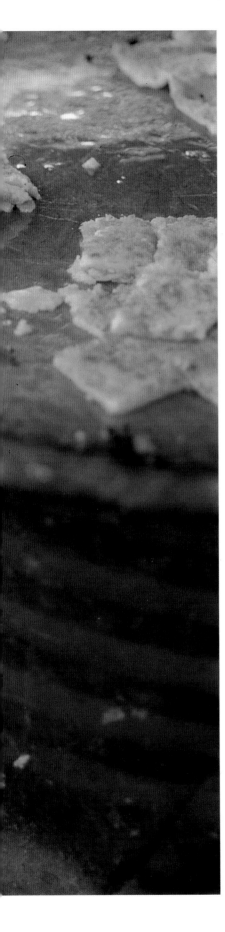

Dans la vieille ville, on vend des portions de socca traditionnelle aux coins des rues.
Autrefois, les vendeurs de soccas transportaient ces petits en-cas du matin dans des petites charrettes à deux roues où des braises les gardaient au chaud dans un tonneau de zinc.

Le vieux Nice, avec ses ruelles étroites et sombres, est, comme la caverne d'Ali Baba, pleine de merveilleuses petites boutiques où vous pouvez acheter pâtes et charcuterie de toute sorte ; où les morceaux de morue raides comme la pierre se réchauffent aux couleurs variées des herbes, des épices et des légumes et salades, et où vous trouvez à chaque coin de rue des vendeurs de *socca*, de *torta de blea* et de crème glacée, des petits restaurants et des pizzérias.

Le pan bagnat

Dans le Midi, le *pan bagnat* est le plus célèbre casse-croûte de la mi-journée. En traduction littérale, *pan bagnat* signifie « pain trempé » ou « pain dans un bain », mais pourquoi traduire quand le mot provençal est si charmant ? Le pan bagnat n'est rien d'autre qu'une salade niçoise enfermée entre deux épais morceaux d'un pain de campagne rond, que l'on peut transporter au travail ou à l'école, ce qui explique qu'on vende ce sandwich à tous les coins de rue.

À l'origine, le pan bagnat associait une soupe froide et une salade ; on ajoutait, une heure avant le repas, du pain rassis, coupé en gros dés, à la salade de tomates, de poivrons verts, d'oignons doux, d'anchois et d'olives noires. Le pain s'imprégnait de tous les jus de la salade et c'était une manière délicieuse d'utiliser les restes. Depuis, les femmes et les mères des ouvriers agricoles, souhaitant rendre ces casse-croûte plus faciles à transporter, les enveloppent proprement entre les deux moitiés d'une miche ronde.

4 petits pains ou 1 miche de pain	2 œufs durs en quartiers
huile d'olive	2 poivrons verts épépinés et émincés
2 gousses d'ail	sel et poivre noir
8 feuilles de laitue	jus de citron
4 grosses tomates bien mûres émincées	4 cuillerées à soupe rase de persil haché
1 petit piment en conserve égoutté	16 petites olives noires
	16 filets d'anchois

Coupez les pains en deux dans le sens de la longueur et retirez-en la mie. Badigeonnez l'intérieur de la croûte avec l'huile d'olive dans laquelle vous avez au préalable écrasé les gousses d'ail.

Placez des feuilles de laitue au fond de chaque demi-pain. Couvrez la laitue de tranches de tomates, de piments en conserve, de poivron vert et d'œuf dur. Assaisonnez de sel et de poivre noir du moulin. Ajoutez le citron à l'huile d'olive parfumée à l'ail, puis ajoutez du sel, du poivre noir et du persil haché fin.

Aspergez de sauce les légumes en tranches et les œufs. Garnissez d'olives noires et d'anchois. Pour finir, posez les feuilles de laitue restantes et couvrez avec l'autre morceau de pain.

Emballez les pains ainsi préparés dans du papier d'aluminium. Si vous avez utilisé une miche, coupez-la

en quatre et faites de même avec chaque quart. Posez une assiette dessus et conservez-les 1 heure au frais avant de les manger.

Pan bagnat simple

1 miche de pain ronde	12 olives noires
huile d'olive extra-vierge	2 branches de céleri
poivre noir du moulin	finement émincées
4 grosses tomates en	6 feuilles de basilic coupées
tranches	en lanières
1 petit oignon émincé	12 filets d'anchois

Coupez la miche de pain en deux dans le sens de la largeur, retirez une partie de la mie. Mouillez chaque morceau d'huile d'olive.

Assaisonnez généreusement de quelques tours de moulin à poivre. Placez les tomates dans un des demi-pains. Couvrez avec l'oignon émincé. Parsemez d'olives noires et de basilic. Pour finir, garnissez avec les anchois et aspergez de nouveau d'huile d'olive.

Couvrez avec l'autre moitié de la miche. Pressez doucement les deux parties et servez aussitôt.

Polenta sauce tomate

4-6 PERSONNES

450 g de farine de maïs	beurre
jaune	4 cuillerées à soupe de
1,5 l d'eau salée	chapelure fraîche
4 cuillerées à soupe de	125 g de mozarella râpée
beurre	coulis de tomates (voir
150 g de parmesan râpé	p. 24)
noix de muscade ou poivre	sel et poivre noir
de Cayenne	

Portez l'eau à ébullition. Incorporez-y doucement la farine de maïs en tournant constamment avec une cuillère en bois. Poursuivez la cuisson 20-30 minutes, en remuant souvent ; la polenta doit épaissir et se détacher facilement des bords de la casserole. Ajoutez un peu d'eau au besoin. Au dernier moment, incorporez le beurre et 100 g de parmesan râpé. Rectifiez l'assaisonnement en ajoutant un peu de sel, de noix de muscade ou de poivre de Cayenne.

Beurrez un moule pas trop profond et saupoudrez-le de chapelure et du parmesan restant. Garnissez le moule du quart de la polenta. Couvrez-la avec le quart de la mozarella râpée et ajoutez 1 cuillerée à soupe de beurre. Faites ainsi quatre couches superposées. Faites cuire 15-20 minutes au four à chaleur modérée (190 °C). La polenta doit avoir une belle couleur brun doré.

Servez-la accompagnée d'un coulis de tomates relevé (voir p. 24).

Risotto provençal

4 PERSONNES

4 cuillerées à soupe de	1,5 l de bouillon de bœuf
beurre	chaud
1/2 oignon d'Espagne haché	350 g de riz rond
fin	sel et poivre noir

SAUCE

4 cuillerées à soupe d'huile	sel et poivre noir
d'olive	2 gousses d'ail hachées fin
2 cuillerées à soupe	4 cuillerées de persil haché
d'oignon haché fin	fin
15 cl de vin blanc sec	1/4 de cuillerée à café de
6 tomates de taille moyenne	safran en poudre
pelées, épépinées et	1/2 petit piment vert haché
hachées	fin

Faites fondre le beurre à feu doux dans une sauteuse à fond épais. Ajoutez l'oignon et laissez cuire doucement 2 minutes en veillant à ce qu'il ne colore pas.

Ajoutez le riz, faites revenir à feu moyen pendant 1-2 minutes en remuant constamment, puis versez le bouillon de bœuf. Poursuivez la cuisson 20-25 minutes, en remuant de temps en temps et en ajoutant un peu de bouillon si nécessaire. Le riz doit être tendre. Salez et donnez quelques tours de moulin à poivre.

Pendant ce temps, préparez la sauce. Faites chauffer l'huile dans une petite sauteuse. Ajoutez-y l'oignon haché fin et faites-le cuire à feu modéré jusqu'à ce qu'il soit transparent. Incorporez le vin blanc sec, les tomates pelées, épépinées et hachées. Assaisonnez de sel et de quelques tours de moulin à poivre. Incorporez le hachis d'ail, le persil, le safran en poudre, et laissez mijoter 20 minutes environ à couvert, en remuant de temps en temps. Ajoutez le piment haché et poursuivez la cuisson 10 minutes encore, à découvert, pour que les légumes soient tendres.

Versez le riz dans un plat de service chaud et servez la sauce du risotto en saucière.

ESCALE
Franck Cerutti
Don Camillo

À DROITE Thon de lapin.

Franck Cerutti, le jeune propriétaire du Don Camillo à Nice, est en passe de devenir l'un des chefs de file de la nouvelle cuisine niçoise. Il travaille à partir des recettes franco-italiennes de l'arrière-pays de Nice, au pied des montagnes.

Le restaurant est tenu par la famille — son beau-père fait office de maître d'hôtel, sa belle-mère et sa jeune femme secondent le service, aimable et, selon Franck, même sa mère ne peut pas se tenir loin de la cuisine, ne serait-ce que pour aider à faire la vaisselle.

J'aime cet endroit et je ne me ferais pas prier pour devenir un habitué de ce charmant petit restaurant situé près du marché Saleya, dans le vieux Nice. La nourriture est extraordinairement simple et délicieuse.

Tout comme les grands chefs auprès desquels il a appris son métier — trois ans d'apprentissage, puis chef chez Jacques Maximin et chez Alain Ducasse, et encore trois ans comme chef à Florence —, ce jeune homme utilise les ingrédients les plus raffinés et les plus frais de la région. Cependant, ses prix restent très raisonnables. Ce paradis gastronomique est un des meilleurs restaurants de la Côte pour ceux qui, comme moi, aiment, selon le mot de Cerutti, la gastronomie alpine, caractéristique des Alpes-Maritimes.

« Nous sommes pauvres, aime-t-il dire, la Provence est riche. » Et c'est de là qu'il puise son inspiration pour ses spécialités comme le thon de lapin (voir ci-contre), la poche de veau farcie aux herbes, la friture de petits rougets (voir page 211), ou les poulpes de roche (petits poulpes pêchés dans les rochers, simplement bouillis et servis accompagnés de pommes de terre bouillies et de haricots verts frais). Je vous livre sa recette page 212 afin que vous puissiez cuisiner ce vrai plat de pêcheur, mais il faudrait que, comme au Don Camillo, vous utilisiez des seiches tout juste pêchées, des pommes de terre nouvelles et de tendres haricots verts ramassés le jour même au potager. Il faudrait aussi retrouver l'extraordinaire assaisonnement de gros sel, de poivre noir fraîchement moulu et d'huile d'olive venant d'Italie — où elle atteint, paraît-il, presque le prix des bons vins. Cerutti a aussi sa propre recette de la fameuse tarte aux blettes, raisins secs et pignons, la *torta de blea*, mais il y ajoute des courgettes.

Franck Cerutti n'utilise que les meilleurs produits.

Thon de lapin

1 demi-lapin
1/2 oignon d'Espagne
1 pied de céleri
1 petite carotte
1 brin de thym
1 feuille de laurier

3 grains de poivre noir
sel et poivre noir du moulin
1 gousse d'ail émincée
3 feuilles de sauge fraîche
huile d'olive extra-vierge
    (30 cl)

GARNITURE

tranches de pain
    badigeonnées d'huile
    d'olive et cuites au four

salade de mesclun
    (voir page 102)

Dans une grande casserole, amenez 3 litres d'eau légèrement salée à ébullition. Ajoutez l'oignon, le céleri,
la carotte, le thym, la feuille de laurier et les grains
de poivre noir, et amenez de nouveau à ébullition.
Écumez, ajoutez le demi-lapin, écumez de nouveau.
Réduisez le feu et laissez mijoter 1 heure et demie.
Enlevez la casserole du feu et laissez le lapin refroidir
dans son bouillon. Ensuite, sortez-le du bouillon et
mettez-le dans un saladier. Puis désossez-le complètement, dressez les morceaux de viande sur un plat,
assaisonnez bien de sel et de poivre.

Mettez les morceaux de lapin dans un saladier de
taille moyenne ; ajoutez l'ail, les 3 feuilles de sauge
fraîche, et assez d'huile d'olive pour recouvrir le tout.
Mélangez le lapin et l'huile à la main pour que tous
les morceaux soient bien imprégnés d'huile et d'assaisonnement. Couvrez avec un film alimentaire transparent, laissez reposer dans le réfrigérateur 48 heures
avant de servir.

PRÉSENTATION

Enlevez du réfrigérateur et tartinez de ce « thon » des
tranches de pain badigeonnées des deux côtés d'huile
d'olive et dorées au four.

Servez accompagné d'une salade de mesclun (voir
page 102).

Torta de blea (blettes) et courgettes

6 PERSONNES

PÂTE

250 g de farine
1 œuf
15 cl d'huile d'olive

5-6 cuillerées à soupe
   d'eau
sel

GARNITURE

1 kg de blettes
450 g de courgettes
25 g de parmesan
   fraîchement râpé
1 petit oignon finement
   émincé

1 pincée de basilic frais
2 œufs
1 cuillerée à café de gros sel
poivre noir du moulin
3-4 cuillerées à soupe
   d'huile d'olive

PRÉPARATION DE LA PÂTE

Dans un grand saladier, tamisez la farine. Mélangez dans une tasse l'œuf entier, l'huile d'olive et l'eau. Salez, mélangez bien. Incorporez peu à peu l'œuf, l'huile et le parmesan à la farine, mélangez jusqu'à obtention d'une pâte souple et lisse. Ne la manipulez pas autant qu'une pâte au beurre, car elle deviendrait trop épaisse. Enveloppez-la de film alimentaire et laissez-la reposer 1 heure au réfrigérateur.

PRÉPARATION DE LA GARNITURE

Pendant ce temps, enlevez les côtes des blettes (les cuisiniers provençaux les utilisent coupées en lanières pour préparer les gratins ou pour accompagner un autre plat). Lavez les feuilles, égouttez et séchez. Hachez-les aussi finement que possible et réservez-les.

Râpez les courgettes. Mettez-les dans un tamis, arrosez-les d'1 cuillerée à soupe de gros sel, puis, à la main, mélangez-les afin de bien répartir le sel. Vingt minutes plus tard, pressez les courgettes pour en extraire l'eau.

Dans un grand saladier, mélangez les blettes hachées, les courgettes râpées et égouttées avec l'oignon finement haché, les feuilles de basilic ciselées et le poivre. Ajoutez les œufs bien battus, le parmesan râpé et une dose d'huile d'olive. Ne mélangez pas, laissez simplement les arômes des légumes et des assaisonnements se développer pendant que vous abaissez la pâte.

PRÉSENTATION

Préchauffez le four à 180 °C.

Sortez la pâte du réfrigérateur et, sur un plan de travail fariné, faites une abaisse de 30 mm. Découpez six cercles de pâte de 11 cm de diamètre et six cercles de 14 cm de diamètre. Taillez ensuite dans les restes six lanières de pâte de 2,5 cm de large et 20 cm de long.

Mettez six emporte-pièce (de 10 cm de diamètre) sur la plaque à pâtisserie. Posez un rond de pâte plus large dans chaque moule, en abaissant la pâte de vos doigts. Le moment est venu de mélanger rapidement et légèrement la garniture aux blettes, courgettes et basilic. Garnissez les moules de ce mélange, en le tassant bien à l'intérieur. Recouvrez avec les ronds de pâte plus petits, en enfonçant la pâte dans la garniture. Puis enlevez précautionneusement les emporte-pièce, badigeonnez les bandes de pâte d'huile d'olive et entourez chaque gâteau d'une bande de pâte, en soudant les extrémités avec vos doigts.

Faites un petit trou au sommet de chaque gâteau afin que l'humidité puisse s'échapper et faites cuire 20 minutes au four. Servez avec une salade de mesclun (voir page 102) ou une autre salade mixte.

Banaste de pei

4 PERSONNES

On apprécie beaucoup en Provence les fritures de poisson bien chaudes et on trouve la *banaste de pei* sur presque tous les menus des restaurants et petits bistrots de la Côte et de l'arrière-pays. La banaste traditionnelle — souvent appelée *brûle-doigts* ou *brûle-gueule* — est généralement une friture de petits rougets, de minuscules sardines fraîches ou de petits poissons de roche, présentée sur une serviette dans une corbeille, avec des demi-citrons et des branches de persil comme seul accompagnement.

Les poissons sont également frits et servis tels quels ou accompagnés de légumes en beignets — belles tranches de petites courgettes et d'aubergines — dans la version maison du *fritto misto* italien, très appréciée dans les bars de Marseille et de Nice.

Selon Franck Cerutti, pour réussir ce plat tout simple, il faut utiliser un grand pot d'huile d'olive ou d'arachide, ou un mélange des deux. Je vous présente deux recettes de banaste de pei. Utilisez de la blanchaille fraîche si vous ne trouvez ni petits rougets ni petites sardines.

700 g de très petits rougets
   (ou des sardines fraîches
   ou de la blanchaille)
1/2 cuillerée à soupe de sel
   fin

1/4 de cuillerée à café de
   paprika
1 cuillerée à soupe de farine
huile d'olive ou d'arachide
   pour la friture

ASSAISONNEMENT

1/4 de cuillerée à café	**1 pincée de poivre de**
de sel fin et de paprika	**Cayenne**

GARNITURE

persil	**citron**

N'écaillez pas et ne videz pas les petits poissons. Essuyez-les avec du papier de cuisine.

Mettez les poissons dans un sac en papier avec de la farine assaisonnée de sel et de paprika, et remuez pour qu'ils soient légèrement farinés.

Dans une grande sauteuse, faites chauffer 2,5 cm d'huile d'olive ou d'arachide jusqu'à grésillement. Faites frire les poissons, en les tournant de temps en temps pour qu'ils soient dorés de tous les côtés.

Mettez les poissons sur du papier absorbant pour retirer l'excès d'huile, puis disposez-les avec art sur une serviette pliée dans une corbeille.

Saupoudrez du mélange d'assaisonnement (sel, paprika et poivre de Cayenne), et garnissez de quartiers de citron et de branches de persil. Servez immédiatement.

« Nous sommes pauvres, et la Provence est riche », aime à dire Franck Cerutti. C'est dans les produits et la cuisine des Alpes-Maritimes qu'il trouve l'inspiration pour sa propre cuisine — extraordinairement simple, et si savoureuse.

Friture de petits rougets « brûle-doigts » Don Camillo.

Friture de petits rougets « brûle-doigts », Don Camillo

6 PERSONNES

1,2 kg de petits rougets (ou	**huile d'olive ou d'arachide**
de sardines fraîches ou de	**pour la friture**
blanchaille)	**sel**
farine tamisée	

Rincez les poissons mais ne les nettoyez pas. Séchez-les bien et farinez légèrement.

Dans une sauteuse profonde ou une friteuse, faites chauffer l'huile d'olive ou d'arachide jusqu'à grésillement. Faites frire les petits poissons légèrement farinés en les y plongeant par 150 g à la fois. Sortez les poissons et posez-les sur du papier de cuisine pour absorber l'excès d'huile. Salez.

Dès qu'ils sont tous frits, servez-les en portions séparées, chacune disposée au creux d'une serviette pliée.

Poulpes de roche, pommes de terre
et haricots verts persil

6 PERSONNES

6 petits poulpes
1/2 citron
6 petites pommes de terre
nouvelles
200 g de haricots verts
minces équeutés

sel et poivre noir du moulin
huile d'olive extra-vierge
jus d'1/2 citron
1 feuille de laurier
4 branches de persil plat
grossièrement haché

Demandez au poissonnier de nettoyer les poulpes.

Dans une grande casserole, amenez une grande quantité d'eau salée à ébullition avec la feuille de laurier et le demi-citron. Ajoutez les poulpes quand l'eau bout. Amenez de nouveau à ébullition, baissez le feu et laissez mijoter doucement 40 à 45 minutes, jusqu'à ce que les poulpes soient tendres. Laissez-les refroidir dans leur liquide de cuisson.

Pendant ce temps, faites cuire les pommes de terre en robe des champs 20 minutes dans l'eau salée.

terre dans des assiettes creuses chauffées ; parsemez de haricots verts ; salez, poivrez. Mouillez d'un filet d'huile d'olive et du jus d'un demi-citron. Parsemez de persil haché et servez immédiatement.

Poulpes de roche, pommes de terre et haricots verts persil.

Panna cotta, Don Camillo.

Égouttez, réservez. Dans une autre casserole, faites cuire les haricots verts 6 à 8 minutes dans l'eau bouillante salée jusqu'à ce qu'ils soient tendres. Égouttez, réservez.

Coupez les poulpes en tranches de 2,5 cm. Pelez et tranchez les pommes de terre. Dans une poêle ou une cocotte, mélangez les poulpes cuits, les pommes de terre en tranches, les haricots verts et réchauffez dans un peu d'eau de cuisson des poulpes.

PRÉSENTATION

Disposez les morceaux de poulpes et les pommes de

Panna cotta, Don Camillo

6 PERSONNES

50 cl de crème fleurette	4 cuillerées à soupe de sucre
1/2 gousse de vanille	en poudre
1 cuillerée à café de gélatine, ramollie dans un peu d'eau chaude	fruits rouges (framboises, fraises, cerises)

Dans une petite casserole, mélangez la crème fleurette, le sucre, la demi-gousse de vanille et faites cuire sur feu doux, en remuant constamment jusqu'à ce que le sucre ait fondu (presque au point d'ébullition).

Retirez la casserole du feu. Enlevez la gousse de vanille, ajoutez la gélatine ramollie et fouettez jusqu'à ce que la gélatine soit complètement incorporée dans la crème chaude. Versez dans 6 moules individuels et laissez reposer.

PRÉSENTATION

Démoulez sur 6 assiettes à dessert, et garnissez d'un mélange de fruits rouges.

E S C A L E

Dominique Le Stanc

Le Chantecler,
Hôtel Negresco

Dominique Le Stanc, originaire d'Alsace, est l'un des jeunes chefs les plus étonnants de la Côte d'Azur. Responsable des cuisines de l'hôtel Negresco et du célèbre restaurant de l'hôtel, Le Chantecler, ce chef de 36 ans se distingue par son approche chaleureuse de la cuisine provençale. Un vent nouveau souffle sur la Méditerranée et Dominique semble réinventer la gastronomie provençale, avec sa série de menus consacrés à la mer et son utilisation créative des produits frais des potagers entourant Nice.

Michel Palmer, directeur du Negresco, a eu l'idée d'essayer de faire descendre Le Stanc de son restaurant du Château Eza, à Eze, en haut de la Corniche, lorsque le chef Jacques Maximin, après avoir hissé le Negresco au rang des grandes étapes gastronomiques, est parti pour ouvrir son propre restaurant.

La cuisine de Le Stanc est légère et inventive, un délicieux kaléidoscope de surprenantes associations, le mariage réussi du goût rustique et du raffinement sophistiqué.

Inspiré par l'huile d'olive et les parfums de la Provence, Le Stanc prend les légumes les plus simples et en fait des entrées extraordinaires. Sa vinaigrette de jeunes poireaux en salade, avec des copeaux de parmesan et des truffes blanches d'Alba, est une révélation : de très jeunes et très frais poireaux sont pochés dans un bouillon léger, assaisonnés d'une légère vinaigrette, et garnis de tranches de parmesan frais et de truffes blanches. On cite aussi son velouté de petits pois aux pointes d'asperge et aux girolles ; ou une autre combinaison de légumes frais, la poêlée de pointes d'asperge vertes, frites avec des morilles fraîches, des tomates et des cébettes ; ou encore son ragoût de légumes frais (cœurs d'artichaut, tomates et gros oignons verts), préparé avec une réduction de bouillon de veau à saveur d'anchois, et servi à table dans une cocotte noire de grand-mère.

Sur une note plus rustique, Le Stanc cuit des œufs de ferme au plat comme seul un chef français peut le faire, son secret résidant dans les quelques tranches de truffes dorées d'Alba qu'il y ajoute et dans la douceur de la sauce au bacon.

Un de ses plats les plus inspirés utilise le jus d'une ratatouille classique pour relever un filet poché de saint-pierre (voir p. 217). Il présente aussi le même poisson accompagné d'une délicieuse purée de jeunes artichauts, légère comme une mousse, avec une goutte d'huile d'olive extra-vierge. J'aime aussi sa daurade royale, aromatisée aux feuilles de laurier, et sa légère sauce parfumée à l'anis.

Vous trouverez dans les menus de Le Stanc volailles, gibiers, viandes : des petits rognons de veau accompagnés de polenta par exemple ; un réconfortant confit d'échalotes, de laitues braisées et de petits pois nouveaux ; un pigeon rôti parfumé au cumin comme dans la cuisine arabe et servi avec des petits navets glacés au miel.

Mais ce sont sans doute les merveilleux desserts, préparés sous sa direction par le jeune et talentueux chef pâtissier Gregory Collet, qui sont les plus faciles à préparer à la maison. Sa glace miel au safran (voir page 218) mérite le voyage. Je vous suggère de la servir seule (elle est délicieuse) ou accompagnée de tranches de pêches et de cerises ; ou, comme au Negresco, accompagnée d'une gelée de tranches de pêches jaunes et blanches et d'un petit pudding de riz nappé de caramel.

Les poires pochées au jus de cassis, glace de verveine et cassis sont un autre dessert délicieux (poires pochées au cassis, puis coupées en étoile à cinq branches et nappées d'un sorbet au cassis parfumé à la verveine). Ce dessert peut être, lui aussi, préparé à la maison : servez la poire en étoile pochée de rouge avec un sorbet plus simple ou quelques fruits frais — framboises, fraises, groseilles, cerises —, accompagnés d'un bol de crème fouettée. J'aime aussi son pain d'épice à l'ancienne, glace à la vanille, une pièce montée de fines couches de pain d'épice et de glace à la vanille, servie avec une sauce délicate parfumée à la vanille ; et sa partition de sorbets aux parfums de l'arrière-pays, un mille-feuille de sorbets au miel, pamplemousse, citron et mandarine intercalés de fines feuilles de chocolat amer, servi avec un coulis de citron.

La carte des vins du Negresco, sous la direction du chef sommelier Patrick Millereau, est aussi impressionnante que l'hôtel lui-même, pas moins de cinq cents crus, allant d'un choix de petits vins régionaux peu coûteux aux crus les plus rares et les meilleurs qu'offre la France. C'est cette recherche minutieuse du meilleur de ce que cette région peut offrir qui distingue l'approche de Dominique Le Stanc, qu'il s'agisse d'un simple côtes-de-provence ou d'un plat raffiné basé sur la simplicité campagnarde de jeunes poireaux, de petits pois, d'œufs frits à la crème ou de polenta.

Fricassée d'artichauts, de tomates et de cébettes en cocotte

4 PERSONNES

Pour ce plat, Le Stanc utilise des petits artichauts violets frais, des tomates fermes et bien mûres, et des *cébettes*, jeunes oignons verts de bonne taille — sorte de gros oignons nouveaux.

8 petits artichauts (les plus petits que vous pourrez trouver)	20 cl de bouillon de veau réduit
1 petit citron, coupé en deux	2 cuillerées à café d'huile d'olive extra-vierge
4 tomates mûres et fermes	1 brin de thym
8 cébettes ou de gros oignons nouveaux	1 feuille de laurier
100 g de petites olives noires de Nice	10 g de coriandre frais
	16 feuilles de basilic frais
2 filets d'anchois à l'huile	sel et poivre noir du moulin (facultatif)
	8 petits brins de cerfeuil

PRÉPARATION DES ARTICHAUTS

Enlevez les feuilles et le foin à l'aide d'un couteau pointu. Mettez les cœurs d'artichaut dans un saladier d'eau froide avec un demi-citron pour les empêcher de changer de couleur. Réservez.

CUISSON

Épépinez les tomates, coupez-les en quartiers. Lavez et coupez les cébettes en morceaux de 5 cm. Dénoyautez les olives. Amenez le bouillon de veau à ébullition ; versez-le dans le bol d'un mixeur électrique. Ajoutez les filets d'anchois, mixez quelques secondes jusqu'à ce que la sauce soit lisse.

Dans une cocotte émaillée, faites chauffer l'huile d'olive. Coupez les cœurs d'artichaut en deux et faites-les sauter 2 minutes dans l'huile, en remuant avec une cuillère en bois. Attachez ensemble le thym, la feuille de laurier et le coriandre dans un petit sac de mousseline, et ajoutez aux cœurs d'artichaut, avec un peu d'eau ; continuez la cuisson à couvert 10 minutes de plus. Ajoutez les cébettes et faites cuire encore 2 à 3 minutes. Ajoutez ensuite les tomates, les olives et le bouillon de veau mixé.

Juste avant de servir, enlevez le petit sac d'herbes, ajoutez les feuilles de basilic. Rectifiez l'assaisonnement et ajoutez le jus du demi-citron. Parsemez de brins de cerfeuil et servez aussitôt.

Fricassée d'artichauts, de tomates et de cébettes en cocotte.

Filets de saint-pierre
au jus de ratatouille safrané

4 PERSONNES

4 filets de saint-pierre (ou
de daurade)

sel et poivre noir
du moulin

CONCASSÉ DE TOMATES

600 g de tomates mûres,
pelées, épépinées, et
coupées en tranches
sel et poivre noir du moulin

4 oignons nouveaux
finement émincés
1-2 cuillerées à soupe
d'huile d'olive

JUS DE RATATOUILLE SAFRANÉ

20 cl de jus de ratatouille
(d'un reste de ratatouille)
50 g de beurre en dés

1/4 de cuillerée à café de
safran

GARNITURE

12 palets d'aubergine, ou
12 petites tranches minces
d'aubergines sautées

(voir ci-contre)
brins de basilic frais

PRÉPARATION DES FILETS DE POISSON

Égalisez les filets de poisson à leurs extrémités pour
former des rectangles identiques. Salez-les et disposez-
les sur la plaque de cuisson huilée.

PRÉPARATION DU CONCASSÉ DE TOMATES

Dans une petite poêle, faites sauter et attendrir les
oignons finement émincés dans un peu d'huile d'olive.
Ajoutez les tomates en tranches et continuez 5 minutes la cuisson. Salez, poivrez, gardez au chaud.

PRÉPARATION DU JUS DE RATATOUILLE SAFRANÉ

Dans une petite casserole, faites réduire de moitié le
jus de ratatouille avec le safran. Incorporez au fouet
le beurre en dés. Gardez au chaud.

CUISSON DES POISSONS

Préchauffez le four à 240 °C. Faites cuire les filets de
poisson dans le four 3 ou 4 minutes. Assaisonnez en
donnant quelques tours de moulin à poivre.

PRÉSENTATION

Disposez le concassé de tomates au centre de chaque
assiette chauffée. Posez un filet de saint-pierre dessus,
en le pressant légèrement afin qu'un peu de concassé
de tomates déborde du poisson. Couronnez chaque

assiette d'un brin de basilic frais ; nappez à la cuillère
le tour de chaque filet et garnissez — comme au Chantecler — de palets d'aubergine ou, plus simplement,
de 4 à 8 rondelles minces d'aubergines non pelées et
sautées.

Palets d'aubergine

1 aubergine de 450 g
huile d'olive
25 cl de crème fleurette
8 œufs

sel et poivre noir
1 petit poivron vert
75 g de farine
50 g de beurre fondu

PRÉPARATION DES PALETS D'AUBERGINES

Préchauffez le four à 190 °C. Coupez l'aubergine en
deux dans le sens de la longueur et posez-la, le côté
tranché sur le fond, dans un plat à gratin légèrement
huilé, assez grand pour que les deux moitiés d'aubergine tiennent côte à côte. Faites cuire dans le four
jusqu'à ce que la chair d'aubergine soit tendre. Enlevez la chair et passez-la au mixeur électrique avec la
crème fleurette et 5 œufs.

Coupez le poivron en tranches fines et ajoutez-le
à la préparation d'aubergine. Salez, poivrez, mélangez bien. Mettez à la cuillère le mélange aubergine-
poivron dans un plat à gratin légèrement huilé et faites cuire 30 à 40 minutes dans le four.

PRÉPARATION DE LA PANADE

Dans un saladier, mélangez les 3 œufs qui restent, la
farine et le beurre fondu et battez bien. Puis, dans une
casserole de taille moyenne, amenez le lait à ébullition, versez-le sur la préparation aux œufs et à la
farine, en battant constamment jusqu'à ce que le
mélange soit homogène. Remettez la préparation à
panade à feu doux, en remuant constamment jusqu'à
ce que la sauce épaississe et soit lisse. Enlevez du feu.
Ajoutez le mélange à panade à la mousse d'aubergine,
mélangez bien. Formez 16 petits palets (de 4 cm de
diamètre), et faites-les sauter et colorer à la poêle dans
un peu d'huile d'olive.

Filets de saint-pierre
au jus de ratatouille
safrané.

Glace miel au safran

4 PERSONNES

50 cl de lait	100 g de sucre en poudre
5 cuillerées à soupe de miel	5 jaunes d'œufs
13 cl de crème fleurette	1 pincée de safran

Dans une casserole de taille moyenne, mettez le lait, le miel, la crème fleurette et la moitié du sucre, amenez doucement à ébullition, en remuant jusqu'à ce que le sucre ait fondu.

Dans l'intervalle, dans un petit saladier, battez les jaunes d'œufs avec le sucre restant. Versez le mélange de lait bouillant sur les œufs. Ajoutez le safran et versez dessus de l'eau chaude mais non bouillante jusqu'à ce que la crème soit lisse et épaisse. Passez-la dans un saladier et amenez-la rapidement à température ambiante. Quand elle est refroidie, versez dans la sorbetière et suivez le mode d'emploi.

Poires pochées au jus de cassis, sorbet de cassis.

La glace miel au safran, telle qu'on la sert au restaurant Le Chantecler, accompagnée de gâteau de riz caramélisé et de tranches de pêches en gelée.

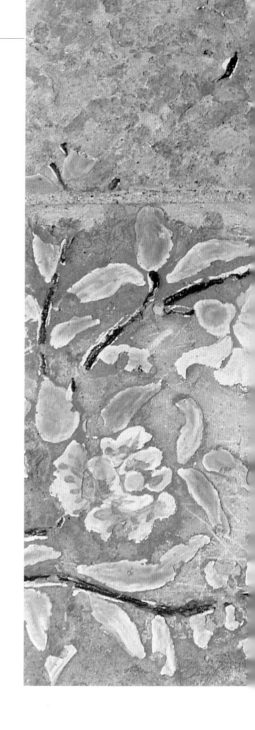

Poires pochées au jus de cassis, sorbet de cassis

4 PERSONNES

4 poires mûres	1 litre d'eau
150 g de sucre en poudre	jus de citron
250 g de cassis en purée	

SORBET DE CASSIS

500 g de purée de cassis	130 g de glucose
300 g de sucre en poudre	42 cl d'eau

CUISSON DES POIRES

Dans une casserole de taille moyenne, mélangez le sucre, la purée de cassis et l'eau. Amenez à ébullition.

Pelez les poires, badigeonnez-les de jus de citron pour les empêcher de changer de couleur. Mettez-les dans le sirop de cassis et faites cuire, à couvert et à feu moyen, jusqu'à ce qu'elles soient tendres. Enlevez la casserole du feu et laissez les poires refroidir dans le sirop.

PRÉPARATION DU SORBET DE CASSIS

Dans une casserole de taille moyenne, mélangez l'eau, le sucre et le glucose et amenez à ébullition ; versez la purée de cassis et laissez refroidir. Versez le mélange dans une sorbetière et suivez le mode d'emploi. Versez le sorbet dans 4 moules individuels et remettez de nouveau au congélateur.

PRÉSENTATION

Coupez chaque poire en 8 quartiers et disposez-les en étoile sur une assiette à dessert glacée. Nappez d'un peu de la sauce qui a servi à les pocher. Puis démoulez le sorbet au centre de chaque poire en étoile et nappez de nouveau d'un peu de la sauce. Servez.

219

Index

Édition originale anglaise :

FEASTS OF PROVENCE

© 1992 by Robert Carrier
George Weidenfeld et Nicolson Limited,
Orion House, Londres.

Traduction française :

© Éditions Albin Michel, S.A., 1993
   22, rue Huyghens, 75014 Paris.

Maquette : Harry Green
Éditeur : Barbara Mellor

Composition : Charente Photogravure à Angoulême
Imprimé par Printers Srl, Trente
Relié par L.E.G.O., Vicenza

Numéro d'édition : 13168
Dépôt légal : octobre 1993
ISBN 2-226-06589-X

REMERCIEMENTS

L'auteur et les éditeurs remercient les photographes et les organismes suivants qui les ont autorisés à reproduire les photographies de ce livre.

MICHELLE GARRETT : dernières pages, 2, 5, 8, 10-11, 12-13, 14, 16-17, 19, 20, 21, 23, 25, 27, 29, 33, 37, 39, 40, 42, 44-5, 45, 46, 46-7, 48, 49, 51, 52, 53, 54, 55, 56 gauche et droite, 57, 59 au-dessus à droite, en bas à gauche (les deux photos) et à droite, 63, 64, 65, 69, 70-1, 72-3, 74, 75, 82 au-dessus à droite, 85, 87, 88, 90, 91, 99, 100-1, 102-3, 105, 106-7, 108, 109, 110 au-dessus à droite, 110-11, 122, 123, 125, 126, 127, 129, 130-1, 132, 132-3, 135, 137, 138, 139 (les deux photos), 140-1, 142, 151, 154-5, 156-7, 160, 161, 163 (toutes sauf celle du milieu), 164, 168 à gauche, 168-9, 172 (au-dessous), 173, 174, 175, 176-7, 179, 185, 186, 187, 197, 198, 199, 204-5 (toutes sauf 204 en dessous à droite et 205 au-dessus et au-dessous à droite), 206, 208 au-dessus et au-dessous, 209, 211, 212-3, 213, 214, 215, 216, 218 (au-dessous à gauche), 218-9.

F. JALAIN : 28, 31, 32, 92-3, 118, 120-21, 152, 159, 162-3 (centre), 181, 188, 189, 190-1.

ERIC MORIN : 7 (deuxième à gauche) 30, 34-5, 36, 41, 58, 59 (au-dessus à gauche), 66-7, 76-7, 79, 80, 81, 82 (au-dessous), 83, 84, 86, 94, 96-7, 111 à droite, 112-3, 114-15, 116, 144, 145, 146-7, 148, 149, 157, 167, 169, 170, 171, 172 au-dessus, 180, 182-3, 192 (les deux photos), 193, 195, 196-7, 200 au-dessus, 202-3, 203, 204 au-dessous à droite, 205 au-dessus et au-dessous à droite.

JACK NISBERG : 200 au-dessous.

TOPHAM PICTURE SOURCE : 1, 15.